参与式语文教师培训资源

丛书主编 ◎ 王荣生

"十二五"上海市重点图书

实用文教学教什么

主编 ◎ 王荣生
执行主编 ◎ 陈隆升

华东师范大学出版社
上海

图书在版编目(CIP)数据

实用文教学教什么/王荣生主编. —上海:华东师范大学出版社,2014.5
(参与式语文教师培训资源)
ISBN 978-7-5675-2085-1

Ⅰ.①实… Ⅱ.①王… Ⅲ.①汉语-应用文-写作-师资培训-教材 Ⅳ.①H152.3

中国版本图书馆 CIP 数据核字(2014)第 102714 号

参与式语文教师培训资源

实用文教学教什么

主　　编	王荣生
执行主编	陈隆升
责任编辑	吴海红
审读编辑	蓝先俊
责任校对	林文君
装帧设计	卢晓红

出版发行	华东师范大学出版社
社　　址	上海市中山北路 3663 号 邮编 200062
网　　址	www.ecnupress.com.cn
电　　话	021-60821666 行政传真 021-62572105
客服电话	021-62865537 门市(邮购)电话 021-62869887
地　　址	上海市中山北路 3663 号华东师范大学校内先锋路口
网　　店	http://hdsdcbs.tmall.com

印　刷　者	句容市排印厂
开　　本	787毫米×1092毫米　1/16
印　　张	18
字　　数	290千字
版　　次	2014年9月第1版
印　　次	2024年1月第15次
书　　号	ISBN 978-7-5675-2085-1
定　　价	47.00元

出版人　王焰

(如发现本版图书有印订质量问题,请寄回本社客服中心调换或电话 021-62865537 联系)

参与式语文教师培训资源编委会

王荣生　徐雄伟　李海林　郑桂华　吴忠豪　高　晶　夏　天
李冲锋　陈隆升　邓　彤　童志斌　步　进　李　重　申宣成

主题学习工作坊授课专家

于　漪　　当代语文教育家,曾任上海市教科文卫委员会副主任
张民选　　上海师范大学原校长,研究员,博士生导师
钟启泉　　华东师范大学终身教授,博士生导师
崔允漷　　华东师范大学课程与教学研究所所长,教授,博士生导师
方智范　　华东师范大学教授,博士生导师
倪文锦　　杭州师范大学教授,博士生导师
黄灵庚　　浙江师范大学教授,博士生导师
王栋生　　南京师范大学附属中学教师,特级教师,教授级高级教师
程红兵　　广东省深圳市明德实验学校校长,特级教师,教育部"国培计划"专家库专家
陈　军　　上海市市北中学校长,特级教师,教育部"国培计划"专家库专家
谭轶斌　　上海市教委教研室副主任,特级教师,教育部"国培计划"专家库专家
褚树荣　　浙江省宁波市教育局教研室教研员,特级教师,教授级高级教师
宋冬生　　合肥师范学院副教授,教育部"国培计划"专家库专家
邓　彤　　上海市黄浦区教育学院教研员,特级教师,教育部"国培计划"专家库专家
倪文尖　　华东师范大学副教授
童志斌　　浙江师范大学副教授
叶黎明　　杭州师范大学副教授
申宣成　　河南省基础教育教学研究室教研员
陈隆升　　台州学院副教授
周子房　　上海知明教育信息咨询有限公司教学总指导
杨文虎　　上海师范大学教授,博士生导师
谢利民　　上海师范大学学科教育研究所所长,教授,博士生导师
李海林　　上海新纪元双语学校校长,教育部"国培计划"专家库专家

郑桂华　上海师范大学教授，教育部"国培计划"专家库专家
吴忠豪　上海师范大学教授，教育部"国培计划"专家库专家
王荣生　上海师范大学教授，博士生导师，教育部"国培计划"专家库专家

课例研究工作坊执教教师和提供案例教师

钱梦龙　著名语文教学专家
郑桂华　上海师范大学教授
李海林　上海新纪元双语学校校长，教育部"国培计划"专家库专家
黄厚江　江苏省苏州中学教师，特级教师，教授级高级教师
曹勇军　江苏省南京市第十三中学教师，特级教师，教授级高级教师
马　骉　上海市虹口区教育学院副院长，特级教师
朱震国　上海市杨浦高级中学教师，特级教师
薛法根　江苏省吴江市盛泽实验学校校长，特级教师
王崧舟　杭州师范大学教授
岳乃红　江苏省扬州市维扬实验小学副校长，特级教师
蒋军晶　浙江省杭州市天长小学副校长，特级教师
茹茉莉　浙江省嵊州市城南小学校长，特级教师
周益民　江苏省南京市琅琊路小学教师，特级教师
邓　彤　上海市黄浦区教育学院教研员，特级教师
张广录　上海市浦东新区教育发展研究院教研员，高级教师
童志斌　浙江师范大学副教授
季　丰　浙江省富阳中学教师，高级教师
任富强　浙江省慈溪市慈中书院校长，特级教师
周子房　上海知明教育信息咨询有限公司教学总指导
申宣成　河南省基础教育教学研究室教研员
荣维东　西南大学副教授
郭家海　江苏省常州高级中学教师，特级教师
袁湛江　浙江省宁波市万里国际学校校长，特级教师
邓玉琳　广东省深圳市南山实验学校教师，高级教师

李金英　辽宁省鞍山市铁西区共同小学教师,高级教师
范景玲　河南省商丘市民权县程庄镇一中教师,中学一级教师
刘学勤　河南省商丘市民权县实验中学教师,高级教师

共同备课工作坊合作专家

王荣生　博士,上海师范大学教授
高　晶　博士,上海师范大学讲师
李冲锋　博士,中国浦东干部学院副教授,博士后
胡根林　博士,上海市浦东新区教育发展研究院教研员
陈隆升　博士,台州学院副教授
袁　彬　博士,南通大学副教授
于　龙　博士,上海师范大学副教授
李　重　博士,上海师范大学副教授
申宣成　博士,河南省基础教育教学研究室教研员
周子房　博士,上海知明教育信息咨询有限公司教学总指导
陆　平　博士,南通大学副教授
步　进　博士,江苏师范大学副教授
周　周　博士,贵州师范学院讲师
邓　彤　博士,上海市黄埔区教育学院教研员,特级教师
童志斌　博士,浙江师范大学副教授
孙慧玲　博士,上海市闵行区教科所教师,博士后
代顺丽　博士,闽南师范大学副教授,博士后
王从华　博士,赣南师范学院副教授,博士后

前　言

一年多前,"参与式语文教师培训资源"丛书启动,在第一次编务会,我就想好了丛书前言的第一句话:

    这是值得你慢慢读的书,这是需要你用笔来读的书。

当我说出这一句话时,编务会的同伴们一致称好,因为这句话贴切地体现出这套"参与式语文教师培训资源"的特色。

这是值得你慢慢读的书

这是一套"语文教师培训资源"系列丛书,是在语文骨干教师培训实践中逐渐积累的优质课程资源。

从 2010 年起,"上海师范大学语文课程研究基地"承担教育部"国培计划"示范性集中培训项目,凭借强大的专业团队和积极投入的事业心,成为"国培计划"实施中语文学科的引领性标杆。

"上海师范大学语文课程研究基地"有四位教授入选"国培计划"专家库专家,2010—2013 年,承担的教育部"国培计划"示范性集中培训项目 30 个班,涵盖语文学科的所有子项目,培训了来自全国各地师范院校、教师进修学校、教研室和中小学的培训者和骨干教师 1500 多名。

"国培计划"2010 示范性集中培训项目
——中小学骨干教师研修项目(高中语文)50 人
——中小学骨干教师研修项目(小学语文)150 人

"国培计划"2011 示范性集中培训项目
——中小学骨干教师研修项目(高中语文)100 人
——中小学骨干教师研修项目(小学语文)100 人
——(云南省)中西部教师培训项目(初中语文)100 人

"国培计划"2012 示范性集中培训项目
——培训者团队研修项目(语文)50 人
——免费师范毕业生培训项目(语文)150 人
——中小学骨干教师研修项目(高中语文教研员)50 人
——中小学骨干教师研修项目(高中语文教师)50 人
——中小学骨干教师研修项目(初中语文)50 人
——中小学骨干教师研修项目(初中语文教研员)50 人
——中小学骨干教师研修项目(初中语文教师)50 人
——中小学骨干教师研修项目(小学语文教研员)100 人
——中小学骨干教师研修项目(小学语文教师)100 人

"国培计划"2013 示范性集中培训项目
——培训者团队研修项目(语文)50 人
——中小学骨干教师研修项目(高中语文教研员)50 人
——中小学骨干教师研修项目(高中语文优秀教师)50 人
——中小学骨干教师研修项目(初中语文教研员)50 人
——中小学骨干教师研修项目(小学语文教研员)50 人
——骨干教师高端研修项目(小学语文)108 人
——(重庆市)小学语文骨干教师异地研修培训项目 50 人

这套丛书，立足于"上海师范大学语文课程研究基地"培训专家近年的研究成果，取材于上海师范大学 2010—2013 年所承担的教育部"国培计划"示范性集中培训项目的系列培训课程。

该系列课程聚焦"新课程实施中语文教学的有效性"这一主题，针对"教学内容的合宜性"和"教学设计的有效性"这两个核心问题。研修课程由三个互补的"工作坊"组成：

主题学习工作坊

共同备课工作坊　　　　课例研究工作坊

主题学习工作坊：体现专业引领。安排有教育研究者"专家报告"，语文教育研究者"专家视角"，语文课程与教学的博士和博士研究生"博士论坛"，以及课堂的互动交流。

共同备课工作坊：合作专家、参与学校和研修学员共同开展教学研究活动。与一线语文教师共同备课的"沉浸式体验"，教研员和优秀教师的"交流与分享"，按"散文阅读教学"、"小说阅读教学"、"文言文和古诗文教学"、"写作教学"、"语文综合性学习"和"高中语文选修课教学"等专题展开。

课例研究工作坊：专家教师和实践探索者的"教学示例与研讨"。研究者与一线教师的多重对话："从教学内容角度观课评教"，侧重在教学内容的合宜性；"以学的活动为基点的课堂教学"，侧重在教学设计的有效性。

上述三个工作坊，由"主题学习"引领，"共同备课"和"课例研究"为双翼，相辅相成。"课例研究工作坊"与"共同备课工作坊"呼应互补，平行进行（有个别分册因主题的缘故，只包括上述一或两个工作坊）。

2013 年，征得授课专家的同意，我们着手编撰这一套"语文教师培训资源"，把实施"国培计划"的课程录像、录音，转录成文字，并加以精选、整理，以供广大中小学语文教师共享。

丛书有如下8本：

《语文教师专业发展十四讲》　　执行主编　李　重　博士
《阅读教学教什么》　　　　　　执行主编　高　晶　博士
《散文教学教什么》　　　　　　执行主编　步　进　博士
《小说教学教什么》　　　　　　执行主编　李冲锋　博士
《实用文教学教什么》　　　　　执行主编　陈隆升　博士
《文言文教学教什么》　　　　　执行主编　童志斌　博士
《写作教学教什么》　　　　　　执行主编　邓　彤　博士
《语文综合性学习教什么》　　　执行主编　申宣成　博士

这是需要你用笔来读的书

这是一套"参与式语文教师培训资源"，你不仅是读这些文字、知道一些信息，你必须参与其中，就像是培训中的一员。

如何将培训现场的情境性元素，在纸质的书上加以体现？这是我们在编撰丛书时着重要解决的问题，也是这套丛书有别于其他同类书籍的一个亮点。

在这套书中，在不同板块，你会碰到不同的人，他们是不同的角色。

首先是授课专家。在"主题学习工作坊"，你会看到专家的授课实录。其中"专家报告"，编入《语文教师专业发展十四讲》；"专家视角"，就是每一分册的"主题学习工作坊"的学习内容。在"课例研究工作坊"，你会看到授课的专家教师以及他们的研究课实录，还有在教学现场及丛书编撰过程中提供教学案例的老师及他们在实践探索中形成的教学案例。

其次，你会遇到培训现场的老师，你的同行，或许是同事。他们聆听专家的讲座，观摩授课教师的研究课，他们思考着，边听边做笔记，他们发表自己的见解，提出自己的疑问，与专家交流互动。在"共同备课工作坊"，他们与合作专家一起，讨论一篇课文的教学内容，反思自己对语文教学的理解，交流和分享教学经验，也会流露在教学实践中遭遇的困难和疑惑。

在"共同备课工作坊"，你会见到一些备课合作专家，他们是上海师范大学和华东师范大学的博士，有四位还是博士后。在进入备课教室之前，备课专家组已经对课文做了充分的研讨，但他们清楚地知道自己的职责：备课合作专家，并不是比语文教师高明的人,他们只是在与语文教师共同备课时,提供一个可能有别于教师的视角,以启发参与备课的教师以新的眼光来对待备课的课文。备课合作专家所做的工作主要是两项:第一项,问"为什么呢?"通常备课伊始,教师们对一篇课文教什么,会有不同的经验和见解,但这些经验和见解很少经过反思。张老师说,应该教这个;李老师说,应该教那个。这时,备课合作专家就会行使职责,他会问,往往是追问:"为什么呢?"也就是专业的理据,在追问和进一步研讨中,促使教师反思自己的经验和见解。第二项,提议"这么看,行不行呢?"当备课的教师陷入"常规思维"时——往往是被不合适的教学习俗所钳制,或者当备课的教师们争执不下、陷入僵局时,备课合作专家就会基于他们事先对课文的研讨,提出思考和解决问题的思路,引导教师从一个新的方向、换一种新的眼光来看待这篇课文,去选择合宜的教学内容。

是的,你一定意识到了:共同备课,并不是追求一篇课文的"最佳设计"。事实上,在"国培计划"实施中的"共同备课",尤其第一次"共同备课工作坊",往往是一个半天过去,备课小组对这篇课文"教什么"、"怎么教"还没理出头绪来。"共同备课工作坊"的目的,是促使教师反思自己的经验,是希望教师尝试着运用"主题学习工作坊"所学的理论。因此,"共同备课"的成效,主要表现在备课教师经验的获得上:(1)哦,原来我这样做,是不对的!(2)哦,教学内容原来是这么来的!

显然,在"共同备课工作坊",如果你把自己当"旁观者",如果你只是被动地追随书中的文字,如果你读了以后只是知道了张老师说过什么、李老师说过什么,以及备课合作专家说了什么,那么,你将毫无所获,或不得要领,或买椟还珠。

你必须把自己当作备课小组中的一员:你应该事先熟悉课文并进行教学设计的尝试,或在看书时带上你的教案(如果你原来上过这篇课文的话);你要发表自己的见解,对别人的发言你要作出回应;当备课合作专家问"为什么呢?"你要回答问题;当备课合作专家说"这么看,行不行呢?"你要回味你这时的心理反应。

不但是"共同备课工作坊",在"主题学习工作坊",在"课例研究工作坊",如果你只是知道了某位专家说过什么,只是知道了某位授课教师的课是这样的,这就没有把握住要点,因而也不会有什么用。要点在于:专家这么说,对你、对你的教学,意味着什么?要点在于:授课教师这篇课文教这些,为什么呢?道理何在?或没有教那些(如果你过去恰好在教那些),为什么呢?道理何在?

语文教师是专业人员。什么是"专业人员"?专业人员就是依据专业知识行事的人。培训不是听某位专家一个讲座,听另一位专家一个讲座,看一个专家教师的课,看另一个专家教师的课;培训的目的不在这些。培训的目的,是发展自己的专业知识和专业能力。而这,需要参与培训的人去明白道理,去探寻学理,去改善自己的学科教学知识,从而改善教学,惠及学生。

显然,读这套书,你必须始终"在场",就像自己在培训现场。拿起笔,你将经历的,是学术性的阅读。

这对你可能有些难。于是,"参与式语文教师培训资源"最重要的人物出场了。

他就是你读的这本书的"执行主编"。在你拿起笔阅读的时候,他陪伴着你。他会告诉你,在听讲座之前、在观摩授课教师的课之前,在进入共同备课之前,你需要做什么;他会提醒你,在阅读过程中什么地方你应该停下来,想一想;他还会要求你,在听讲座、观摩课、共同备课,以及读完这些文字以后,你还需要做什么。

请你按照"执行主编"的提示,展开这套丛书的阅读。

因此,在展开书阅读之前,你有必要了解书的编排方式:

1. "主题学习工作坊"编排方式

【专家简介】

【热身活动】相当于预习作业。引导读者联系自己的教学实践,进入后续的学习。

【学习目标】指明通过这一主题报告的学习,教师能解决语文教学中的什么问题,谋求语文教学哪些方面的改善。

【讲座正文】用序号和小标题,使讲座正文更具条理。用双色,凸显讲座正文的重点内容,尤其是在讲座正文的学习中需要关注的地方。

【要点提炼】"要点提炼"用方框呈现。"要点提炼"起辅导员的功能:梳理讲座的内容条理,提炼正文中的关键语句。对正文中说得较为复杂的,予以归纳;理解正文需要某些背景的,介绍相应的背景资料;有些内容在正文中可能没有展开,加以解释和延展;有些地方讲座者未必直接点明结论,逻辑地引申出结论。

【反思】聚焦主题讲座的内容对改善语文教学的意义。相应设计反思活动，引导教师在反思的过程中，把讲座的内容与自己的教学实践勾联起来，思考如何改善语文教学。反思活动的设计，有三个要素：(1)明确反思的点；(2)提供反思的支架；(3)对反思的成果形式提出具体要求。

		学习笔记（『我』的思考和反思）
讲座正文	要点提炼	（提供样例供研修教师参考）
讲座正文	要点提炼	
讲座正文	要点提炼	

【要点评议】执行主编对主题报告的评议。执行主编相当于这场主题报告的评论员：指出报告的内容对改善语文教学的意义；必要时，围绕某一要点做较深入的讨论，或做进一步的解释。

【资源链接】提供进一步研究该主题的学习参考书目。

【后续学习活动】结合讲座的内容，联系教学实践，用"任务1—任务2—任务3"的形式，列出需要完成的作业，并提供支架和相关资料。

2. "共同备课工作坊"编排方式

【教学现状描述】(1)课文介绍;(2)评价性地描述这篇课文的教学现状;(3)解释为什么要选这篇文章进行共同备课,并指明通过这次共同备课着重要解决的问题(用正标题呈现出来)。

【热身活动】尽可能让读这本书的教师也能够进入这篇课文的备课状态。

【备课进程】叙述+实录。对共同备课的进程加以切割,使用小标题使其条理化。正文的紧要处,用专色加以突出。执行主编相当于备课过程的讲解员:描述备课的过程,解说现场的实况,用方框和云图帮助理解备课过程中所涉及的问题,以及参与备课教师的实践性知识反思和转变的表现。

【要点评议】执行主编对这次共同备课的评议。围绕共同备课所涉及的问题,凸显备课过程中需要教师明了的"学理":这篇课文的教学目标和教学内容应该是什么?为什么?或不应该是什么?道理何在?要点评议,也包括对共同备课的行为进行评议,分两个方面:(1)对合作专家的行为予以解释;(2)对参与备课教师的行为状态作出判断。

【反思】引导参与式阅读,随着共同备课的进程,指引教师反思自己的学科教学知识(PCK):在日常教学中自己是怎么备课的?这篇课文原来是如何教学的?教学目标和教学内容该如何确定?教学环节的依据什么?等等。

备课进程

要点评议

备课进程

要点评议

备课进程

要点评议

参与性意见和评论（"我"的见解及启发）
（提供样例供研修教师参考）

【问题研讨】聚焦在这类教学的道理。重点是教学目标的确定，教学内容的选择和教学环节的组织。

【后续学习活动】用"任务1—任务2—任务3"的形式：(1)提供一篇新的课文及该课文教学现状介绍。(2)建议研修教师（备课组）按共同备课样式备课讨论。(3)形成共同备课成果（教案）。(4)进行试教和研讨。(5)撰写备课反思。

3. "课例研究工作坊"编排方式

执教教师简介

【课例导读】(1)介绍课文，包括版本和年级；(2)介绍这类课文的教学现状，指出这类课文在教学中容易出现的问题；(3)指明通过课例学习，要解决什么问题。

【热身活动】相当于预习作业。引导读者联系自己的教学实践,进入后续的学习。

【教学实录/实施过程】用小标题梳理教学环节。正文中的重要部分,尤其是随后将要讨论的点,用专色凸显出来。执行主编相当于这堂课的观察员:解说这堂课的教学目标和教学内容;解释教学环节的意图和效果;指出教师指导的关键处和学生重要的回答;用方框和云图提示教师看明白这堂课的紧要处。云图,提醒听课教师的注意点。方框,是"要点提炼"。

【反思】反思是自己经验的打开。反思内容包括两部分:对照课例,对如何确定教学目标和教学内容的反思;对应该如何听评课的反思。

教学实录/
实施过程   观察者点评

教学实录/
实施过程   观察者点评   参与性听课(「我」的见解及启发)
                                              (提供样例供研修教师参考)
教学实录/
实施过程   观察者点评

【要点评议】执行主编对这堂课的评议。指明这堂课所阐发的道理,这些道理教师在课例中未必能看出来。

【问题研讨】落到这一类教学上,重点是教学目标的确定,教学内容的选择和教学环节的组织。

【资源链接】按照学习的主题,提供进一步研究的资源目录。

【后续学习活动】结合课例学习,联系教学实践,用"任务1—任务2—任务3"的形式,列出需要完成的作业,并提供支架和相关资料。

"参与式语文教师培训资源"丛书,得到各方面的支持,在此一并表示感谢。

感谢上海师范大学领导和教育学院领导的支持。上海师范大学实施"国培计划"示范性集中培训项目,丛玉豪副校长任项目负责人,部门负责人是教育学院陈永明院长、夏惠贤院长、徐雄伟副院长。因为培训经费全部用于教学,才能使我们的培训保持较高水准。

感谢历年应允承担上海师范大学"国培计划"的授课专家、教学专家,是专家的智慧和才华,创造了这些优质课程资源。

感谢参与上海师范大学"国培计划"培训的1500多名老师。正是你们在培训中取得的成效、你们的肯定和鼓励,使我们看到了自己工作的价值,从而有信心编撰这套语文教师培训资源丛书。

感谢华东师范大学出版社。丛书启动伊始,王焰社长、高教分社翁春敏社长等领导就对这套丛书寄予厚望,积极筹划申报"'十二五'上海市重点图书"。吴海红编辑数次全程参与编委会的编写会议,对丛书的内容和版式提供了很好的建议。

感谢我们的团队。"上海师范大学语文课程研究基地",不仅是一所学校的一个研究机构,它聚集着一批有追求、有担当的志同道合的校内外同仁,其中有一群视语文课程与教学研究为安身立命的博士们。正是这一股生机勃勃的力量,使我们有资本去成就响当当的事业。

王荣生
2014年8月2日

目　录

主题学习工作坊 / 1

- 实用文阅读教学及其类型 / 3
- 实用文阅读教学内容确定 / 21
- 实用文阅读教学设计的基本要领 / 46

共同备课工作坊 / 69

- 把握实用文阅读教学的基本取向
  ——《真理诞生于一百个问号之后》共同备课 / 71
- 寻找文本语言中体现的课文体式特征
  ——《罗布泊，消逝的仙湖》共同备课 / 104
- 依据主题词"所指"的差异性确定教学内容
  ——《永远执著的美丽》共同备课 / 130
- 正确处理实用文"专业术语"的教学
  ——《谈中国诗》共同备课 / 149

课例研究工作坊 / 169

- 揭示实用文文本中的"科学道理"
  ——《雾凇》课堂教学研讨 / 171
- 破解实用文"论证方式"蕴含的奥秘
  ——《真理诞生于一百个问号之后》课堂教学研讨 / 187
- 依据实用文"语体特色"取舍教学内容
  ——《死海不死》课堂教学研讨 / 217
- 依据体式特征建构实用文"阅读经验"
  ——《谈中国诗》课堂教学研讨 / 239

主题学习
工作坊

实用文阅读教学及其类型

专家简介

王荣生，文学硕士、教育学博士。研究方向：语文课程与教学论，语文教师专业发展。现为上海师范大学教育学院教授、博士生导师，上海师范大学语文课程研究基地负责人。著有《语文科课程论基础》（教育科学出版社）、《语文课程内容与教学内容》（教育科学出版社）、《语文教学内容重构》（上海教育出版社）、《听王荣生教授评课》（华东师范大学出版社）、《求索与创生：语文教育理论实践的汇流》（山东教育出版社）、《阅读教学设计的要诀》（中国轻工业出版社）等。

热身活动

在阅读本专题之前，请你完成以下任务：

1. 在你的印象中，实用文一般是指：(1)应用文；(2)说明文；(3)议论文；(4)散文；(5)新闻。（可以多项选择）

2. 请在下面横线上填写出三篇你教过的实用文课文篇目：_____

3. 你认为以下实用文阅读教学的方式哪种是合理的？
(1) 品味语言，把握作者在文章中的情感；
(2) 整合信息，分析并归纳作者的基本观点。

学习目标

通过本专题的学习,你应该能够:
1. 明了实用文阅读能力的培养对改进阅读教学的重大意义;
2. 识别文学作品与实用文两类不同体式;
3. 反思自己的实用文阅读教学,尝试依据实用文的不同类型进行教学设计。

讲座正文

最近,我和儿童文学专家方为平教授等合作主编了一套《新课标小学语文学本》,对小学语文课程、教材、教学进行了探索。小学语文学本的编写,以语文学习为本位,在儿童文学、成人文学(现当代文学、外国文学)、古代诗义和实用文阅读等方面均有一些新的动作。本专题主要讲述我们在实用文阅读方面的认识和实践。

一、重塑"实用文阅读"

实用文阅读区别于文学阅读。**文学阅读着眼于作品的艺术性,阅读是鉴赏**,重点放在言语的品味和感悟。**实用文阅读是为了获取文章的意思,阅读是理解**,就像我们读报纸、读信、读百科知识、读学术著作那样。

> 付宜红著《日本语文教育研究》,北京师范大学出版社 2003 年版。

实用文阅读所涉及的文本是文章或普通文,因而不妨叫作"文章阅读"或"普通文阅读"。但在我国中小学语文阅读教学中的所谓"普通文",指的是"记叙文"、带有文学性的"说明文"(如科普小品)和"议论文"(如杂文),以及一些在教学中偏向于文学性方面的"应用文"(如书信、新闻,"日常应用文"一般被放在写作训练,着眼其格式)。**付宜红博士在比较中日语文教学时批评道**:"在我国小学语文阅读教材中,'记叙文'占相当的地位。一些儿童文学作品、名家名著经教材编者的删添更改,变为浅显易懂、中心明确的'记叙文'。在学习'记叙文'时,强调划分段落、归纳段意、概括主题或中心思想、学习作者表现手法等,这些教学内容和活动使得学生在与文学作品接触时,始终需要与作品保持一定的距离(即站在第三者的立场),把注意力放在对情节发展、人物行为等的分析和主题挖掘以及概括中心思想等上。"这种阅读方式更像对作品的评判，或者仅仅是为了获取课后练习的标准答案，本质上是"非文学"的。另一方面，即使是"说明文""议论文"乃至一些"应用文"的阅读教学，也仿拟"记叙文"的套路，格外地强调其开头是如何精彩、过渡是如何圆润、结尾是如何巧妙以及诸如句式丰富、比喻贴切、语言生动等等。这种方式阻隔了学生对文章理解力的发展，本质上又是"非文章"的。

  为了避免可能引起的混淆，我们用"实用文阅读"的说法。日本国语教育界把阅读教材分为说明性文章教材和文学性文章教材两种类型。文学性文章教材以诗歌、童话、小说为主；说明性文章教材则是包括一切有关自然、社会、文化、环境、科学等方面题材内容的文章。我们所说的"实用文阅读"，大致相当于日本与文学阅读对举时的"说明性文章"的阅读。美国宾夕法尼亚州《阅读评价手册》，将阅读分为"文学鉴赏型"阅读、"了解信息型"阅读和"操作型"阅读。了解信息型阅读，包括阅读报刊文章、教科书、百科全书条目、专著等；操作性阅读强调在读懂文章的同时，还要根据所获得的信息进行相应操作的能力。我们所说的"实用文阅读"，涵盖了解信息和操作这两种类型。

【要点提炼】从很多材料介绍我们得知，由于美国对阅读类型边界划分清晰，从小学阶段就开始让学生学习阅读说明书、学术论文的基本规范，所以美国学生实用文的读写能力都比较强。

  换句话说，在中小学语文教学中的现代文阅读，可以分为两个大类，一类是文学阅读，一类是实用文阅读。目前文学的重要性已经得到比较充分的认识，文学阅读的教学也有所改善，尽管离全面地实现由"记叙文阅读"向文学阅读的转型仍有较大的距离。但实用文阅读，尤其是小学的实用文阅读，远未引起重视，实用文阅读的教学目前在小学语文还几乎是个空白。这造成了极为不利的状况，一个直接的后果就是我国公民实用文阅读能力普遍地极为低下。这可以从语文教师身上反映出来：受过大学中文系教育的语文老师，害怕读"理论书"，也不太会理性解读。

  我们认为，实用文阅读能力的培养与文学阅读能力的培养同等重要，必须从小学抓起，撑起实用文阅读这一方天，任重而道远。

【要点评议】

  我国目前的语文教育领域，无论是课程，还是教材、教法，对实用文阅读都是重视不够的。我们常常在一线教学中会感觉到，学生阅读能力培养难度非常大，这种难度还不仅仅是指投入的时间和精力之大，更为重要的是我们似乎找不到有效的入口，大多时候是瞎忙乎。问题可能主要出在我们没有把文学阅读和实用阅读区分开来，我们没有充分认识到"实用文阅读能力的培养与文学阅读能力的培养同等重要"。我们在教学中可能过于看重文学阅读了，甚至有时候用文学阅读方法去教实用文阅读，在课堂里都在引导学生品味语言、掌握各种描写方法，而对学生将来走向社会所需要的实用的阅读方法则严重地忽视了。这样的教学思路怎么能培养起一种健全的阅读能力？看了日本和美国对实用文体的研究和教学，我们更应该有信心拓宽阅读教学的视野，积极发展学生的实用文阅读经验，真正在课堂上实现文学类文章和实用类文章并驾齐驱的阅读图景。

二、开拓选文的疆界

在语文教学中，尤其是小学语文教学中，对实用文阅读的忽视，其中一个理由是较难有合适的选文。从过去教材极少量的选文看，要么是政治思想教育方面的"浅显议论文"，将"道理"简单化；要么是《人民大会堂》《苏州园林》《赵州桥》这类"简单说明文"，教学内容则放在说明方法上，而不能与学生认识社会、思考能力紧密结合起来。新时期涌现的读本，如广西教育出版社的《新语文读本》等，对拓展实用文的选文空间作了一些努力，但议论文方面往往与散文乃至童话、小说混编，没有凸显实用文与文学作品在阅读方式上的本质性差别，说明文方面则偏向于科普小品一类，内容涉及太空人、月球、虫草花鸟之类。

之所以出现选文的稀缺和单调，是因为过去我们对"适合于小学生阅读"乃至对"贴近学生生活"存有片面的认识。所谓适合于小学生阅读，过去我们往往理解为篇幅短小、文字平易，因而只能在专门为小学生写的文章里打圈圈。而专门为小学生写的文章，较难找出值得放在语文教材里去学、去教的篇目。所谓贴近学生生活，事实上却远离小学生的日常生活和内心世界，选文时反而把眼光转向人生之外，乃至地球之外。

早在1930年，朱自清就指出，中小学生的阅读材料，文学要以"纯文学"为主，即以诗歌、小说、戏剧为主，文章当读"正式的论"。读"正式的论"也就是要读"大人的书（包括文

【观察者点评】你觉得小学生"读大人的书"有道理吗？

章)"。要认识朱自清的这一语文教育思想的当代价值,就需要了解文学和文章在读物分布上的差异。文学领域有很发达的专门为儿童创作的儿童文学,也有虽非专为儿童创作但中小学生能读也需要读的"成人文学"。因此在小学语文教学中,文学教育包含两个方面,一是为小朋友提供精美的儿童文学作品,使他们通过作品、通过语文课的阅读教学,丰富当下的生活,充分地享用儿童这一段美妙的时光。另一方面要引领学生走进成人文学的殿堂,为他们开启绚丽世界的大门。在《新课标小学语文学本》中,我们为此做了一系列的努力:在儿童文学部分,选文以童话和幻想故事为主,穿插传统儿歌、诗歌、散文、寓言等,注重趣味性和可读性;课文后则编有韵文形式导读,从文体意识、语言特色、叙述技巧、阅读策略等语文知识方面加以引导,既轻松好玩又不乏启发。成人文学部分(中国现当代文学和外国文学),实现了大作家的主打作品原汁原味进入小学语文的愿望,在儿童文学托尔斯泰、克雷洛夫、泰戈尔、格林兄弟、任溶溶、伊索、达尔、安徒生、恩德等名家名著单元基础上,首次在小学语文教材中编入了塞万提斯《堂·吉诃德》、雨果《悲惨世界》、巴尔扎克《欧也妮·葛朗台》、托尔斯泰《复活》的长篇节选,并用点评的方式搀扶着学生走近大师。古代诗文部分,精心选编了浅显、宜读的篇章或名篇中的片断(如《诗经》《离骚》),并配以导读和译释,引导学生从小树立对古典的亲近态度;文章突出文体,编有先哲语录、笔记小品、山水游记、书信小札、骈体美文、说理短文等单元;诗歌编有明清小诗、元人放逸、两宋歌吟、宋诗理趣、唐人逸兴、六朝清音、汉魏悲歌、诗骚传统、上古歌谣等单元,在体现诗体的同时也突出了时代和风格,为小学生提供初步但完整、正确的中国文学历史图景。

至于普通文章,专以学生为对象的读物,主要是各科教材和教辅材料。语文教师当然要为学生阅读手头上的各科教材提供帮助,但这不是语文课程在实用文阅读教学上的主要任务。或者这样说,要使学生更好地阅读各科教材,首先要在各科教材的编撰上下功夫,使教材内容的呈现适合中小学生的现有阅读水平和接受能力;其次,其他各科教师也承担着培养学生语文能力的责任和义务,而且在本学科的教学中指导学生如何更好地阅读本学科的教材,效果要来得更为直接,语文教学对此只能起辅助性的作用。我们认为,语文教学中的实用文阅读,更主要的任务是引领学生逐步地迈入大人的世界,逐步地主动地接触那些不是专门以学生为对象的读物。正像我们在学本"读大人的书"这一常设单元的导语中所说:"大人是怎么谈论小孩的?大人是怎么谈论大人的?让我们来读一读大人的书"。当然,以学生为对象的而且可进入教材的读物,并不是完全没有。比如这次我们就从《诺贝尔奖获得者与儿童的对话》中选用(节选)了两篇文章:《为什么要有科学家》和《为什么有贫穷和富裕》——可惜这里所说的儿童,乃是外国(德国)的儿童。

读大人的书,当然有贴近小学生生活的问题。那么什么是贴近生活呢?我们以为,第一是小学生实际所从事的活动,包括语文活动;第二是小学生实际或可能面临的困惑;第三是编撰者、教师认为小学生也需要面对或思考的话题。在编撰学本的过程中,经过认识的转变再加上足够的功夫,我们发现能够进入小学语文教材的实用文,天地还是很宽广的。

【观察者点评】你觉得读大人的书与贴近学生生活有矛盾吗?

《新课标小学语文学本》实用文阅读,我们编了四个系列单元:

(1)"实用文阅读"单元。有些文章着重于"知",促使学生思考自己的生活;有些则是要求"做"的,目的是引导学生改善自己的生活状态。共编有"孩子的世界""童年的经历""游戏与幽默""燃起好奇心""健康的心态""获得成功的力量""权利与责任""生活万象"8个单元,每单元4篇课文,多数从"正式"的论著里选出。比如"童年的经历"单元,《我的傻瓜生涯》选自斯腾伯格《成功智力》,《我与鲁迅的第一次相遇》节选自钱理群北大讲演录《与鲁迅相遇》,《思考是关键》节选自杨叔子院士的报告,《读大学的功课》节选自克利夫顿·法迪曼的文章。其他单元的篇目如"孩子的世界"单元的《幼童的困惑》,节选自马修斯《幼童与哲学》;"游戏与幽默"单元的《像中国一样古老的中国故事》,节选自让·诺安《笑的历史》;"燃起好奇心"单元的《人们为何要创造》,节选自斯塔科《创造能力教与学》;"健康的心态"单元的《欢乐的笑》,节选自普罗普的美学著作《滑稽与笑的问题》;"获得成功的力量"单元的《有效性是可以学会的》,节选自杜拉克《有效的管理者》;"权利与责任"单元的《对公布分数说"不"》,节选自马克斯·范梅南等《儿童的秘密》;"生活万象"单元的《合作与团体生活》,节选自郑也夫的社会学著作《代价论》,等等。

【要点提炼】"读"了要去"做",也就是我们常说的"知行合一",这在课程标准里被表述为"实践性",是语文学习的重要途径。

(2)"思维开拓与语文实践"系列单元。正如该系列单元的导语所说:"这里所选的文章,**不是为了'读'的,而是读了以后要求'做'的**。你不仅需要知道文章所讲述的道理,而且要把道理化为自己的行为,并一直保持下去。"篇目介绍如下:

> 三年级上下:《感觉意象》(亚当斯)、《"不定型"腿的造型》(哈波德等)、《对不起请原谅谢谢你》(曹明逸)、《阅读的视觉辅助技巧》(托巴·巴赞)、《抓住文章的主题》(隆恩·弗莱);《过于缩小问题范围的倾向》(亚当斯)、《如何讲故事》(玛利安·怀特黑德)、《阅读的乐趣》(隆恩·弗莱)、《我们能从书上获得什么》(伍尔芙)。
>
> 四年级上下:《兴趣促进记忆》(高木重朗)、《海绵与淘金》(尼尔·布朗)、《如何使阅读化难为易》(蒙蒂默·奥尔德);《演绎性思维》(山上定巴)、《角色扮演》(斯塔科)、《没学过"葛郎玛"的人是怎么读懂文言文的》(启功)。
>
> 五年级上下:《思考法》(德·波诺)、《如何阅读抒情诗》(阿德勒)、《诗歌鉴赏中的两个角度》(辜正坤);《理解他人的参照系统》(克里斯·科尔)、《阅读时的标记和批注》(蒙蒂默·奥尔德)。
>
> 六年级上下:《出声思维》《方言》(汪曾祺)、《十二个写作的理由》(卡伦·米里亚姆·戈德堡);《文学观察》(蔡毅)、《普通而又独特的语言》(汪曾祺)、《如何阅读小说》(阿德勒)。

(3)"汉字趣谈"和"成语故事"两个系列单元。这两个单元既是语文知识的学习,又是民族文化的熏陶。"汉字趣谈"由"人自身"而到农业社会、由个体的字而到群体的字,课文在众多材料中精选,其中较多的篇目选择国外学者林西莉的著作。成语的选文也力求体现某种系统性,或以其内容分类,如神话故事、关于学习的成语等;或以其形式分类,如两字成语(斧正、借光等)、三字成语(想当然、东道主等)、四字以上成语(燕雀安知鸿鹄之志等)。

(4)"读大人的书"系列单元。这是一个综合单元,从四年级开始。前几篇是实用文,后面几篇是散文和小说,编入的文章多数与"实用文阅读"单元有联系但难度稍高:四年级上下有《撒谎的技巧》(马克斯·范梅南等)、《用孩子的眼光观察世界》(郭志刚)、《艺术在小学教室中的两种功效》(罗恩菲德)、《影响态度改变的变因》(布恩等);五年级上下有《沉默的学生》《人际吸引》(布恩等)、《你的营养观正确吗》(吴沫欣等)、

《购买食物时省钱的方法》(戴维·赖依);六年级上下有《无知的不宽容》(房龙)、《认真对待人权》(罗纳德·德沃金)、《团体纠纷及其解决办法》(古火田和孝)、《论低级牢骚、高级牢骚和超级牢骚》(马斯洛)。

【要点评议】
　　这里提出的"读大人的书"这个观点很有意思,我们以前普遍认为小孩不懂大人的事,所以不让小学生过多接触成人世界。这是在小孩的阅读与成人的阅读之间人为地划出界限。看到上述阐述,我们应该意识到以往做法的局限,在实用文阅读中应该建立学生与成人世界的联系,让他们获得更多的成人经验。这可能也正是实用文阅读的最终目的。

三、切实地示以门径

"学本"是与"读本""课本"并行的一种教材类型,主要供学生自学之用。"学本"的理想状态,是切实地"示学者以门径"。换句话说,与"读本"相比较,学本更侧重在辅读与导学上。辅读与导学我们采用了两种方式:一是"评点",二是编制课后"思考和练习"。

"评点"侧重在实用文阅读的指导,有多种功能:

有的是直接点出阅读方法的。比如《理解他人的参照系统》开头是这样一句话:"理解他人的参照系统是由我们的经历和过去的经验以及我们的价值观念、信仰、心目中的典范和思维方式所组成的,我们的个性和经营风格也是参照系统的一部分。"这句话显然很难把握,我们在评点栏里指出:"这句话实在太长了,翻译得不高明。要借助于下面的'比如'来理解这句话。"文章下面是这样写的:"比如,一些人喜欢详尽的信息,而一些人却只对基本信息感兴趣。一些人为了做好工作需要良好的人际关系,而另一些人更关注工作完成的效率。一些人非常重视按时完成工作,而另一些人则认为不论花费多长时间,关键要把工作做好。不同的事对于不同的人来说其重要性不同。"我们评点道:"噢,文章开头那句话的意思是说,人与人是有不同想法的,别人的想法可能与我们不一样。"再比如《角色扮演》,这篇文章本来是向国外的教师解说如何通过角色扮演来开拓学生的思维,理解这篇文章有两重阻隔,第一是学生在读,第二是中国的学生在读。因而有些话语在阅读时需要我们的小读者主动地加以转换(利用自己的经验去理解文章），还有些话语在阅读时则可以（应该）略过。文章写道，教师要为学生的角色扮演提供一个合适的主题，"比如，一位朋友向你提供毒品或关于操场装备的争论"。评点道："这些例子中有的是以国外生活为背景的，你可以换成别的例子。"接下来文章讲述"计划角色扮演的四个主要步骤"，在这句话之后（即具体介绍之前）我们插入评点文字："下面的话是对指导教师说的，因此有些话语你可以不去理它。你需要了解的问题是'怎样进行角色扮演'。"四个步骤之后，我们再次插入："和三五个同学一起学习这篇课文，然后商量一个主题，认真玩一次角色扮演的游戏。你也可以和父母一起玩，比如今天晚上，父母扮演你，你假装是父母，然后讨论星期天该不该去补课的问题。"由"知"到"做"，是实用文功能性阅读的基本要求，也是阅读此类文章最重要的方法之一。

有的评点是提供解释的，帮助学生理解，同时也隐含着阅读方法的指导。还以《理解他人的参照系统》为例，文章接下来一段中说："如果我们了解他们的经历和过去的经验，我们就能提供一些与他们相关的，并能为他们所理解的信息，能够以他们的观点来看待事物。"我们解释道："'能够以他人的观点来看待事物'，这就是理解他人的参照系统。"这样一方面回应了题目——在阅读文章的时候时时记起点明主旨的题目，有助于顺利地理解课文；另一方面还潜藏着一个知识——在写作的时候同样的意思有时要适当地变换一些词语来表达，而在阅读的时候则要借助于语境对不同的词语作同义的解读。由于这样的辅助，相信学生读到下一句"总之，我们的参照系统越接近，……"就不会感到突兀了。

另外一些评点是延伸补充性的，或者为了防止学生孤立地理解文本，或者有益于理解的深化——对文本语句作延伸性的理解，本身也是实用文阅读的重要方法。比如《理解他人的参照系统》在后面段落里写道："而有时人与人的参照系统仅重叠一小部分，这是由于人与人之间存在许多差异，在这种情况下，我们的'神入'技巧是成功进行交流的关键。"我们在"'神入'技巧"处评论到："即能够以对方的立场来看待问题。但这并不意味着你必须同意对方的观点。事实上，你可能完全不同意，但是你能够从对方的角度来理解他。"《欢乐的笑》一文中说，幼儿常常会发出单纯的、快乐的笑，"有些人能够终生保持这种笑的能力"。这句话学生很容易觉得与自己没有切身关系，因而可能只把它当作一个事实的陈述来接受，满足于"我知道了"。因此，我们在这里作了必要的延伸："可惜，有许多人长大之后丧失了这种笑的能力。"课文接下来有一处引用："康德称这种笑为'生命力的游戏'。"我们延伸性地解释道："也就是说，缺少单纯的、快乐的笑,就是生命力的减弱。"文章接着说:"这类笑排除一切消极的感受,使它们不可能发生。它能平息愤怒、懊恼,战胜愁苦心情,增强生命力,增强生活和参与生活的愿望。"我们将自己的愿望,也就是之所以选这篇课文的意图点明:"让我们重新拥有欢乐的笑。"

至于"思维开拓与语文实践",选文本身就是听说读写方法的指导,而评点文字更增加了一层指导,这种编法的尝试很有些味道。比如汪曾祺《方言》,讲述作家要"能感觉、欣赏方言之美,方言的妙处",举例上海话"辣辣两记耳光""杀杀搏搏吃两碗泡饭",评点道:"试着用上海话说说。并与当地的方言或普通话比较。"举例扬州话"阿要把两记耳光搭搭",也要学生"试着用扬州话说说。并与当地的方言或普通话比较"。文章末了,建议学生:"用当地方言朗读这篇课文。如果你不会,就让父母读给你听。如果父母也不会,就让爷爷奶奶读给你听。""学说十句当地地道的方言"。

【反思】
你本人的教学情况与下面哪项更接近呢?
1. 我教学实用文的目的不清楚,大多是自己从教学参考书中找出几条结论教给学生。
2. 我教学实用文目标很清晰,是通过教给学生基本阅读规范来提高学生的实用阅读能力。

四、指向切身理解

"思考和练习"也有多种功能,但总的指向,是促使学生对自己生活的思考,包括自己的日常生活和学习生活。前面讲到,过去教材中所谓的"文章",要么是政治思想教育方面的"浅显议论文",讲一个"正确"的道理;要么是"简单说明文",内容涉及太空人、月球、虫草花鸟之类。选文不当,再加上阅读教学内容的失误,久而久之,学生被培养出一种极为错误的阅读方式,以为实用文阅读仅仅是获取"信息",而获取信息又被简单地理解为记住一些现成的事实性知识;以为阅读是一件外在于自己的事,而不是为了加深对社会、对人生的认识。

【观察者点评】指向学生生活的实用文"思考与练习"有什么好处呢?

这种阅读方式必须加以扭转。而扭转的部分努力体现在学本的"思考和练习"上，如《欢乐的笑》编有下列思考和练习题：

> 1. 你会无缘无故地笑吗？如果你会，祝贺你。如果你忘了，让我们学着重新拥有。在休息日，去好好观察观察，看婴儿笑得多么甜。
>
> 2. 如果你家附近有经常能发出爽朗笑声的老人，去采访他，问问他有什么秘诀。
>
> 3. 课文说，这种健康的笑，具有包括社会效益在内的各种效益。什么是"社会效益"？快乐的笑具有哪些社会效益？

《正在消失的小儿游戏》，有《滚铁环》《跳橡皮筋》《过家家》一组文章，要求学生和父母一起读，课后思考和练习题是这样编写的：

> 1. 历史就在我们身边。透过游戏，你可以感受历史。(1)问问你父亲，为什么铁环会是男孩子们"唯一的玩具"？为什么不上商店去买好玩具？(2)问问你母亲，有没有跳橡皮筋顾不上吃饭，当时吃的是什么饭？
>
> 2. 你现在和小朋友一起玩游戏吗？和小朋友一起游戏，你感到快乐吗？
>
> 3. 告诉三十年之后的孩子们，你现在所玩的一个游戏。注意，你认为理所当然的事，三十年后的孩子们不一定会懂得，所以有些地方你要加以解释，也许还要画上插图来说明。
>
> 4. 和同学一起商量，从下一篇课文《正在流行的大人游戏》中挑选出一个游戏来玩。(1)先和同学一起阅读《正在流行的大人游戏》(有《阴谋破坏者》《点头和摇头》《绳子游戏》一组文章)；(2)一起商议，挑出一个大家都觉得好玩的；(3)仔细阅读游戏的"步骤"；(4)玩，认真地玩(如果不认真，那就玩不成任何游戏)；(5)参考每个游戏后面的"提示"，想一想为什么大人要玩这个游戏；(6)你在游戏中学到了些什么？如果有，与同学一起分享。

主题学习工作坊

再如《沉默的学生》,课后有如下练习题:

> 1. 阅读这篇文章要注意两个问题:
> (1) 文章讲述的是一个心理学研究的事实,而不是某人主张的观点。
> (2) 了解了事实,对我们(学生自己或老师)如何对待"沉默的学生"有指导意义。
> 2. 假如你是一位"沉默的学生",这篇文章对你有什么启发?
> 3. 假如你是一位"主动发言的学生",这篇文章对你理解其他同学(主动选择沉默的同学)有什么帮助?
> 4. 文章说,在上课时选择"沉默"的学生,主要的原因是缺乏自信,或者是因为个人的性格偏向。那么,缺乏自信可以改变(如果愿意的话)吗?个人的性格可以改变(如果愿意的话)吗?请参考本册"实用文阅读:健康的心态"单元的文章,谈谈你的看法。

再举两个例子。《敬畏生命》一文的课后练习题:

> 1. 有人说,如果大家都不"杀生",那么我们就没有肉吃了,"不应杀生"是虚伪的说法。对此你有什么评论?"你不应该杀生",是说绝对不杀动物呢,还是指不许滥杀生灵?
> 2. 有人说,野生动物需要保护,但保护野生动物只是为了"不破坏人的生存环境"。对此,你有什么评论?你认为动物的生命本身不值得我们人类尊重吗?
> 3. 肉用家畜本来就是杀了给人吃的,因此有人认为对这些动物不存在尊重生命的问题。有一些肉类屠杀场,往牛身上注水,一直注到牛轰然倒地。对此你有什么评论?屠杀家畜,难道没有尊重生命的问题吗?

《对公布分数说"不"》一文的课后练习题:

1. "隐私",有一本词典解释道"不愿告人的或见不得人的"。看了这种解释,你对"隐私"这个词产生什么样的感觉?

2. 阅读下面这段话,说说这段话中对"隐私"的解释,与上面那本词典有什么不同?

> 保护隐私还意味着不许别人了解自己的一些私密信息,拒绝别人对自己产生影响或施加控制,防止别人侵犯自己决定个人事务的权力。我们珍惜个人空间的主要原因就是为了防止他人干预自己的生活。在我们自己的空间和领域内,别人没有权力,也不应该有机会来侵扰我们的生活或打听我们的私事。……隐私权是人们生活中的一个必要条件,如果不保护人们的隐私,就很难保证人们的道德和尊严。

3. 你有没有想过,考试分数是你的"隐私"?你有没有这样的经历,老师大声地报着你的成绩,而你却感受着羞愧、屈辱?

4. 问问你的老师:你凭什么可以公布我们的考试分数?你为什么要公布我们的考试成绩?如果他说得"理直气壮"(比如为了促进学生的学习啦),推荐这篇文章给他看。你还可以告诉他,有一本书叫《儿童的秘密》,专家说,做老师的都应该读一读。

【观察者点评】这样的练习题编得太好了,引发学生对生活的思考。你的学生一定会喜欢的。

【要点评议】

在实用文的阅读中,"评点"和"思考和练习"就像两个支架,帮助学生对文章阅读与理解。以前在教学中可能过于依赖"教师"这个支架,一切都靠教师的安排,所以学生"动"不起来。从上述的内容中,我们可以领悟到,原来"评点"和"思考练习"有这样的促学功能。"评点"指向的是引导学生形成正确的实用文阅读方法,而"思考和练习"指向的则是引导学生把文章内容与自身的生活建立联系。有了这样一个思路,我们的实用文阅读教学似乎一下打开了一扇窗。

我们相信,**如果评点到位、"思考和练习"题妥当,那么所编的学本也许会比现行的"课本"更像课本**。也就是说,在阅读教学中老师按评点的内容和次序进行指导,并按"思考和练习"题组织学生活动或实践,不但能使语文教师减轻备课的繁重劳作(对着一篇选文冥思苦想"教什么"),而且能够更有效地使学生学好"语文"。甚至还可以这样,实用文阅读的教学,学生在课堂上以自学为主,教师则主要解决学生在自学时出现的问题和困难,如果能实现,那么对语文教师应该是一种解放(语文教学本来就不应该每堂课都要大讲特讲、语文教师也不是每篇课文都硬要找点什么讲头)。这样,在课本真正起到课本作用的同时,语文教师也真正地发挥出教师的作用——**语文教师的大部分时间本来就不应该花在对付课文上,而应该去面对、去研究具体的、在学习中出现各种各样情况的学生**。当然,我这样说,并不意味着所编的这套学本就能顶替课本,学本与课本毕竟是语文教材的两种不同类型。我在一篇文章中写道:"课本",按现代的理念,是教学中"交际的对象",它服务于语文教师,面对的则是程度高低不等的一班学生。名副其实的课本,要做到"课程内容教材化、教材内容教学化",促使学生在师与生、生与生的互动中有效地开展语文学习。文选型课本的主体,是围绕选文的供教师根据学生情况选用的教学设计——建设这样的语文"课本",是语文教材研究极为迫切的任务。

【反思】

下面是现行人教版小学语文教科书六年级下册课文《真理诞生于一百个问号之后》的"思考与练习题":

(1)默读课文,想一想"真理诞生于一百个问号之后"的含义是什么?

(2)作者是用哪些事例来说明自己观点的?你还能补充哪些事例?请你具体说一说。

(3)读句子,回答括号里的问题:

最后把"?"拉直变成"!",找到了真理。(联系全文,想一想,这里的"?""!"各指什么?这样的表述有什么好处?)

请你仿照上文中关于"思考与练习题"编写的样例,选择《真理诞生于一百个问号之后》"思考与练习题"中的一题修改如下:_____
_____
_____

五、实用文的阅读类型举隅

下面我再谈谈实用文的阅读类型,依据国外对实用文的阅读方式研究成果,我们认为,实用文阅读主要有下面几种类型。

1. 理解性阅读

文章的理解性阅读,也称"分析性阅读",它是文章阅读的主要类型。理解性阅读,目的是读懂文章说了什么。理解文章的关键,是抓住要点;而抓住要点,要通过重要语句的把握。

然而,**什么是重要语句?哪些是重要语句?这没有笼统的答案。** 中小学语文教学向来有抓住文章要点、理解文章重要语句的说法,但"记叙文"、"说明文"、"议论文"的知识框架,导致"要点"和"重要语句"的抽象化。试图用一种方法去抓住所有文章的要点、去识别和理解所有文章的重要语句,其结果是造就了无所适用的"阅读方法"。

当然,也不是毫无规律。文章总是特定体式的文章;不同体式的文章,有不同的特性,比如学术随笔、文艺随笔、杂文和学术演讲辞等。**不同体式的文章,要求有不同的读法。** 把握重要语句的前提,是认识文章体式的特性。按照体式的特性去阅读,往往就能比较合适地判断重要语句的所在,把握语句的方式也会比较对头和到位。

> 【观察者点评】"操作性阅读"?第一次听说吧,感觉很新鲜,看看到底是什么意思。

2. 操作性阅读

操作性阅读的对象,是讲述做事方法和行为方式的文章。其重点在"怎么做",或直接说明操作方法、行为规则,或通过做事原理、行为机制的阐述,指导人们合理地进行实践活动。从阅读主体这方面看,操作性阅读有两种情形:

第一种情形,是阅读中有操作。 我们边阅读边操作,并努力把自己的阅读理解转化为具体操作,比如阅读电器使用说明书。

第二种情形,是阅读后有行动。 我们抱着实践的目的去阅读,并努力把自己的阅读理解落实到实践的行为中,比如阅读"如何欣赏中国文学"这类文章。

要而言之,**操作性阅读不仅是求"知",而且要去"做";不仅是知道别人说了什么,而且要把别人的所说与自己的实践相关联。**

3. 批判性阅读

批判性阅读是批判性思维的运用。批判性思维是一种成熟的思考过程，它包括对其观点的相关证据进行评估，并最终从这些证据中得出合理的结论。

批判性阅读涉及互为关联的两个方面，一是阅读对象，二是阅读主体。着眼于前者，批判性阅读的重点，是对文章内容进行客观公正的评估，不妨称为"评估性阅读"。着眼于后者，批判性阅读的重点，是对我们自己的观念和思想进行理性的反思，亦可称为"反思性阅读"。

【观察者点评】你理解的"批判性阅读"和这里的"批判性阅读"是一样的吗？

欧美学者认为："有证据表明，在批判性阅读中存在一些专门的技巧。"他们提出，发展下列技能，将有助于人们依据逻辑推理来评估书面材料：

◎ 区别因果关系和相关关系；
◎ 找出错误的比喻，这种错误是由比较项目之间缺乏可比较性造成的；
◎ 找出因没有考虑各种可能性而导致的错误的两分法；
◎ 找出没有充分证据的结论；
◎ 判断前提的准确性，并确定是否应作出该结论；
◎ 识别自相矛盾的地方；
◎ 识别不相干的问题；
◎ 识别过分强调事物的共性，而忽视个性的做法。

4. 研究性阅读

研究性阅读，指以研究问题为目的的资料阅读，简称"研读"。研读大致包括两个方面：一是综合运用"理解性阅读"和"批判性阅读"，理解和评估别人的研究成果。二是在"接受"的基础上谋求"创造"，或在别人研究的基础上对问题作进一步研究，或应用别人的研究成果研究相关问题，或受别人研究的启发提出新问题并进行研究。

研究性阅读关注所讨论的主题，读者是为了研究"自己的问题"而读书。比如，为了弄清"中学'文学鉴赏'的含义是什么？"，而对论述"文学鉴赏"的相关书籍论文进行研读。

研究性阅读是"双线"并进的阅读：一条是我们对"作者的问题"的理解线路，一条是我们对"自己的问题"的思考线路。

对"作者的问题"的理解，是接收，是理解性阅读和批判性阅读的综合运用。

阅读的类型	阅读的目的	阅读时关注的问题
理解性阅读	准确把握文章的意思	文章说了什么
批判性阅读	理性评估作者的观点	作者说得对吗

对"自己的问题"的思考，则是在接受性阅读基础上谋求创造。在接收的同时，寻求问题解决的思路：阅读这些材料，我想到了什么？它们对解决我所关心的问题有什么启示？

研究性阅读，往往涉及大量的相关材料，梳理这些材料，就进入了"同主题阅读"，即相同主体材料的比较阅读，有形的成果是"文献综述"。

当然，上述把实用文阅读分为理解性阅读、操作性阅读、批判性阅读、研究性阅读等（有的学者还分有一类"检视性阅读"，见下一节《实用文阅读教学内容确定》），均是侧重在阅读主体的分类，强调阅读的目的，凸显阅读的取向。

实用文的阅读类型，也有必要作侧重在阅读对象的分类，以凸显某种亚文类或体裁的阅读特性。侧重在阅读对象，较重要的阅读类型有：新闻报道和报刊言论文章的阅读，科学普及（科普）文章的阅读，社科类文章的阅读等。关于这些类别，参见第三节"实用文阅读教学设计"。

【要点提炼】这里关于实用文阅读类型的划分标准并不是唯一的。实际上可以有不同的角度，这里提供的只是一种角度。后面两节提供了另外的角度。我们要把前后的划分角度看作是一种互补，而不是对立与排斥。

【要点评议】
实用文阅读教学一定要先分类，然后才可能确定相应的教学内容和阅读方式。进而才可能设计出相应的教学活动。这里提供的实用文阅读类型就是帮助我们去思考这个问题。

资源链接

1. 王荣生,方卫平.新课标语文学本(小学卷).华东师范大学出版社,2009.
2. 王荣生.撑起另一方天——小学语文的实用文阅读.中国小学语文教学论坛,2005(2).
3. 陈钟樑.教实用文很好"玩".中学语文教学,2005(12).

后续学习活动

任务1:请完成下面的连线

理解性阅读　　　　　《我有一个梦想》

操作性阅读　　　　　《真理诞生于一百个问号之后》

批判性阅读　　　　　《谈中国诗》

研究性阅读　　　　　《奇妙的克隆》

任务2:在你确定上述阅读类型与课文关系之后,请选择其中一篇课文确定一条教学目标如下:

_____

任务3:根据你确定的教学目标设计两到三个教学环节,请将教学环节的名称写在下面,注意目标与环节之间的一致性:

(1) _____
(2) _____
(3) _____

实用文阅读教学内容确定

专家简介

王荣生,基本情况见前一专题相关内容。

热身活动

在阅读本专题之前,请完成以下任务:

1. "快速浏览课文,找出关键句子",这条阅读规则对应于下面实用文的哪种阅读方式:
(1) 检视性阅读;(2)理解性阅读;(3)批判性阅读;(4)操作性阅读;(5)研究性阅读。

2. 请简要说说你对第一题选择的理由。
_____
_____

学习目标

学习本专题之后,你应该能够:

1. 理解着眼于阅读主体的实用文阅读方式对教学内容的制约。
2. 依据实用文的五种阅读方式合理选择教学内容。

讲座正文

一、"实用文"的含义

"实用文"和我们平常所讲的议论文和说明文的概念是完全不一样的。其实实用文的阅读某种程度上比文学作品要复杂得多,只是在以往的语文课程里面,实用文这一块我们几乎完全放弃,我们现在把它单独抽出来。

根据我们目前的认识,我们分为四个类型来讨论:实用文、现当代散文、文学作品和古代散文。 那么实用文和现当代散文大概是这样一个格局,就是文学作品和实用文,其实这个圈我们划得不正确,按道理,实用文这个圈应该划得大一点。因为实际应用的大部分文章都是在实用文这个类别里面。而现当代散文都是在文学作品和实用文之间的这样一个品种,这样一个类别。

朱自清曾经分得很清楚:"纯文学,常文学,非文学。"他有一个观点说得非常好,后来我们语文课没有在教学中实践,没有按照朱自清的设想来做。朱自清说了两句话:第一句话叫做"阅读当读纯文学"。这句话其实分量很重,我们现在越到后面,越能体会到朱自清说的这句话的意义。第二句话是关于写作的,"写作当写报章体"。朱自清当时这两句话我们现在来看都是非常要紧、非常到位的。就是说读文学作品应该读小说、诗歌、戏剧,写文章应该写实用文,当时叫报章体。

【要点提炼】张志公在他主编的《现代汉语》和《汉语辞章学论集》中明确提出了"实用性文体"概念及其范围。这种区分为我们的实用文阅读教学提供了较好的学理基础。

其实在研究当中,好多人早就提出来,应该把实用文作为教学的一个主导门类。我选了两本书,第一本书是张志公主编的《现代汉语》,它这个说得比较清楚,除了文艺性文体之外,都是实用性文体。当然张志公的文学素养、文学功底应该是有局限的。他是研究语言学的,研究外国语言运用。所以这里除了文艺性文体,就是诗歌、小说、散文、戏剧之外都是实用性文体。那我们从他的说法来说,至少实用性文体是半壁江山。还有一本是《汉语辞章学论集》,将文章分为主要"诉之于情"的文学作品与主要"诉之于理"的应用性文章,这是他在首都师大给研究生上课的时候讲的。根据我们现在的认识,大概也是这么来分,就是把文言文去掉分为纯文学作品、散文以及实用文。

> PPT
>
> ● 张志公《现代汉语》
>
> 实用性文体"不是一般常说的那种'应用文'",它与"文艺性文体"对举,"除了文艺性文体之外的,都是实用性文体"。"各行各业都有自己处理各种问题的实用文。"
>
> ● 张志公《汉语辞章学论集》
>
> "主要诉之于情"的文学作品,与"主要诉之于理"的各种"应用性的文章"加以区别:"无论是政治的(宣传什么或反对什么)、科学的(介绍什么、说明什么、反驳什么)、社会交际的(公关)以及日常应用的(信、公文等),都属于应用性的体裁。"

简单地说,实用文的对象目的很明确。比如说我们写论文,语文教学论文,那么谁读呢,当然是从事语文教学研究的人来读。它的对象比较明确,它的目的比较直接。这是实用文的一个特点。

实用文需要进一步分类,靠分大类是不能解决问题的,所以我强调文章体式。于龙博士写过一篇文章,从实用的性质看,可分为"普通文章"和"应用文"。应用文,指有特定应用场合、有具体应用目的的文章,常见的体裁,如书信、广告、宣传语、菜谱、使用手册、说明书等。从读者的角度来分,有私人性的写作,有大众性质的写作。从文章的媒介来看,分为文本和超文本。亚文类中包含若干体裁。体裁,指适合一定内容、对象和交际场合,对结构、语言和篇幅都有一定要求,比较稳定的文章样式。比如,学术论文、调查报告、新闻、通讯、人物传记、书评与影评、序言、访谈录、演说辞、图片说明、日记等。体裁,也就是实际使用的文章样式。在读写实践中,往往还要进一步细析。比如学术论文,按学科分,有数学、化学、历史、文学等;按层级分,有学士论文、硕士论文、博士论文、专著等。这是我们把实用文进一步

【观察者点评】为什么说实用文靠分大类是不能解决教学问题的?

来分成细类。

那么说到这里,我刚刚讲到一个材料,我们来看看。这是我曾经在某市听的一节议论文的课,大家看一下课文。其中有一篇就是放在我们材料里面,七年级,这边是八年级的,这是九年级。那么按照我们过去的一些经验,既然它都编在议论文的单元,那么老师都是用议论文的方式来对付。想用议论文的方式去对付它,采用的却也不是读议论文的方式,而是获取信息的方式。

七年级、八年级、九年级,我听过的。后来我在评课的时候说,这完全是不同的信息。你看第一篇《事物的正确答案不只一个》。这篇我把它看成是励志文,鼓励人去解放思想,它的目的在这里。它的论点本身其实未必是百分之百能够靠得住。论据本身实际上是以非正式的论据为主。所以你跟它较真的话,事物的正确答案不是一个,可能这个论点还是完全可以从另外一个角度来看的。《读书杂谈》很明显就告诉你杂谈。《纪念白求恩》是悼词,《纪念刘和珍君》是演讲词,《多一些宽容》是报刊言论文章,《人的高贵在灵魂》是随笔。在九年级里面,《成功》是一个杂感,《创造学思想录》已经告诉你是随想录,《学问与智慧》是论辩文,《最苦与最乐》也是一篇论辩文。

不同的体式,它的阅读方式是完全不同的。我跟大家讲过一个例子《论美》,作者是培根,还有一篇叫《论读书》。它的体式跟《论美》是同一个东西,都是哲理散文。这些文章教参终于写对了,但是,你看第一句话,这是一篇断想式的随笔,这句话说得很准确,对不对呀?什么叫断想式啊,就是一个片段一个片段来想的。或者这样说,它不是严格地按照论点、论据、论证的格式来写的这样一个文章。下面还有一句话叫"段落之间有跳跃",跳跃是思维上的跳跃。说明你不能严格地按照论点、论据、论证这个方式去分析它,去解读它。但是老师不干,老师认为既然是议论文,那么就找论点、分论点,找论据,然后就是事实论据、道理论据,然后合起来,就认为这是论证。这样的教学完全是不适当的,就是没有按照这种体式本身去读。

这是我讲的第一个方面:什么是实用文。实用文,我们古代也分得很清楚,古代讲的诗就是文学,古代讲的文就是实用文。我们现在看起来是文学作品,其实当时是实用文,《答司马谏议书》、《与陈伯之书》当时就是一封信。无非是我们中国人的文章和西方不同,中国人的文章注重文采,它不直接说,要转弯抹角来说得漂亮一点,对不对呀?所以大家可能学过《与陈伯之书》,讲江南好美好美你回来吧,就是这么一句话。**清代吴乔说过一句话"文为人事之实用,诗为人事之虚用"**,我觉得他把文(实用文)与诗(文学)就做了很好的区分。

【反思】

下面是吴乔这句话的出处,请结合你所教过的一篇文学作品和一篇实用文,谈谈你对下面这段话的理解:

问曰:"诗文之界如何?"答曰:"意岂有二?意同而所以用之者不同,是以诗文体裁有异耳。文之词达,诗之词婉。书以道政事,故宜词达;诗以道性情,故宜词婉。意喻之米,饭与酒所同出。文喻之炊而为饭,诗喻之酿而为酒。文之措词必副乎意,犹饭之不变米形,啖之则饱也。诗之措词不必副乎意,犹酒之变尽米形,饮之则醉也。文为人事之实用,诏敕、书疏、案牍、记载、辩解,皆实用也。实则安可措词不达,如饭之实用以养生尽年,不可矫揉而为糟也;诗为人事之虚用,永言、播乐,皆虚用也。"——(清)吴乔《围炉诗话》,见《清诗话续编》第一册第479页。

_____
_____
_____
_____

二、实用文的阅读

现在我们讲第二个方面:实用文的阅读。实用文的阅读我用一句话来说,要与文学作品区分开来,从阅读的角度来说,就是一个读者去读一个作品,他会抱着自己的目的,用自己的方法。

那么文学作品可以怎么阅读呢,我大概可以把它归纳为"品其言才能会其意"。**文学作品的意思就在它的语言当中,阅读文学作品就是要去了解、感受、品味文学作品的语言本身**。"品其言才能会其意",所以当时朱自清说得非常好,他说**"文字就是思想"**。要了解它的作者思想,其实就是要读懂它的文字。在文学理论里面也讲过,文学的形式就是内容。

我给大家讲过一首诗,"你一会儿看我,一会儿看云",那么一句话你就是要把它背下来,你就是要读它,你就是要不断地去回味它,不能用另外的语言去解释它。所以,当时朱自清曾经说过一句话,现在我转达给老师们。朱自清他也进行语文教学,也编教材,也了解一些教材。他说他看了很多老师上课,上课是怎么回事呢?**"用较坏的语言代替较好的语言"**。这语言本来很美,然后老师上课的时候加了很多阐述性的话,这个语言就是很差的语言。用较坏的语言代替较好的语言,最后学生离开语言文字本身的品味,而变成了只知道这个作品的轮廓,一个故事。

我今天讲课,如果我们把它录下来,形成文字那就是文章。那么讲课部分,你们会说:哎哟,王老师说过的那句"有用",他讲课时说的是什么什么意思。**所以文章阅读它的最主要的理解标志其实就是有感受。就是你看了别人的书之后你能不能用你的话来转述它的意思。**如果你能用自己的话来转述它的意思,你的理解力就好,理解水平就比较高。如果你不能用你的话来阐述,就是还停留在篇章字面意思的了解。

这个大家可以理解,我读大学的时候,教我们外国文学的老师,据说是钱钟书的关门弟子,讲完课他一定要考我们一本书就是歌德的《浮士德》。他在上面讲了很多,其实他讲了什么我们都不知道,因为**我们没读过原文**。然后他硬要考,我们也知道他硬要考。**最后我们全体同学也就考出来了**。后来我反思自己,这本书的内容是什么,连封面我都不知道。但是我们能考下来,

【观察者点评】没读过原文为何也能考出来呢?

那证明我们不是用读文学作品的方式去读,而是用了解信息的方式去了解,这就是两种不同的方式。或者说是我们在进行文学作品的阅读,却用的是实用文的阅读方式。

那么在我们的研究当中,我们会把它分得更细一点,是从两个角度来分的。第一角度是从主体来分的,就是阅读的目的,或者讲我们去读的时候是什么样子的。当然这个有很多,目前合起来,大致把它分为五种类型,就是五种不同的阅读目的导致五种不同的阅读方式。

其实在几年前,我在编一个小学的课本的时候,在《中国教育报》写了一篇文章,强调了实用文的阅读非常重要。大家都知道,无论是学习,还是工作,我们阅读的大部分都是实用性的文章。而实用文阅读的训练,现在却存在很大的问题。尤其是在座的各位,小学、初中、高中没有好好地受过实用文阅读的训练,没有受过理性文章阅读的训练。然后到大学,其实也训练不足,大学中文系所学的还是以文学作品为主,理论的书籍读得不多。

有一年,我跟大四的学生一起座谈,我问除了教科书,你们语言学的著作读过哪些?全场几乎没有回响,也就是说除了教材之外,语言学的论文与著作几乎没有读过。问到除了教材之外,文学理论的书读过哪些?好了,有一个同学站起来,说读过《文心雕龙》。那很厉害,对不对呀。那我就问他读《文心雕龙》的同时,还读过什么。他说没有啊,就读《文心雕龙》。后来我说能够读《文心雕龙》而不用任何《文心雕龙》参考书的人,世界上只有两种人,一种是大学问家,什么都懂;还有一种是什么也不懂的人。也就是说,你现在光读一个《文心雕龙》,什么也读不懂,不但大家读不懂,我也读不懂。我们看过好多材料,参考好多阐述性的文章,然后才能明白说的是什么东西。这是一方面,我们几乎没有受过什么训练;另外一方面,教材里面少量的文章,我们几乎很少把它当作文章来阅读,很少去教文章的阅读方式。

> 【要点提炼】举学生读《文心雕龙》的例子是为了说明我们现在的阅读教学基本上没有教学生掌握规范的阅读方法。

【要点评议】
　　在选择教学内容时一定要区分文学作品和实用文的阅读取向,文学作品的阅读必须"品其言才能会其意",而实用文的阅读则是"得其意可以忘其言"。

这种阅读取向的区分对阅读教学来说至关重要,我们以往在这方面重视不够,导致很多老师把两类不同体式的作品混在一起教学,或者用文学作品"品味语言"的方式去教实用文,而用"获取信息"的方式去教文学作品。这样的做法怎么能让学生获得正确的阅读方式呢?

三、实用文阅读教学方式

(一)检视性阅读教学

检视性阅读是获取文本信息的一种主要的阅读方式。国外很多关于"快速阅读"的论著,指的就是这种阅读方式。

检视性阅读其实就是获取信息的阅读,其实大家可以叫作快速阅读,就是说以最快的速度去获取它所说的表面的主要信息,文字表达的主要信息。这个大家可以看一下,拿到这本书,你先看一下目录,看目录就是检视性阅读。就是对这本书的大致了解,你知道它分几个部类,你知道它分几章,它每一章什么东西。然后接下去就是"同学们,快速地阅读这篇课文",快速地阅读这篇课文就是了解这篇课文所说的东西,就是用最快的速度阅读。

我下面举两个例子。第一个例子是新闻,新闻教什么呢?我看看教材,教材中核心内容有四个:第一个获取事实信息;第二个学习新闻结构,也就是我们讲的新闻的知识;第三个揣摩语句的内涵;第四个学习表达技巧。我们看看这四个点对不对。

下面我分别来陈述一下理由,大家来看是不是这样的。第一个获取事实信息,是不需要教的。什么叫新闻,新闻就是报道最新发生的事情,新闻的报道是一种大众媒体,所以国外讲什么是新闻写作,就是十三岁以上的人都能看懂,这是很早的标准啊。就是我们现在讲的是个人都能看懂,这是新闻的特点。所以你看新闻为什么有正标题、副标题,为什么会有这个类型?它就是以最大的可能性使读者获取信息。它就是这样一种形式,所以获取事实信息其实是不需要教的。需要教的是什么呢?是对新闻报道的事实进行评估,或者我们讲批判性阅读要介入,是去判断分析报道背后的事实。

我们在讲新闻的特点这个概念的时候，说新闻是事实的报道，好像事实就是任何人眼睛都能看到的。否，事实是要去发掘的，事实的真相是要发掘的。大家现在看钓鱼岛，我们中国的报道，和日本的报道，和美国的报道说的是一样的事情吗？不是，肯定不是。所以报道从来都是偏颇的。这是为什么，这就叫话语权。

第二个学习新闻结构。学习新闻结构，当然是要知道一些基本概念：标题、导语、主体。但是为什么要学习新闻结构，实际上是要引导学生更自觉地按照新闻结构去理解，实际是这个目的。而并不是让学生去学习写新闻。就我们现在的教学当中，有个误区是，以为新闻就是按照结构去写一些字。不是的。如果这样的话，好多新闻记者，为了获取事实，最后冒着生命的危险，他们为什么。

事实是要发掘的，所以我们现在已经分辨清楚，其实新闻它主要是要分清楚新闻和宣传。宣传是观点，新闻才是报道的事实。但是事实里面我们往往有很多意识形态的元素放进去，等会儿我会讲我们编的一个材料，一个教材，那个教材是关于香港回归的。当时好多人都叫我这样来编。选一篇大陆的报道，选一篇香港的报道，选一篇国外的报道，同一天就是交接仪式那一天的报道。然后我三个报道拿到一起一看，不同的视角都是讲看到的东西，但是讲出来的事实不一样。那这个就是它里面有意识形态在，所以新闻客观地报道事实，并不等于说事实是客观的，而是说报道新闻的人要恪守新闻的原则。你要写你看到的东西，你要写你知道的东西，你要写客观的消息来源的东西。而这个东西本身是包含着你特定的视角，这个任何人是没有办法去规避的。这讲的是新闻的结构，所以我们很多人讲我们开展了什么活动是新闻。到底是新闻还是宣传？某个厂家做得很好，到底是新闻还是宣传，说不清楚，对不对呀？而新闻的阅读本来跟个人是分不开的。

第三个揣摩语句的内涵，那就更不对了，新闻是用直接的明晰的语言表达，所以新闻没有微言大义。新闻阅读从来没有揣摩语言这一说。大家看报纸的经验是有的，有没有揣摩语句这一说啊？新闻的揣摩，从来都是揣摩语句背后的事实。例如每次开会，黄局长都是排在第几个，这次开会，突然黄局长排在很后面，发生了什么事情啊。那黄局长可能有问题了。你猜的是这个东西。而从新闻中去学语言技巧，那就更不对了。

我们老师所说的学习表达技巧，实际上是讲写作文。写作文是什么，小散文，小学初中是记叙文，高中是记叙文加一点生动的说明文，加一点哲理性的议论文，基本上是这样的散文的语言。散文的语言体式是哪一种？新闻的语言体式完全不同。你看，我在前面随便挑几句。新闻最忌讳的就是形容词，大家知道，形容词就是评价，尤其在我们汉语里面。那座学校教育质量很高,"质量很高"是不是评价?咱们中国的语言就是评价,对不对呀?所以新闻要报道事实,它就要尽可能地少用形容词。尽可能用具体的名词和动词来表达,而这个恰恰是与学生写散文、写生动的记叙文、写生动的议论文完全不同的技巧。所以如果要学习散文技巧,就应该从新闻中去学习客观的写实、客观的描述、客观的记述,应该是这些东西。对不对呀?所以你看我们在过去的教学中,偶尔有一点实用文,但是教得不对。高中老师教过一篇《南州六月荔枝丹》吗?怎么教的?引用的效果和用词的生动吧,在教这个,对不对呀?这个跟实用文有什么关系啊,完全是以一种散文的姿态来读。

【要点评议】

一方面,新闻报道追求"直达读者",崇尚简练质朴,一般情况下没有微言大义,因而也不需要揣摩。另一方面,揣摩语句内涵在新闻阅读中通常不含褒义色彩,新闻阅读是理性的、分析的,"揣摩"实际上是鉴别、是分拨,以辨析客观叙述与主观评价。有一些看起来有深刻内涵的语句,在新闻作品中应该是可被感觉的,一般也不需要"揣摩";即使需要"揣摩"的,也要指出它们在新闻报道中的"独特"、它们对文学笔法的"借鉴"。

关于学习表达技巧方面我们要明确:1. 技巧不仅仅是写法,它不能被简单地还原为章法、句法。"技巧有它自己的位置,它的正确作用是帮助准确传播。"所谓好词好句,离开了特定的目的和语境就会变成辞藻的玩弄。2. 所学习的表达技巧要对路。在新闻作品中学习表达技巧,要学习的是其准确而客观的写实技巧,比如使用具体的名词和生动的行为动词,避免滥用形容词,避免滥用大量副词修辞动词,区分报道语言与评论语言,在直接引语和转述中寻求平衡等。

下面我跟大家来分享一下我编的一些材料。我们曾经编了一本新课标的高中语文课本。在2007年出的,我们几个人编的,有给大家上课的倪文尖博士、李海林教授、郑桂华教授等。我们花了几年时间编了高中语文课本。在这个课本里面,我的基本想法就是把我们的研究融进去。简单地说就是一篇课文应该怎么教,教材应该编好;用什么资源,组织什么活动教材应该编好。我想这是编教材的一个责任。大家也有这个苦恼，拿到一篇课文你要花很多额外的精力去组织你的教学设计，这个组织设计就是你教学内容的选择，教学环节就是我们现在说的备课。而你花了大量的时间去做这么个工作，其实它的成效是没有保障的。

现在的教材大致就像一个拍艺术照片的照相机。就是要你去调光，对不对呀？你要去调距离，你要去换镜头，然后水平高的人通过这种方式一拍，拍出个艺术作品，就是我们优秀的教师，上的课很精彩。那么水平低的人，是这样的，距离对不准的，光圈对不准的，然后镜头不知道怎么弄的，最后一拍模模糊糊一片。**所以有老师把我们的教材比喻成一个傻瓜相机，我觉得是对的。**傻瓜相机是很难拍艺术照片的，但是任何人都能拍出照片来，而且都能够拍一个大致适用的照片来，对不对呀。所以你眼睛对头，肯定是拍出一个人在里面，不可能你拍人之后，人没有了，然后剩下背景了。

下面我们来看两篇课文，都是新闻。第一篇是《中国政府对香港恢复行政主权》，第二篇是《别了，不列颠尼亚》。教材的第一部分是准备预习，是学生在课前做的。按照我们的想法，学生在课前做的事情，一定是在课堂上要用。目前，我在观察中发现这样一个现象，老师课前让学生做很多事，这些事情课中没有用，课中老师另外讲一套，最多在上课之前有一个环节叫"检查预习"。检查完以后讲别的内容。课堂讲的内容，和布置作业是没有关系的，布置作业是另外一套，尤其是在高中。所以，课间做了很多东西，没有用的，老师课堂不讲，课堂里讲的这些东西，然后回去学生做作业。做作业很简单，《高考点点通》做第几页到第几页。其实核心的教学在课前、课中、课后应该是一贯的。

第一节课，核心要点就是历史时刻的再现。就是说新闻就是最新的事，对不对呀，本来是这样的阅读方式。但是编成教材以后，这个新闻已经不新了，这件事大家都知道了，所以你必须要回到读新闻的状态中去。你才能明白读新闻是怎么回事。所以我们就设计了几个活动，第一个活动，重温香港回归这一时刻。那么重温香港回归这一时刻，可以组

> 由王荣生等主编的语文教材的发展方向：课程目标内容化、课程内容教材化、教材内容教学化三个方面。课程目标内容化即进行课程内容的开发，提供比较切实的课程与教学内容；课程内容教材化即进行教材呈现方式的变革，使语文课程内容通过种种资源的运用和语文实践活动的组织，得以具体的体现；教材内容教学化，提供比较完整的、教师可据以操作的教学设计。其实这三个方面也是对语文课应该"教什么"、"用什么去教"、"怎么教"等问题的学理回答。

织下面几个活动。比如说让学生再去看这个录像,可以让学生试着模仿播音员来读两篇新闻。新闻是客观的报道事实,这个是对的。刚才看新闻的播报有没有情感在呀?没有,这也是客观的表现。所以大家晚上看新闻播报,不管它讲什么,它基本上都是一堆材料,对不对呀?除非很特殊的情况下,它才能有点变化,对不对呀?一般是没有的,都是客观的新闻,它和我们学生读散文的方式不同。朗读散文是情感的感受和传达,这是完全不同的。不但它的语音、语调、腔调不同,速度也不同。新闻播报是在很短的时间里面,尽可能播放多的信息。所以它的速度是非常快的。

这是第一个活动"准备与预习",第二个活动"整合与建构"。两篇课文从香港回归信息的报道,分析课文,完成下面的任务。这两篇新闻,一篇是再现历史时刻的,一篇是多角度的报道,也就是说,它不是一个人写的新闻,它是一个新闻的团队采集的不同的新闻,最后合起来写一个。

第三个活动:香港回归具有重大的历史意义,与周围同学讨论,哪些地方体现出了重大的意义?这个题是转了个弯。因为我们不能这么说,"新闻报道都是特定的视角,沾染了特定的意识形态,现在请你把它找出来",不能这么做。我们转了个弯,进行历史意义的评价。这个就是叫把事实和评价区分开来,或者说怎么去看事实的陈述过程中所渗透的评价过程元素。这个是要看的。这个在我们国内不是优先的,西方国家同一个事情各种不同角度都会报道,所以区分能力是非常重要的,否则你就不知道什么是事实。

第一节课就是看一个录像,然后读新闻,然后完成这样一个区分事实与评价,区分事实与观点的任务。第二节课是关于新闻结构,所以我们取的标题是:新闻结构——阅读图示的自觉。自觉地按照新闻的结构去读新闻,新闻的阅读是一个快速阅读的问题,因为它是获取信息,而快速阅读是依赖于结构本身的。这个其实是在初中基础上的,对倒金字塔结构这个知识进一步来细化。这个要了解一些新闻的结构,进一步了解干什么呢?就是进一步了解跟一般的文章相比较,新闻文章的标题和一般文章的标题有什么差别,新闻的开头和一般文章的开头有什么差别。新闻的材料组织和逻辑与一般文章材料的组织和逻辑有什么差别。**我刚才讲新闻就是按照事情的重要性来排列,而一般的文章是按照事理和逻辑来排列的。然后结构的典型特征,新闻是组装性的,它把几个部分组装在一起,那么这样可以了解。**

好了,现在我们来讨论新闻阅读的主要特点,就是说我们要从文章里面读出来。

第一,好多新闻报道都只是一部分被阅读过,并不是新闻报道每一个字每一段都会被看,这跟大家经验不一样,对不对呀?那换句话说,新闻阅读一定是跳跃的,新闻阅读一定不是逐句逐句、逐段逐段来读的。或者说大部分情况下都是这个状态。

第二,阅读标题和导语所产生的效应,和阅读整篇报道所得到的效应一样。也就是说一篇新闻你读得很详细,和一篇新闻我就关注它的标题和导语,其实效果是一样的。

第三,人们一般只能记住新闻报道的主要事实,只有在特定情况下,读者才会注意到重要细节。事实是要发掘的,这就是新闻报道,事实不是你眼睛直接看到的东西。事实是别人看不到的,记者发现了事实的真相。我们应该去教会区分事实,区分态度,区分事实的描述,区分评价,新闻阅读时我们应该去感受新闻记者发掘事实真相那种力量。

(二)理解性阅读教学

然后我再举另外一篇《人生的意义及人生的境界》为例,这是理解性的阅读。怎么理解别人写的文章,就是理解性阅读。冯友兰关于这个主题做了很多演讲,写了很多文章,其中一篇就是《人生的意义及人生中的境界》。这篇文章从体式上来说,不是一篇严格的议论文。议论文是什么呢,我有一个观点,我用很多证据,使我自己相信我的观点是正确的。我用很多证据使读者也相信这个观点是对。这是一种我们写论文的方法。但这篇文章几乎是一个通俗性的宣讲。也就是说这个观点冯友兰已经建立起来了,是通过他一系列的写作,已经建立起来了。然后他要通过通俗的方式让别人明白他的解说。

就像我今天的讲课,其实是带有宣讲性质的。我讲文章应该分为四类:实用文、文学作品、现代散文和文言文,我要建立这个观点,我要用很多证据来说,对不对呀?而我现在就是要跟大家说明,文言文跟现代文阅读是不一样的,文学阅读和文章阅读是不一样的。我举个典型例子,然后你听明白了。所以这种方法叫印证,不是论证。印证就是我举个例子使你通俗地明白。

我们在编教材的过程中是怎么编的呢?

第一步是了解它的论题。"这是一篇论述哲学问题的文章,你了解哲学吗,说说你对哲学问题的了解?"谈人生并不同于平常人讲的我怎么生活,我要找好工作,我要去建好家庭,它不是讲这些。它是从哲学来谈论的,那么你首先必须明白什么是哲学。当然哲学也并不像我们想的那么抽象,哲学是关乎到每一个人的人生态度。

第二步是借助图书或者网络,了解冯友兰及作品,了解他的背景。谈这个问题的人是什么人,就是说阅读文章要知道作者。我们读学术文章,为什么署名很重要,可以知道作者是谁。你一看,是个外行人写语文教学,那下面这个可能有问题,对不对呀?你一看,这个是专门从事研究的人写的,那可能要好好看一下。所以要了解作者。

第三步是阅读课文,边读边划出文章的重要词语。**任何阅读都是找关键性词语,但不同的文章关键性词语是不一样的**,问题在这里。**像这篇文章关键性词语在哪里**,我们一看就能看明白——**哲学的概念**。其实第一堂课是了解文章的内容。阅读这篇文章,这些术语是必须作为重点来看的,否则你就不能明白它在说什么。在这里"意义"是什么意思,有定义的。"了解"在这篇文章里面是一个特定的术语,并不是我们讲的了解情况,了解什么,不是这个意思。"了解"其实是自觉地意识到你自己在做什么,它是这个意思。所以必须要明白这些术语。第二个活动,阅读课文的前面部分,主要是讲人生四个境界的部分,请你划出关键的术语。这个有很多学生会划出非常多的,每一种划法都代表他们对这篇文章的了解。我不知道你们读书的时候是不是用这种方式——用各种图来表明你对它的理解。第三个活动,阅读后面部分,请你划出描述各类境界典型特征的语句;然后用自己的话说说看四类境界是什么意思。

我刚才说了,**文章阅读最主要的是能够用自己的话来转述**。如果你只能背书上所说的话,说明你没有理解。如果你能用自己的话来转述,表明你能理解。最后写一下这篇文章的内容概要,或列出这篇文章的内容提纲。第一堂课,就是了解文章内容,就是我们讲的理解作者说了什么,作者说了什么话。第二个就是在此基础上进一步了解作者的意思,作者讲的这种人生精神到底是什么意思。我们在这里设计了一个活动,就是理解冯友兰说的话"一般的芸芸众生",就是我们啊,我们都属于一般的芸芸众生,"不是属于自然境界,便是属于功利境界"。那么在冯友兰看来,芸芸众生还有没有意义啊?我们链接后面有相关内容,说个人有个人的人生,不能笼统地说有没有意义、有什么意义。因为人生是各式各样的,不同的人生有不同的意义,个人的人生是个人自己创造的,个人的历史是个人自己写的,个人对自己负责。换言说,冯友兰不是要他来判断你有没有意义,而是我们自己去反省我们的生活意义在哪里。

再下面一个题也是请学生讨论:说一个人是某"境界",是凡事都在这一"境界"呢?还是此一事是这种境界,彼一事可能变成另一"境界"?我上课的时候是一种境界,然后下课以后是另外一种境界。我在家里是一种境界,我在路上又是另外一种境界,是这个意思呢,还是这个人就是一种境界?这是冯友兰哲学需要我们理解的。同样是扫地,境界是不一样的;同样是教书,境界是不一样的。对不对呀?我们要尽可能自己上升到一种境界。通过这样的讨论,让学生更进一步明白冯友兰说的哲学。

如果有老师做班主任的话,可以做一个班级活动。读懂哲学问题最显著的标志就是必须自己回答问题,接受其他人的观点不能解决问题,但是你自己的回答必须有充分的根据,有论点作为后盾。所谓哲学是什么呢,我们中国的哲学就是人活得有什么意义,就这个东西,对不对呀?我们怎么样过好自己的一生,这个问题是每个人都必须自己回答的。然后我们请学生去反思、反省。第一个收集你喜欢的人生格言,贴在桌子上,你喜欢的一句格言。然后组织一次非正式的讨论会,各自讨论自己人生的意义及理解。

而我们要特别注意,相互之间不要变通。这就是我们讲的发散性思维。发散性思维的核心就在这里,个人可以说个人的,你说你的,但是你不要去听别人的。然后有时间的话,以人生为主题,进行拓展阅读,可以是诗歌、小说,或者一般的杂志,然后组织一个朗诵会,表演活动,手抄报等。这样呢,我觉得学生才可能学到一些东西。

像这篇课文过去我们一般就是获取信息。大家可以上网去看,有一堂很著名的课,就是魏书生给学生上的这篇课文《人生的意义》,大家去看一看。魏老师是很著名的一个老师,很有探索精神。但是那堂课显然是有问题的,那堂课就是给初中的学生看,看这个课文把它讲的几句话找出来——人生的四种境界是什么。然后学生找出来了,OK,完了。接下来就是让学生谈谈对人生的感觉。那这篇课文就是废了,冯友兰说了什么,学生都不知道,可能望文生义。

【反思】

请找到魏书生任教的《人生的意义》教学设计或教学实录,归纳其主要教学内容,并结合上文"理解性阅读"理论和你的教学经验,写下你的意见。

_____
_____
_____
_____

(三)批判性阅读教学

我们为什么要阅读文学作品,为什么要阅读理论性文章。就是要通过别人的文学

> 阅读的一条规则是：在你说出"我同意"，"我不同意"，或"我暂缓评论"之前，你一定要能肯定地说："我了解了。"
>
> 意思就是做出阅读反应之前必须能够确认自己读懂了作者的观点。
>
> "暂缓评论"也是一种评论方式，它可以较为有效地保证读者"有些东西还没有表达"的基本立场。

作品，来丰富我们的经验，就是通过别人的文章来拓展我们的见识。如果你读文章之前是这些想法，读文章之后还是这些想法，尤其是你又坚守住自己的想法，去隔绝别人的想法，那这个阅读就没有意义了。阅读从来都是开放的，阅读从来就是假设别人的观点可能需要我们去尊重，我们可能从别人的文章中获得我们所没有的东西，然后我经过理性的评估才能判断别人说的是对还是错。

所以在《如何阅读一本书》里面，有很重要的一句话，或者一个公式，就是你必须先理解，然后再评论。**先理解然后再评论，这个就是批判性阅读的基本规则**。评论是按照客观的标准，评价别人。第一条就是我知道的事实他不知道，所以他错了，对不对呀？第二条，我知道这么多，但是他只知道那么少，所以他片面了。然后最后一条评论标准叫**暂缓评论**，就是我不能够用证据来证明你是对还是错的，所以它叫暂缓评论。

（四）操作性阅读教学

下面来看看操作性阅读方式。如日本的《平地踏步》，关于如何做健身操。显然这个着重让学生去学习反思操作性阅读。我不知道在座的各位怎么样，好多学者都告诉我，看说明书真的看不懂。说明书的写法有两种，第一种写法是从知道的人的角度来写。我是专家，这个东西我很熟悉，然后我来写。还有一种写法就是从不知道的人最关心的地方，从不知道的人的角度来写。这个不仅仅是说明书，包括带有说明性的路牌、指标，也是这样的。我昨天到一个地方，那个司机看路牌真的是看不懂，因为它是从知道的人角度来写，而不是从不知道的人角度来写。比如说路牌应该挂在什么地方，你应该在岔路口挂个路牌，因为不知道的人就在这里产生疑惑。它在五十米之后，过了五十米才挂个路牌，那这个显然不是从读的人这个角度来考虑问题。显然是从他们的规则，他们有一套自己的规则，对不对呀？我们的说明书难懂就是因为这样。

找不到一个中国人编的，后来我没办法选一个日本人编的，现在看来选日本人编是不对的。但是人家真的是从你做的人的角度来写。我们以后写说明文，它无非是两样东西，一样东西是我要知道这个道理，第二样东西我要从读者的角度来说，来看，怎么样使他们能够容易明白这个道理。写论文也是这样。写论文就是我们自己去研究，我要知道这个事情。然后我们写文章呢，尤其是给一线老师看的文章，我们就要想，如果从老师的角度来看，老师们可能最容易读的是什么。所以写作就是两点。很多人对说明书的理解是错的，很多人理解为就是看着这个来说明，把这个描述下来就叫说明。

我不知道大家有没有写过，铅笔盒写过吧？我的铅笔盒有两层，别看它小，上层住的是谁，下层住的是谁。这个不是说明，这个是描述，对吧？因为它写的是你眼睛能够看得到的东西，而说明是要写你眼睛看不到的东西，因为看不到所以要说明。首先我要知道道理，对不对呀？所以说明文它是说明道理的，都是专业性的。然后，它用通俗的语言根据特定的对象来写。如果我是对设计师讲，我就用设计师的语言。如果我对小孩子来讲，我就要用小孩子能接受的语言。所以说明文的写作无非是两个要点，第一个要点，它是研究性的，必须通过研究，明白一个道理。第二个要点，它是针对特定对象的写作，你必须用特定对象容易接受的结构和语言来写。

回到《平地踏步》一文的操作性阅读教学（下面四张 PPT 的内容就是我们在教材中对这篇课文的学习设计）。预习之后，让学生对说明性的文章有一些初步的认识，然后读课文。说明性的文章一般有什么结构，操作性的文章一般是先告诉你什么道理，然后告诉要怎么做，再告诉你做的时候要注意什么。那就是一般的结构。那么这样就是按照这种方式来阅读。这部分认识操作性的文章要读什么东西。

【PPT1】

教材样章：《平地踏步》

准备与预习

● 回想自己学做广播体操的经历，谈谈体育课里学一个新动作时的感受。

● 家里买了一件新电器（如电话机、手机、电视机、洗衣机、微波炉等）后，你是否阅读过它们的使用说明书？你觉得阅读使用说明书，跟阅读其他文章有什么不同的地方吗？

● 在做广播体操时，观察和评价同学们的做操动作。

【PPT2】

整合与建构

一、认识操作说明类文章

1. 操作说明类文章的内容，一般有三个部分：介绍原理或功用，说明动作要领，列举注意事项。浏览课文，把课文内容分为上述三个部分，并指出哪些部分应该精读，哪些部分可以略读。

2. 阅读课文中介绍原理或功用的部分，完成下列任务。

(1) 列举"平地踏步"的好处，填写下表（表略）。

(2) "平地踏步"为什么能促进全身的血液循环呢？结合课文和你学过的相关知识，用自己的话说一说。

(3) 围绕下列问题进行讨论：

◇ 如果作者是减肥专家，文章的说明重点会放在哪里，课文中的小标题要做哪些调整？

◇ "促进血液循环"的原理介绍，配上图表也许更容易理解，为什么课文作者在这里没有加图表呢？

3. 说明动作要领，包括讲述动作要领的文字和动作的分解示意图。复述课文第 3 节中说明动作要领的段落，并分别指出相对应的示意图。

4. "平地踏步"有哪些注意事项？在课文中标出各条注意事项的序号。

【PPT3】

二、真正读懂操作说明

1. 阅读操作说明类文章，重点在于读懂动作的分解示意图。按下列顺序阅读课文中的示意图。

① 把课文中的示意图分为三组，并说明三组之间的关系。

② 阅读单幅示意图，并向同学证明你读懂了这一幅图。

③ 将一组示意图连贯起来阅读，并尝试做连贯的动作。

2. 读懂操作说明类文章的标志,是按操作说明去做。反复对照示意图及解说词,分小组操练"平地踏步"。

3. 围绕下列议题,进行分组讨论:

① 在刚才的操练中,有些同学做得好些,有些同学则做得差些。请做得好的同学介绍自己的体会,做得差的同学分析问题及其原因。

② 介绍你对班级同学做广播体操"踢腿运动"一节时的观察情况;有条件的话,重新阅读广播体操的图解。

③ 交流在阅读电器(如电话机、手机、电视机、洗衣机、微波炉等)使用说明书时碰到的困难和问题。

4. 阅读操作说明类文章有哪些地方需要特别注意?阅读的难点主要是什么?试加以总结。

【PPT4】

应用与拓展

● 在家里至少练习三天"平地踏步",注意将自己的练习与示意图反复对照。

● 你们觉得"平地踏步"运动值得坚持吗?如值得,请制订一个小组锻炼的规则。

● 找一份电器(如电话机、手机、电视机、洗衣机、微波炉等)使用说明书,尝试真正读懂它。

● 如有兴趣,按菜谱制作一份冷盘。

● 参考链接材料,自选一个擅长的领域,准备一份操作说明的演讲提纲,参加班级组织的演讲会。

关于第二步,真正读懂操作说明。这个我用不着多讲,联想到这个大家都会明白。你必须是看过文字,看图,动作介入,然后通过动作反馈,本来它说这个一按是什么东西,你要反馈回去看。它是这样一个不断矫正的阅读方式。最后呢,请同学们总结,操作性文章阅读需要注意什么，它的阅读难点是什么，也就是让同学通过这篇课文的阅读去提炼阅读操作性文章的方法。

我刚刚也说了，像这类课文我们过去从来没有教过，但是实际上在日常的生活当中，是非常重要的。那么过去是不是一点也没学过呢？是学过的。那就是他们在其他课，如化学实验课读操作说明时，但是我们语文老师的贡献很少。由于语文老师你不断地教散文，所以语文课就成了什么样的呢？大家可以想一想，语文课是基础学科，语文课很重要，各门课都在语文课的基础上，这话本来是对的。但是你每天教散文了，你这就错了，你教的内容跟这个没有关系。

（五）研究性阅读教学

关于"研究性阅读教学"的原理请看看上一个专题的相关内容。这里我们举一个例子加以展开分析。

我们在教材中选了日本学者佐藤学的一篇文章《产生主体性假象的温床——教学中的形式主义》，这篇文章选自他的著作《静悄悄的革命：创造活动、合作、反思的综合学习课程》。我们从研究性阅读的角度设计学生的学习活动内容，主要有两大方面。

1. 让学生认识社科文写作的对话性质。要点有：（1）写作一篇文章，表明作者主动地"卷入"了一个未解决的问题的对话，请说说他为什么要卷入"一个极为麻烦棘手的问题"。（2）文章的写作过程，是作者与读者（写作对象）对话的过程，阅读课文第一、二节，说说作者的直接对话者是谁？他们围绕着什么主题在对话？（3）写作不仅仅是交流，所有的文章都试图改变读者对某事物的看法，请思考，我（读者）阅读文章之前，作者假定我（读者）相信……，我（读者）读了以后，作者希望我（读者）相信……，作者成功地改变了我（读者）的观点吗？为什么？

2. 让学生体验研究性阅读的对话过程。要点有：（1）研究性阅读关注所讨论的主题，我们是为了研究"自己的问题"而读书。请试着把文章与我们所关心的问题联系起来。（2）研究性阅读是"双线"并进的阅读：一条是我们对"作者的问题"的理解线路，一条是我们对"自己的问题"的思考线路。对"作者的问题"的理解，属于接受性阅读，它是理解性阅读和批判性阅读的综合运用。对"自己的问题"的思考，是在接受性阅读基础上的创造性阅读。（3）研究性阅读的过程，是作者与我们共同探讨我们"自己的问题"的过程。（4）研究性阅读往往促使我们提出新问题，并为我们研究新问题提供新思路。

【反思】

下面是一项关于对"自己的问题"的思考的学习活动设计,阅读之后,请根据研究性阅读的原理,看看哪些地方需要增删?

对"自己的问题"的思考,是在接受性阅读基础上的创造性阅读。阅读课文《产生主体性假象的温床——教学中的形式主义》第2节中的两个语句,体会与作者的对话过程。

(1) 进行接受性阅读:文章说了什么?作者说得对吗?

"如果在幼儿园、小学时代过分地强加以虚假的主体性的话,到了初中、高中后,学生就会尽全力去反抗小学时代被驯服出来的虚假主体性,从而使他们不可能实现自身的自由成长。"

(2) 进行创造性阅读:我们想到了什么?对思考我所关心的问题有什么启示?

"造成学生到了初中、高中就拒绝发言,常常面无表情地坐在教室里的情景,就不仅仅是初中、高中任课教师的责任了,幼儿园、小学的教师也必须对此负责任。"

_____
_____
_____
_____

(六) 科普文章阅读教学

最后我再谈谈科学普及文章的阅读。我们现在基本上读的是科普散文,好像不那么对,应该读这种介绍科学知识的文章。我们选了高中的物理教材中的一章,我们来教学生教材怎么来读。先看前面的预习部分。可能各位都会头疼了。"本文选自物理教科书,在学习之前,你应该会解释下列概念",也就是说,科学普及文章它是需要你去为别人定基础。专业的基础,不专业读不懂,那就是它最主要的一个要点。那么解释下列这些概念,这些概念在学这篇文章之前你是必须知道的。比如说我们在讲课文的时候,阅读课文,你要知道什么是阅读,否则我就没办法讲。

然后我们讲实用阅读,你要知道实用阅读的特点、实用阅读的概念。"如不能解释上述概念,请查阅参考书、《辞海》等资料,或向高年级同学请教。"这也是阅读这类文章的特点,是要有参考书的,它和看新闻看报纸不一样,对不对呀?我们看散文是没有参考书的,看小说是没有参考书的,看新闻报纸是没有参考书的。但是你如果说我要一个参考书,这就相当于进行研究性阅读了。

"你平时自学理科的教材吗?记住你自学时碰到过的困难。"我们读物理教材最难的地方是什么,这样我们就要预习。这课是我编的。我理科也很差,和大家一样。我高考的时候数学考了十五分,因为我们是文革时候的学生,就没有很好地学过,就完全靠自己看的那种。而当时我们考文科的时候数学是不计分的,就是不计入总分的。后来我就给我儿子看,他学理科的。他大部分情况下都是自学的。所以我那小孩基本上是没有参加过中考,也没有参加过高考,都是自身学的,他是做物理竞赛的。所以他看了以后,他说是这么回事。他看了以后说是这么回事,然后我才放心了。**主动学习应该学会去问。就是说我们学习理科的东西,学习专业的东西,必须要主动学习,被动是学不了东西的**。其实学习这个概念本身就包含了主动性,主动学习应该学习提问。

【要点评议】
科学普及文章,一般由自然科学领域的学科专家所写,语言平实简练,目的是向公众传播知识。中小学理科教科书以及相应的学习材料,属于科普文章。阅读科普文章,要培养学生合适的阅读态度,学习适应于文体特性的阅读策略和方法。学习好这些内容,对于将来的学习、生活和工作,都有重要的意义。

资源链接

1. 王荣生.高中语文教材实用文类单元.上海教育出版社,2007.
2. 曾祥芹,甘其勋,刘真福编著.文章知识新视点(初中语文 5).华东师范大学出版社,2009.
3. 王雪亘.中学实用文阅读教学内容的探讨.浙江师范大学,2007.

4. 王荣生.操作性阅读教材样章.语文学习,2007(12).
5. 王荣生.科普文章阅读单元样章.语文学习,2006(11).

后续学习活动

任务1:下面的教材样章是一个以"学"为中心进行的教学设计,请你结合上文所学科普文章阅读教学的知识,指出这个教学设计有哪些合理之处。

_____
_____
_____

任务2:请从教材样章中的"积累与建构"环节任选一个步骤,设计一个教学活动(要包含教学组织方式与评价方法)。

教学活动:

教材样章:《热力学第二定律》

准备与预习

● 本文选自中学物理教科书。在学习之前,你应该会解释下列概念:

热力学第一定律　能量守恒定律　功　动能　内能

● 如不能解释上述概念,请查阅教科书、《辞海》等资料,或向高年级同学请教。

● 你平时自学理科的教科书吗?记下你自学时曾碰到过的困难,上课时向老师提出。

积累与建构

一、主动学习,透彻理解课文内容

1. 主动学习,应该学会提问。完成下列任务:

① 把各节的小标题分别转化为"什么是"的问句。如"什么是热传导的方向性?"

② 联系前后小标题,问它们之间"是什么关系"。如"'第二类永动机'与'热传导的方向性',是什么关系?"

③ 阅读课文,找到上述问题的答案。

2. 示意图是理科阅读材料的重要构成部分。学习图文对转。把"热传导的方向性"一节内容,转化为一个示意图。

3. 理科阅读材料中往往有公式及计算,文字说明与公式可以等值转化。学习文字与公式对转。对照"第二类永动机"一节中的相应文字,说明 $\eta = W/Q_1$ 公式的含义。

4. 定理、定律是理科教科书学习的核心内容。阅读"热力学第二定律"和"能量耗散"这两节,完成下列任务:

① 定律、定理是普遍性命题。列举三个生活中的例子,印证热力学第二定律。

② 热力学第二定律的两种表达是等价的。请尝试从热力学第二定律的一种表达,推导出另一种表达。

5. "练习"也是理科教科书的学习材料,一是检验学习的成果,二是知识的实际应用。独立完成课文中的练习。

二、提高效率,灵活运用多种策略

1. 理科教科书的一个段落,一般只包含一个内容。应用"删除法",重新阅读课文。

① 边读边删除(划去)无关紧要的语句。

② 再删除一些语句,使每个小标题下只保留一句话。

③ 把每个段落下所保留的语句,连起来念一遍。

2. 教科书的学习,往往要参阅相关的材料,有时也要利用外力的帮助。完成下列任务中的一项。

① 下面内容摘自《辞海》的"热力学第二定律"条目,与课文对照阅读。

② 链接材料是从能量耗散的角度来论述热力学第二定律的,在课后作为补充材料学习。

③ 如对课文的内容还有疑惑,向同学请教。或者用疑问句记下你的疑惑,待物理课时向老师提出。

3. 及时复习,在知识学习中非常重要。用自己的话,回答课文在"本章小结"中所列的问题。

应用与拓展

结合自己的学习经验,试着总结科普文章阅读策略,列举5条以上。

应用本课所学的阅读方法,自学链接材料。

实用文阅读教学设计的基本要领

专家简介

陈隆升,博士,台州学院副教授,硕士生导师。著有《语文课堂"学情视角"重构》(上海教育出版社)等。发表《从"学"的视角重构语文课堂》(《课程·教材·教法》)、《了解学生:常识缘何成为难题》(《中学语文教学》)等论文。

热身活动

在阅读本专题之前,请你完成以下任务:

1. 请从下列实用文体中选出你认为最有必要让学生学习的五种文体:

科普文章、新闻、社科文、演说辞、书信、人物传记、书评与影评、序言、访谈录、调查报告、讨论与辩论、图片说明、日记

_____

2. 请简要说说你选择这五种文体的理由。

_____

学习目标

通过本专题的学习,你应该能够:
1. 掌握实用文的体式特征;
2. 把握实用文核心教学内容确定的基本原则;
3. 进行实用文阅读教学环节的设计。

讲座正文

下面我们主要介绍实用文阅读教学设计的基本要领,包括三个部分的内容:实用文的体式特征、实用文阅读教学设计要点、实用文阅读教学设计的样例分析。

一、实用文的体式特征

(一)教材中的实用文体状况

诗歌、小说、戏剧和散文之外的所有文章,统称为实用文。

现行语文教科书中出现的实用文,包括科普文章、新闻、社科文、演说辞、书信、人物传记、书评与影评、序言、访谈录、调查报告、讨论与辩论、图片说明、日记等十三类。其中所占比重较大的有科普文章、新闻、社科文、演说辞、书信等。

根据我们对实用文的基本划界,我们对当前通行的中学语文教材作了实用文篇目统计分析,统计范围为人教版、苏教版、语文版、北师大版、北京版、沪教版、粤教版等七套教材,含初中和高中教材在内。

统计结果见下面两张表格:

初中教材中的实用文统计表

文章类别	篇数	在各套教材中的重现篇目(书名后为重现频次)
科普类文章	84	《苏州园林》4 《花儿为什么这样红》4 《奇妙的克隆》3 《事物的正确答案不止一个》3 《罗布泊,消逝的仙湖》2 《旅鼠之谜》2
新闻类文章	20	《人民解放军百万大军横渡长江》2 《北京喜获 2008 年奥运会主办权》2

续表

文章类别	篇数	在各套教材中的重现篇目(书名后为重现频次)
演说辞	15	《敬业与乐业》2 《纪念伏尔泰逝世一百周年的演说》2
书信类文章	11	《给女儿的信》3 《傅雷家书两则》2
人物传记	8	无
书评及影评、读后感及读书提要	5	无
序言类文章	5	无
合计	148	12

高中教材中的实用文统计表

文章类别	篇数	在各套教材中的重现篇目(书名后为重现频次)
社科类文章	33	《人们如何作出决策》2
新闻类文章	18	《奥斯威辛没有什么新闻》3 《别了,"不列颠尼亚"》2 《落日》2
科普类文章	14	《南州六月荔枝丹》2
演说辞	12	《我有一个梦想》3 《在马克思墓前的讲话》3 《谈中国诗》2
书信类文章	5	《傅雷家书两则》2
访谈录	3	无
序言类文章	3	无
书评及影评、读后感及读书提要	3	无
调查报告	2	无
讨论与辩论	2	无
图片说明	1	无
日记	1	无
人物传记	1	无
合计	98	9

对这些统计数据加以分析，我们认为现行语文教材中实用文的文体状况呈现为以下几个特点：

（1）现行中学语文教材中出现的实用文类别（按出现的篇数由高到低排序）主要有：科普类文章、新闻类文章、社科类文章、演说辞、书信类文章、人物传记、书评与影评、序言类、访谈录、调查报告、讨论与辩论、图片说明、日记等十三类，合计 246 篇。七套教材（含初高中）总篇目为 1610 篇，其中实用文占总篇目的 15.3%。可见，与新课程改革之前相比，实用文在教材中的数量虽然有所增加，但其在教材中所占比重仍然严重偏低。

（2）就已经出现在教材中的实用文而言，科普类文章、新闻类文章、社科类文章、演说辞等四类实用文在教材中所占比重最大，合计 196 篇，占实用文总篇数的 79.7%。由此可以推论，现在中学语文课堂上实际在教学的实用文主要是指科普类文章、新闻类文章、社科类文章、演说辞等四类文体。这样的格局显然是不够合理的。

（3）从统计数据中可以看到实用文的重现情况（即一篇文章出现在两种以上教材中的情况），重现的篇目集中在科普类文章、新闻类文章、社科类文章、演说辞、书信类等五大类别中，初高中合计有 21 篇重现文章。重现率为 8.54%。按重现频次由高到低排列，其中科普类文章的重现篇目为《花儿为什么这样红》《苏州园林》《奇妙的克隆》《事物的正确答案不止一个》《罗布泊，消逝的仙湖》《旅鼠之谜》《南州六月荔枝丹》；新闻类文章的重现篇目为《人民解放军百万大军横渡长江》《北京喜获 2008 年奥运会主办权》《奥斯威辛没有什么新闻》《别了，"不列颠尼亚"》《落日》；社科类文章的重现篇目为《人们如何作出决策》；演说辞的重现篇目为《我有一个梦想》《在马克思墓前的讲话》《敬业与乐业》《纪念伏尔泰逝世一百周年的演说》《谈中国诗》；书信类文章的重现篇目为《给女儿的信》《傅雷家书两则》。

现行中学语文教材中实用文的文体状况，严重制约着我们的实用文教学。文体选取范围的狭窄，直接导致教学内容的窄化。还有很多在实际生活中广泛使用的实用文体如产品说明书、运动操作手册、游览指南等，在我们的语文教材中依然是空白。

> 与新课程改革之前相比，实用文在教材中的数量虽然有所增加，但其在教材中所占比重仍然严重偏低。四类实用文体包打天下的狭小格局严重制约着实用文阅读教学。

（二）"实用性"特征

那么，从整体上来看，实用文有些什么特征呢？一言以蔽之，实用文的体式特征主要体现在"实用性"方面。而**实用文的"实用性"主要体现为六个方面：**

(1) 从文体特征来看，实用文的文本结构是"言—意"式的两层结构，这种简单的结构方式，给作者的写作和读者（受体）的解读都带来一种直接性，人们无须在此追求"言外之意"。

(2) 从文章语言来看，实用文以社会化、规范化的书面语言为主，避免使用个性化色彩强烈的语言。

(3) 从思维方式来看，实用文是为解决实际问题而作，以抽象思维为主，要抛开事物的感性形式，寻求其内在的联系，找到事物内在规律。

(4) 从社会功用来看，实用文对社会产生直接效应，其目的是现实的，其目标是明确的。

(5) 从写作主体与接受主体来看，实用文有比较明确的写作主体，接受主体也是特定的，有特定的阅读者。

(6) 从主旨内涵来看，实用文的主题是鲜明的、单一的、确定的，一般是主题居主导地位，读者在解读过程中无须作很多的创造性发挥。

总体来说，**实用文阅读与文学阅读是有不同的阅读方式与阅读指向**。文学阅读着眼于作品的艺术性，阅读方式是鉴赏型的，侧重对文学作品所体现的文学特质加以鉴赏与评价，重点放在言语的品味和感悟，阅读的最终目的是获得文学素养和熏陶。而实用文阅读则着眼于获取文章的信息，阅读方式是理解型，就像我们读报纸、读信、读百科知识、读学术著作那样。

以上我们是从共性角度来看实用文的体式特征，实际上实用文的每一类文体又是各自有相应的体式特征。下面我们对语文教科书中几种常见实用文体的特征做一个简介：

(1) 科普文章。我们过去一般称之为"科技说明文"，是由从事科学技术工作的专家所写，目的是向非专业人士传播专业知识、介绍相关的规则与原理。科普文章一般具有科学性、知识性、通俗性等体式特征。科普文章采用的表达方式，主要是说明。科普文章大致可分为两种：一种是科学说明文，一种是科学小品。教科书中出现最多的是科学小品。科学小品带有文学色彩，形式简短，融知识性与趣味性于一体。

(2) 新闻。新闻有广义与狭义之分，广义的新闻包括消息、通讯、新闻特写、深度报道等等。狭义的新闻仅指消息。教科书中涉及的新闻的体式，主要是消息和通讯。新闻是一种语言陈述，一件事情的本身不是新闻，对这些事情的报告才是新闻。我们所接触到的新闻并不是事情本身,而是对这些事情的报道,即我们所看到的只是"新闻作品"(语言陈述)。新闻通过语言等符号媒介加以传播而产生效应。

(3) 社科文。指社会科学领域具有学科专业性的文章,如哲学、经济学、社会学、法学、历史学、伦理学、文艺学、语言学、教育学等学科的论文及论著。这类文章在语文教材中的比重在增加。阅读社科文,需要一种专业的眼光和学科的观点,而不能只当作一篇普通的议论文或说明文来读。

(4) 演说辞。演说辞也称演讲辞、演讲稿,是演说者在公共场合和集会上,就某一问题宣传自己的主张,表达自己的情感或阐明某种事理的讲话文稿。演说辞是进行演说的依据,是对演说内容和形式的规范和提示,它体现着演说的目的和手段、演说的内容和形式。

【要点评议】

这个部分讲的主要是实用文的文体状况和体式特征,这些内容其实并不是什么新鲜的知识,我们在日常教学中经常会涉及,所以读了之后,我们会出现两种感觉,一是这些东西并没有什么深奥之处,自己早已知道;二是会有一种似曾相识的感觉,总觉得这些东西以前在哪里见过,但就是难以确定到底在哪里可以找到所有这些知识。如果产生这些感觉,那就对路了。

第一种感觉表明,这些体式知识对于我们来说只是一些常识而已,并没有什么特别难以理解之处。第二种感觉表明,这些常识在我们的教学中处于一种"忽隐忽现"的状态。关于实用文的体式特征其实我们以前在大学中文系学习的诸多专业课程都已涉及,但在从事语文教学之后,我们在解读课文的时候常常把这些知识忘掉了,或者忽略了,总之是没有加以足够的重视,我们采取了一种非正常化的文本解读方式,往往是直接从课文中"抓出"几个重点进行分析,而这里所谓的"重点"要么是考试可能会考到的内容,要么是教学参考书中提供的一些内容。

这些内容不能说都是错的,问题主要在于我们可能不是很清醒地意识到为什么要教这些内容以及教这些内容可能达到什么目标。其中也会涉及实用文体式方面的知识,但我们不是很明白这些体式知识有何作用,日复一日就这样教下去了。所以只教了几条干巴巴的知识术语,对提高学生的实用文阅读能力没有太大的帮助。读了上述实用文文体状况和体式特征的相关内容，我们似乎明白了实用文低效或无效教学的症结所在，实用文阅读从本质上说就是一种体式阅读，唯有对体式加以系统了解，我们才有可能从课文中选出与阅读能力对路的教学内容。所以，这部分的内容看似老调重弹，实则为我们的教学设计提供了一个完整的文体知识基础。

二、实用文阅读教学设计要点

（一）实用文阅读教学内容的确定

确定实用文阅读教学内容，需要认清实用文的体式特征，把握实用文的独特性。具体要把握两个要点：

1. 从"实用性"出发选择教学内容

实用文阅读教学，就是要引导学生依据体式特征去阅读实用文，即按照实用文的本来样子去阅读它，把实用文当作实用文来阅读。所以应该依据"实用性"来选择教学内容。

（1）把握作者的劝说立场。实用文具有"劝说"的特性。任何一篇实用文，都隐含着一种对读者"劝说"的立场。科普文章，劝说读者相信作者所介绍的知识是真的；社科文，劝说读者相信其结论；新闻，是要读者相信其新闻事实的真实客观性；演说辞，劝说读者与作者或演说者一道采取态度或行动；说明书、指导手册文章，要劝说读者相信其介绍的行为步骤的有效性，等等。

（2）关注文本内容的独特性。实用文写作的目的，是为了解决实际问题，或者说是为了指导和帮助人们认识世界和解决现实中的问题。它提供的解决问题的方式就是陈述或介绍相关的规则与原理。这是实用文与文学类作品的最大区别。所以，对于直接介绍规则的实用文，要把理解文章所阐述的规则作为核心教学内容；对于阐述规则背后原理的实用文，就要把分析这些原理作为核心教学内容。

2. 依据"不同的读法"确定教学内容

实用文是一个大类，在教学中要引导学生认识其体式的共性，以"实用"的姿态开展阅读。但在阅读"这一篇"具体的实用文时，仍然需要根据具体的体式加以指导。不同的阅读目的，读法不同；不同体式的文章，在文章中要读不同的地方。

【反思】

你对"不同体式的文章,在文章中要读不同的地方"这句话是怎么理解的呢?请分别举例说说。

新闻应该读＿＿＿＿＿＿＿＿＿＿＿＿＿＿＿＿＿＿＿；

科普文章应该读＿＿＿＿＿＿＿＿＿＿＿＿＿＿＿＿；

社科文应该读＿＿＿＿＿＿＿＿＿＿＿＿＿＿＿＿＿；

演说辞应该读＿＿＿＿＿＿＿＿＿＿＿＿＿＿＿＿。

(1) 科普文章的阅读教学。科普文章的阅读有自身的一套规范和模式,在教学中要引导学生在辨识文章基本内容的基础上,习得科普文章的一般性阅读模式。

科普文章的阅读以理解为目的,其基本阅读姿态是解读型的。所以科普文章的阅读教学,需要按某篇文章的体式特性,教会学生如何理性地解读文章。

因此,在教学中要把"课文内容"和"作者的表达"结合起来,让学生完整而恰当地理解文章所表达的观点。把科普文章的"课文内容"从文中割裂开来,不顾"作者的立场和表达"而使用多媒体、实物展示、辩论等方式进行所谓的拓展,这会导致一种似是而非的"奇怪的阅读"。

【观察者点评】什么是"奇怪的阅读"?

(2) 新闻的阅读教学。新闻在中学语文教科书里向来是以"读写结合"的方式安排的,似乎"学新闻"的目的就是"写新闻"。这样的教学内容显然过于狭窄,我们需要拓宽"为理解而读新闻"的教学内容选择路径。拓宽新闻教学内容的路径主要有两条:

第一,根据语文新课程标准关于新闻阅读教学的要求提炼核心教学内容。要区分哪些内容要教,哪些内容不需要教。如关于获取新闻事实,我们在选择教学内容时,就需要考虑舍去那些对学生来说一读就懂的内容,即关于什么人在什么地方发生什么事情等内容就不需要列入核心教学内容。需要教的内容是,把学生提升为理性而具有批判意识的阅读者,即要让学生学会从报道的事实信息中分析鉴别其背后所隐藏的信息,区分出新闻事实与新闻背景,辨析客观叙述与主观评价。

又如关于新闻体式与结构的学习，对于学生的新闻阅读来说，识别体式特征与结构方式是学习的基础，但新闻阅读教学如果仅仅停留在让学生找出导语、主体、结语，或者找出倒金字塔结构、金字塔结构等结构方式，那样的教学内容显然是不合宜的，或者说是不到位的。我们应该教的是学生能依托这些新闻的体式特征而形成自己的阅读图式，能够学会在这样一个结构中寻找新闻事实中揭示的或者潜藏的社会问题。

第二，依据"受众"特点选择合宜的教学内容。从新闻传播的原理来看，我们的新闻阅读教学，实际就是让学生成为一个合格的"受众"。大量实验证明，受众在信息面前绝不是驯服的奴隶，而是具有高度自觉的主人。受众实际上是有目的地接受媒介的内容，对能够满足他们需求的东西或支持他们固有认识的内容，他们才会接受下来。受众具有主动性，不但选择信息，而且还自行解释和决定取舍。所以有人说，现在考虑的不是"信息如何作用于受众"，而是"受众如何处理信息"。因此，新闻阅读教学的主要方向应该是培养学生做一名合格的"受众"。依据"受众"的特点选择教学内容就成为一个关键的问题。

（3）社科文的阅读教学。第一，要引导学生正确把握社科文中的专业术语。社科文所用的术语，有一些在日常生活中也经常出现，这常常让我们误以为这些文章很容易读。其实不然。专业术语有其专业领域中的特指内涵，貌似同一个术语，在不同的专业领域往往有不同的含义。如果望文生义，很容易造成对文章的误读。

【要点提炼】一是"实用性"原则，二是"不同的读法"原则。这两大原则对选择与确定实用文教学内容至关重要。

第二，要引导学生从关键术语的辨析中把握作者的主要观点。社科文与自然科学文章不一样，自然科学文章中的术语通常是定义清楚、彼此理解一致的。但社科文中的术语，依作者的立场、视角不同而彼此有不同的界定，作者的观点表达，往往要借助于术语的重新界定。所以，有的学者说"社会科学家只好在文中为自己的词义挣扎不已——他的挣扎也带给读者阅读上的困难"。因此，阅读社科文，辨析文中作者所使用的关键术语，就显得非常重要。

（4）演说辞的阅读教学。演说辞是一场演说的底本，它的形成需要遵循演说的一般性要求与规则。作为语文教学内容，演说辞实际承担着两种教学功能。一种是让学生担任演说者的角色来学习演说辞，另一种是让学生充当听众的角色来学习演说辞。

前一种是立足于发展学生"说"的语言艺术,后一种则立足于发展学生"听"的语言艺术。演说辞的阅读教学,主要是后者。

学生聆听并分析一次公众演讲,一般应做到:对一些显著的信息作笔记;区分辩论的类型(如因果关系、引据、比拟)和逻辑谬论的类型(如偏见、从相互关系中推断其因果、过度归纳);精确总结每一个演讲内容的本质所在;在讨论中形成对某些问题的判断。

【要点评议】

读到这里,我们应该更加深入一步理解到实用文体式特征的重要性,因为"实用性"和"不同读法"这两大原则都是源自实用文体式特征,而这里是更加强调落实到具体"这一篇"实用文应该如何依据体式来确定教学内容。第一大原则强调的是阅读实用文与阅读文学作品是完全不同的,它的"实用性"制约着教学内容的选择;第二大原则强调的是在一篇具体体式的实用文中,应该选择"读什么地方",以此来把握核心教学内容的构成。

这两大原则有助于我们改善现有的课堂形态与学习状态,例如,关于新闻阅读教学,我们以往仅仅把新闻的要素或倒金字塔结构作为核心教学内容,而这些内容实际上学生自身基本能解决,但老师依然按部就班反复进行分析,这样就导致学生在课堂学习中兴味索然。主要原因就是我们没有找准新闻阅读教学应该引导学生"读哪些地方"。现在我们明白了应该引导学生去读的主要是"学会从报道的事实信息中分析鉴别其背后所隐藏的信息,区分出新闻事实与新闻背景,辨析客观叙述与主观评价",以此帮助学生做一个合格的新闻"受众"。循此路径,加以反复实践与探索,我们的新闻阅读教学一定会为学生提供更加合适的学习内容,学生的新闻阅读能力也将在这样的学习活动中获得提高。

(二) 实用文阅读教学环节的设计

实用文阅读教学环节的设计,要依据文章体式、具体的学情和基本阅读规范。下面是几种常见的设计方法或路径。

1. 从学生的"阅读经验"出发设计教学环节

从学生阅读经验出发设计教学环节，可以即时探测并把握具体的学情。这样的设计更加切合学生的学习实际，使教学具有更强的针对性。

例如钱梦龙老师教《死海不死》一文，主要设计了三个教学环节：

第一个环节他让学生讨论这篇课文哪些知识可以不教。讨论结果为：列数字的说明方法及其作用可以不教、"确数"与"约数"的区别可以不教、生字生词可以不教。

第二个环节是让学生讨论：要学好这篇课文，哪些知识还是需要老师教的。学生讨论之后认为需要老师教的内容主要是知识小品的文体特性（知识性、科学性、趣味性）。

第三个环节集中讨论"需要教的内容"：科普文章文体特性中的"趣味性"。

这节课的几个教学环节贯穿着他从学生阅读经验出发的设计意图，他从学生阅读初感出发，让学生通过讨论，一步一步"澄清自己的知识状况"，让学生明白已经掌握的知识以及通过自己努力可以解决的问题。这为教学的顺利开展确定了合宜的"起点"。

在此基础上推进的第二个环节就使内容更加集中了，直接指向"需要老师教"的知识——"这篇科普文章的文体特性"。

这样，教师的教学就具有很强的针对性。所以在最后一个环节中师生可以集中精力讨论一项内容——科普文章的"趣味性"。

2. 从"课文内容"出发设计教学环节

这种设计方式，是从课文内容中提炼出需要教学的核心内容，围绕核心内容设计活动环节。

例一：有位教师在设计《大自然的语言》的教学时，发现这篇课文不像一般的"说明文"，所以不能把说明顺序、说明方法、准确而生动的语言等已经固化的教学内容作为这一篇课文的核心教学内容。因为多次的教学之后他发现教师和学生不需要了解什么是说明顺序和说明方法，就能了解到文章向我们传递的信息——什么是物候和物候学，物候现象来临的因素及研究物候学的意义。因此"说明顺序和说明方法"等知识不足以为这篇（或这类）作品教学提供适宜的教学内容。

于是这位教师对该文体式作了重新定位，认为这是一篇科学作品，而语文课程标准关于"科学作品"的阅读教学有明确的要求："阅读科技作品，注意领会作品中所体现的科学精神和科学思想方法。"所以他把课程标准和课文内容结合起来，从作者的写作意图出发，站在一个新的制高点上，确定了这节课的核心教学内容为"学习科学作品的求真精神"。围绕核心教学内容设计了两个核心学习环节：

第一个环节是引导学生提取和筛选有关物候的知识,明白课文向我们说了什么。这是科学作品阅读教学的基础。

第二个环节是体会作品中的求真精神。求真精神体现在表达上是充分的论证、符合逻辑的思维、富有条理的结构及准确严密的语言。竺可桢在作品中列举了充分的实例来支撑自己关于物候学的研究意义、影响物候来临的种种因素,既例证充分又注意到了特殊情况,这就是科学作品的求真精神。

例二:我们来看一个美国教师任教《我有一个梦想》的课例。这位教师是以听众或读者的视角来设计《我有一个梦想》这篇演说辞的学习活动的。这个课例共包含六个环节:导入、词语积累、修辞结构(演讲手法)、理解梦想、与梦想牵手、记录梦想(机动环节)。其中第二个环节"修辞结构(演讲手法)"是作为一个核心环节来处理的。该环节具体内容我们引述如下:

---

1. 在课本附录"文学术语指南"中找出并写下下列术语的定义:"押头韵"、"典故"、"隐喻"以及"明喻"。

2. 开头句"100年前"这个典故说的是什么、指的是谁?为什么金认为这是一种适宜而有力的开头?金的演讲开头还包含了别的典故。各找出一处与《独立宣言》和《圣经》有关的典故加以说明。

3. 分别在课文中找出一个押头韵、隐喻、明喻的例子加以说明。

4. 联系金在第二段提到的"在种族隔离的镣铐和种族歧视的枷锁下,黑人的生活备受压榨",思考:(1)此处运用了何种类型的演讲手法?(2)这些词语强化了奴隶制的形象。为什么这是打动听众的有效方法呢?(3)金的关于非裔美国人在奴隶制终结以后的百年中进入美国社会主流所取得的进步是怎样进行推论的?

5. 另一种演讲手法是首语重复法,它是指一个单词或短语反复出现在连续数句、韵文或段落开头的方法。除"我有一个梦想"之外,请再找出两处运用了首语重复法的例子。

6. 金采用反复使用"我有一个梦想"的句式来打动听众,请列出至少两种可能达到的效果。

> 7. 金的几乎每一行演讲都充满了有力的形象,或者说是"心智画面",许多都是通过演讲手法创造出来的,这些形象有助于听众感演讲者或作家之所感,有助于他们记住所见所闻、理解有一定难度的材料。仔细思考后写一段话,说说你所发现的形象中哪个最有吸引力,并解释为什么这个形象对你具有深刻意义。

在这个环节中,教师让学生分析与寻找演说辞的修辞艺术手法。围绕这些内容来设计教学环节,应该是非常正确的,较为充分地体现了"依据实用文的体式特征"来开展阅读教学设计的原则。

3. 从实用文"阅读规范"出发设计教学环节

这种设计方式的目的是**让学生在具体课文的阅读中获得实用文的阅读规范。**

例一:《人民解放军百万大军横渡长江》教学案例的核心环节设计

在这个案例中,教学目标是"理解并获得新闻阅读规范",围绕这个目标,教师设计了两个核心环节:

环节一　感知新闻体式

1. 如果你是当时的播音员,你将以怎样的语调向全国人民播报这个振奋人心的消息?

2. 这则新闻导语交代了哪几点信息?

3. 如果对导语部分进行概括,压缩成一句话或一个短语,该怎样概括?

环节二　把握新闻阅读规范

1. 如果你是新闻媒体的编辑,首先需要审稿,请你按照新闻的三个特性(真实性、及时性与简明性),联系具体的语句,分析这篇新闻是否值得刊(播)发。

2. 如果由于篇幅因素,需要对这篇新闻稿删略,你会从开头还是结尾开始删减。

为了引导学生理解新闻体式特点、把握新闻阅读规范,设计者把新闻知识与学生的认知特点结合起来了,围绕"播报"和"删略"来调动学生的学习兴趣,使学生在学习活动中加深对新闻体式的理解。

例二:《人们如何做决策》:理解学科规范

(一)理解"学科"和"学科的观点"

1. 想一想,如果从人类学(比如"传统")或社会学(比如"权力")的角度来研究"人们如何作出决策",是否会得出与经济学不同的"原理"?

2. 如果上述答案是肯定的,那么不同学科所研究的"人们如何作出决策",是同一个问题吗?

(二) 学习从"学科的观点"阅读社科文

1. 注意社科文所界定的学科范围。抄写课文第 5 段,了解"经济学"的概念及其所研究的主要内容。

2. **理解社科文中所使用的专业术语。**阅读课文中的"原理"部分,完成下列学习任务。

(1) 为了通俗地解释经济学的基本原理,课文列举了一些生活中的例子。其中有些例子本不属于经济学的研究范围,请给这些例子加上方框删除符号。

(2) 精读剩余部分,画出下列概念的定义。效率　平等　机会成本　边际变动

(三) 尝试以"学科的观点"思考问题

1. **"学科体现了看世界的一种独特方式。"**阅读"原理四"中所举的例子(有关安全带和汽车安全的公共政策),解释什么是"以'学科的观点'思考问题"。

2. 想一想:站在环境保护主义者的立场与站在经济学家的立场,他们对于如何处理"企业污染"会有不同的看法吗?

【要点提炼】实用文阅读教学环节的设计主要有三条路径:从学生的"阅读经验"出发进行设计,从"课文内容"出发进行设计,从"阅读规范"出发进行设计。

这是一个从"学科的观点"来设计社科类文章教学的案例,设计了三个循序渐进的教学环节:第一个活动环节是理解"学科"和"学科的观点",在此基础上安排了第二个活动——学习从"学科的观点"阅读社科文;在完成第二个活动的基础上设计了第三个活动——尝试以"学科的观点"思考问题。第三个活动是一个拓展与延伸活动,即尝试让学生通过这个活动把在这篇课文所学的阅读图式迁移到同类问题的解决中,以习得稳定的社科类文章的阅读规范。

【要点评议】

实用文阅读教学环节的设计主要指的是学生学习活动的设计,我们以往在设计教学环节时,采取的是一种笼统的方式。这样设计的教学环节更多的是在传递教师所预设的内容,学生的学习活动难以充分展开。读了这部分内

主题学习工作坊

容,我们明白了两点:一是原来"学习活动"是需要设计的,二是"学习活动(教学环节)"的设计不可以随意,是需要遵循一定的路径的。

只有路径合宜,学生对实用文的阅读学习活动才能得到充分展开。但这里需要注意的是,这里提供的三条路径,其实只是三个基本角度或出发点,三者是不可以割裂的。也就是说,"学习经验"、"课文内容"、"阅读规范"只是进行学习活动设计的三个出发点,由任何一个出发点出发进行学习活动设计时,都离不开其他两个方面内容,需要把另外两方面内容融合在教学活动中。

三、实用文阅读教学设计样例

下面我们以宁鸿彬老师执教的人教版初中语文教科书《中国石拱桥》为例,展示实用文教学设计的过程。

(一)教学目标的确定

1. 体式确认

这是人教版初中语文教科书中的一篇科普类文章。以前的教学中常常是把这类文章归入"说明文"的范畴。

【要领提示:拿到一篇课文,你要先看其在教科书中的位置及所属单元的教学要求,然后确认"这一篇"课文在实用文中的体式特征。顺带要了解作者的基本情况。】

2. 课文解读

作者首先说明了一般石拱桥的特点,然后说明中国石拱桥的特点,接着以赵州桥和卢沟桥为例说明中国石拱桥的特点,从一般到特殊,顺序合理。全文可分三部分。第一部分(第1—2段):石拱桥的桥洞成弧形,而且历史悠久,结构坚固,形式优美。第二部分(第3—8段):中国石拱桥历史悠久,大小不一,形式多样。第三部分(第9段):中国石拱桥有这样光辉成就的原因。第四部分(第10段):我国桥梁事业的飞跃发展。运用了举例子、列数字、打比方等多种说明方法,语言准确,行文灵活。选材具有代表性。说明中国石拱桥特点,选了两个最有代表性的桥——赵州桥、卢沟桥,令人信服。

【要领提示:在完成对课文的体式确认之后,你需要以一位读者的姿态去阅读全文,读懂课文,把握作者所阐述的规则或原理,并能梳理出要点。其中不懂的地方或没

有把握的地方,可以查阅《现代汉语词典》、《辞海》等辞书,并参考专业研究者对"这一篇"课文的解读文章。】

3. 学情分析

任教的是初一年级学生,学生对说明文有所接触,大体能够识别基本的说明顺序、说明方法,但对作者在文章中使用的一些说明方法如举例说明方法的表达效果,领会不够。

【要领提示:要明白,并不是课文所有内容都要"教"给学生,这里还涉及一个你任教学生的具体学情问题。因此,接下来你需要思考的是:就这篇课文的整体阅读来看,学生已有哪些基础经验,哪些地方学生可能会遇到困难;就这篇课文最值得"教"的内容来看,学生已懂得了多少,哪些内容需要补充相关知识,哪些地方需要深化理解。】

4. 目标确定

根据文本分析与学情状况,这篇课文的教学目标可以确定为:理解并把握举例说明的方法。

【观察者点评】确定"教学目标"需要理据吗?

【要领提示:在完成了课文的教学解读之后,现在你可以在"最值得教的内容"与"具体学情"之间反复斟酌,你主要应该"做减法",对已确定的大致教学内容进行删减,留下最核心的内容。这个内容应该是充分考虑了课文与学情,并在"内容"与"学情"之间建立了一定的关联。根据这个内容你可以写出这篇课文的教学目标或核心教学内容。】

(二)教学流程的安排

【要领提示:教学流程的安排主要是对学习环节的设计,在心里盘算应该组织哪些学习活动来实现教学目标,这些学习活动应该按怎样的台阶(顺序)来进行。为了保证学习活动的充分性和有效性,教学环节不宜太多,要让学生充分展开学习。】

1. 教学导入

问题:这篇课文的标题是"中国石拱桥",读课文时要注意领会中国石拱桥的特点,读课文之后请同学们给本文的标题添加一些内容。就是在原标题的前面加上一些修饰语:_____的中国石拱桥。

【设计说明:要求学生把"领会……特点"这种内部言语的活动,转换为言语操作行为——即在原标题的前面加修饰语。这样,就会使学生的阅读思考因明确而积极

活跃。】

2. 教学展开

(1)《中国石拱桥》这篇课文举了两个例子,一个是赵州桥,一个是卢沟桥。那么讲中国石拱桥为什么举这两个例子呢？我这样理解：中国石拱桥有一部分像赵州桥,另一部分像卢沟桥,所以举这两个例子。你们说,我这样理解对不对呀？

(说明：这里,教师故意提出一个不准确的看法,从而激发了学生思考和发表的欲望。从这段话开始,教师提出了"举例子"的问题,从而过渡到本课的学习重点。这篇课文之所以举这两个例子,是因为这两座桥汇集着中国石拱桥的共同特点,而且又各有各的特色,也就是具有代表性。这里关于共性和个性的结论十分重要,是下面讨论问题的"纲"。)

(2) 既然这两个例子都体现着中国石拱桥的共同特点,又都有各自的特点,为什么偏要举两个例子,举一个例子不更简练吗？

(说明：因为赵州桥代表的是独拱桥,卢沟桥代表的是联拱桥。独拱和联拱是中国石拱桥的两种类型,所以举了两个例子。如果举一个例子,就缺少了一种类型；如果举三个例子,就多余了。这样我们明白了,如果说明对象存在几个类别,那么一般说来,也就相应地举几个例子。)

(3) 这两个例子都具有中国石拱桥的共同特点。那么,中国石拱桥的共同特点是什么呢？请结合课文来说。阅读理解课文要讲究方法,这篇课文有概括说明的部分,有举例具体说明的部分,你们应该根据需要筛选某一部分来读,从中去寻找答案。

(说明：通过刚才对课文的研究我们知道了,赵州桥和卢沟桥都具有历史悠久、结构坚固、形式优美的特点,这三点也就是中国石拱桥的共同特点。大家还应该明白,在说明文中举例子的时候,必须考虑所举例子的代表性。代表性的标准之一就是：所举例子一定要具备被说明事物的共同特征。通过分析得出结论——所举例子要具备被说明事物的共同特征,亦即共性寓于个性之中。)

(4) 赵州桥和卢沟桥都具有久、坚、美的特点,同时它们又都具有自身的特点。自身特点之一就是,赵州桥是独拱石桥,卢沟桥是联拱石桥。除了独拱、联拱的区别之外,这两座桥还有什么自身的特点呢？

(说明：拱上加拱是赵州桥的自身特点,石狮百态是卢沟桥的自身特色。)

(5) 教师加线条把原有的板书变成了一个表格。让学生把表格画下来。

	中国石拱桥	
久	坚	美
独拱		联拱
赵州桥		卢沟桥
拱上加拱		石狮百态

代表性举例:共同特点　自身特点

(说明:借助于简明的板书,为举例说明的方法做小结。强化学生对举例的认识。)

【评注:这篇课文的教学,教师以举例说明作为重点,自始至终突出这一重点。教师以"设问阅读法"进行教学,根据教学重点,从不同的侧面提出问题。问题并不多,但具有启发性。学生也就在不断的生疑、解疑的过程中,一步步深入地学习课文。】

> "教学展开"过程是由几个具有内在关联的步骤组成的。

(三) 形成教案

【要领提示:你现在可以根据相关要素,写出一份完整的教案。注意不要把"教学目标确定"和"教学流程安排"的内容全部照抄,条目要清晰,"课文解读"这一部分内容不需要写入教案,"教学流程安排"不需要把"说明"的内容写入教案。】

教案示例

中国石拱桥

教学目标:理解并把握举例说明的方法

学情简析:学生对说明文有所接触,大体能够识别基本的说明顺序、说明方法,但对作者在文章中使用的一些说明方法,如举例说明的表达效果,领会不够。

教学重点:对举例说明的表达效果的理解

教学难点:对中国石拱桥的共性与个性的区分

教学课时:1课时

教学方法:讨论、探究

教学流程:

(一)布置预习

阅读这篇课文,思考:文章使用了什么方法写出了中国石拱桥怎样的特点。

(二)教学导入

1. 检查预习。

2. 给标题加上修饰语:_____的中国石拱桥。

(三)讨论与探究

1. 介绍中国石拱桥为什么举卢沟桥、赵州桥两个例子?

2. 两个例子都体现着中国石拱桥的共同特点,又都有各自的特点,为什么偏要举两个例子,举一个例子不更简练吗?

3. 这两个例子都具有中国石拱桥的共同特点。那么,中国石拱桥的共同特点是什么呢?请结合课文来说。

4. 除了独拱、联拱的区别之处,这两座桥还有什么自身的特点呢?

5. 教师加线条把原有的板书变成一个表格。让学生把表格画下来。

(四)作业与评价

教师引导学生梳理这节课围绕"举例说明"而学习的内容,并完成读书卡片中的练习。

【要点评议】

　　我们以往在实用文阅读教学中缺乏"设计意识",大多数教师是直接"搬运"别人的现成教案。直接搬运、模仿或借鉴别人的教案,会出现两个问题,一是别人的现成教案未经审议,其优劣如何,我们不知道,其中很可能会有错漏之处。二是别人的教案是根据其特定的学情而设计的,我们面临的学情是不同的,因此,别人的教案未必能够得到顺利实施。

怎么解决这两个问题呢？唯一的出路就是学会自己进行"教学设计",也就是按照这里所介绍的教学设计要领进行设计,自己设计出来的教案才最能贯彻自己的教学意图,最能达成自己的教学目标。

读了这部分内容,给我们启发最大的是两点,**一是教学目标原来可以设计得这么明确具体**,而且教学目标的确定一定要结合课文体式、课文内容和具体学情,以前对这些内容可能也会涉及,但习焉不察,使我们自身处于一种不自觉状态。现在明白了这些道理,增强了一种理性认识,对今后的教学目标确定具有很重要的指导作用。**二是教学环节的设计需要讲究逻辑性**,以往我们在教学环节中安排了很多内容,但这些内容之间没有内在关联,这些内容与教学目标之间也缺乏一致性,因此忙乎了一节课,自己也不知道教学目标到底有没有实现。现在我们终于明白了,问题出在我们对教学环节之间的逻辑性或关联性缺乏考虑,**只是忙于考虑自己讲的内容,而对学生需要经过哪些学习活动才能达成目标这个问题考虑不多。**

今后我们应该重点考虑这个问题,考虑教学目标与学习活动之间的一致性,各个学习活动（教学环节）之间的因果关联性,同时尤其要注意,**为了使自己的教学思路清晰,保证学习活动的充分性和有效性,教学环节不宜太多,要让学生充分展开学习。**

资源链接

1. 曾祥芹.文章学与语文教育.上海教育出版社,1995.
2. 张寿康.文章学概论.山东教育出版社,1983.
3. （美）艾德勒,范多伦著,郝明义,朱衣译.如何阅读一本书.商务印书馆,2004.
4. 邵志择.新闻学概论.浙江大学出版社,2006.
5. 亚里士多德著,罗念生译.修辞学.生活·读书·新知三联书店,1991.

6. 王国均."在学生的灵魂深处掀起风暴"之外还可以教点什么.语文学习,2010(3).

后续学习活动

任务1:阅读下面关于杂文《拿来主义》的教学设计,请指出这是根据实用文阅读方式(检视性阅读、理解性阅读、批判性阅读、操作性阅读、研究性阅读)的哪一种方式进行设计的?简要说说你判断的依据。

_____
_____
_____

任务2:依照你所任教班级的学情,这份教学设计的哪些地方可以增删?

_____
_____
_____
_____

《拿来主义》教学设计

一、瞄准杂文的矛头所指

1. 了解杂文的写作背景。根据历史知识和《拿来主义》的写作时间,讲述与下面两项相关的典型事件:

◇ 中国一向是所谓"闭关主义",自己不去,别人也不许来。

◇ 自从给枪炮打破了大门之后,又碰了一串钉子,到现在,成了什么都是"送去主义"了。

2. 明确杂文所针砭的现实。参考链接材料,就下列问题谈谈你的看法:

① 课文开头部分讲"别的且不说罢,单是学艺上的东西",课文最后是说

"没有拿来的,文艺不能自成为新文艺"。有人据此认为《拿来主义》谈论的是如何对待外国文化(文艺)的问题。你同意吗?

② 有人根据"大宅子"的设喻,认为《拿来主义》谈论的是如何对待传统文化遗产的问题。你的意见呢?

③ "别的且不说罢",作者是不是真的就没有说到"别的"?"什么都是'送去主义'"中的"什么",包含哪些方面?

3. 认识鲁迅杂文"超越时空的意义"。鲁迅所批判的"什么都是'送去主义'",所提倡的"拿来主义",这在今天仍有警示的意义吗?请联系实际具体说说。

二、把握杂文的主要观点

1. 朗读第3、4、5、6段。与周围同学讨论:

① 鲁迅是不是主张一概不可以"送去"?

② 鲁迅是不是主张一概拒绝"送来"?

2. 朗读第7、8、9段。与周围同学讨论:

① "譬如"这个词,管到文章的哪里为止?"'拿来主义'者全不这样的。"这一句似乎也可以作为下一段的起首句,把它放到下一段里去,妥不妥?

② "譬如罢",是譬如"拿来"这件事呢,还是譬如"拿来主义者"那些人?

③ "他占有,挑选。"这一句与上文中的"我们要运用脑髓,放出眼光,自己来拿!"是什么关系?

3. 阅读最后一段,理清句与句之间的关系。然后与周围同学讨论:

① "总之",是对全文的"总之",还是对上面段落的"总之"?

② "我们要或使用,或存放,或毁灭。"这一句与上文中的"我们要运用脑髓,放出眼光,自己来拿!"是什么关系?鲁迅所说的"拿来",包不包括"存放"与"毁灭"?

4. 朗读全文。用自己的话概括《拿来主义》的主要观点。

5. 链接材料中说,过分冷静的分析,其实已经是"非杂文"的了。你怎么理解这句话?

链接材料：杂文的思维与表达——读《再论雷峰塔的倒掉》（节选）

　　这（《再论雷峰塔的倒掉》）又是一篇范文——它或许可以帮助你理解杂文的思维方式与表达方式的某些特点。

　　文章从报纸上偶尔看到的关于"雷峰塔的倒掉"的传闻开始。这就是说，杂文思想的开掘的起点，开发口，必须是具体的、细小的，人们习以为常的生活现象，而不是某个现成的理论原则。杂文思维更重归纳，而非演绎，最平凡的、生气勃勃的日常生活形态，对于杂文具有尤其重要的意义。只是这类日常生活传闻，人们茶后饭余姑妄言之，姑妄听之，并不在心；杂文家则不，他偏要仔细琢磨，品味，认真"勘探"一番。"勘探"也有两种，有的只满足于探个表层，比如"从雷峰塔倒掉看出破除迷信的重要"之类，浅尝辄止；真正的杂文家则不，他要"勘探"到最底层、最广阔处，即鲁迅所说"开掘要深"。

　　且看鲁迅是如何"开掘"。……这里，"十景病"既具有现象形态的生动性与具体性，又具有一种概括性与普遍意义，我们可以称之为"典型现象"。"典型现象"正是杂文思维与表达的一个关键——杂文既要通过"由一至多""由小至大"的联想概括出具有一定普遍性的"典型现象"；又要通过不失其形象性的"典型现象"来表达自己对于生活的新开掘、新发现。……

　　应该说，我们的以上分析都过于冷静，因而是"非杂文"。鲁迅在揭示与表达他的思考与发现时，自始至终渗透着他强烈而深沉的主观情感：（略）——渗透在字里行间的情感具有极强的艺术感染力。我们由此体会到鲁迅所说的他的杂文"就如悲喜时节的歌哭一般"，"无非借此来释愤抒情"的特点。这里对"十景病""奴才的破坏"的批判也进入了审美的层次，而"审美的批判"正是杂文的特质之一，杂文家原应是思想家与诗人的统一。……

　　　　　　　　　　　　　　　　　　（钱理群.《名作重读》.上海教育出版社，2006.）

共同备课
工作坊

把握实用文阅读教学的基本取向
——《真理诞生于一百个问号之后》共同备课

教学现状描述

  课文《真理诞生于一百个问号之后》选自人民教育出版社出版的义务教育语文教科书六年级下册,课文的题目即是本文的主要观点。课文主要用事实论述了只要善于观察,不断发问,不断解决疑问,锲而不舍地追根求源,就能在现实生活中发现真理。课文可分为三大部分。第一部分开门见山,提出观点。第二部分运用三个事例,证明观点。这是文章的主体部分。第三部分总结全文,重申观点。指出科学并不神秘,也不遥远,关键在于见微知著,不断探索,善于独立思考,具有锲而不舍的精神。据配套的教师用书介绍,选编这篇课文的意图,一是让学生了解科学发现的一般规律——"真理诞生于一百个问号之后",从中感受、领悟到见微知著、独立思考、锲而不舍、不断探索的科学精神;二是学习课文用具体典型的事例说明观点的写作方法,了解议论文的形式。

  从当前众多课例和教学设计来看,广大教师在开展这篇课文的教学时,教学内容各取所需:有的侧重文章中一些词语的解释,而对重点内容一带而过;有的侧重对文中三个具体事例的学习,而忽略了作者的论证过程;有的侧重在仿照作者的写法,让学生仿写一段话,而对文章体式所蕴含的内在逻辑关系阐发不够,学生不知其所以然;有的在课堂上用了很多时间进行石蕊试纸的酸碱测试,以加深对课文内容的理解;也有的联系生活经验对三个具体事例进行学习,让学生在家里观察,获得直接经验;还有的重点讲述与课文有关的科学家的故事,让学生学习他们的科学探索精神。总体看来,教师们对这篇课文的教学内容选择存在较大的问题,教学中实用文阅读教学取向不明,没能引导学生依据实用文体式开展有针对性的阅读,学生未能形成较为有效的实用文阅读学习经验。

针对以上教学现状,我们选择《真理诞生于一百个问号之后》一文进行共同备课,**着重探讨如何把握实用文阅读教学的基本取向问题**,具体来说,主要解决以下问题:**(1)实用文阅读教学的基本取向是什么?(2)实用文阅读教学目标的确定应该如何满足其基本取向的要求?(3)如何依据实用文阅读教学的基本取向来组织学习活动?**

热身活动

在阅读下面备课进程之前,请你完成下面两项任务:

1. 请在你教过的课文中选出三篇与《真理诞生于一百个问号之后》文体相同的课文,把课文标题写在下面:

_____

2. 有位教师在教《真理诞生于一百个问号之后》这篇课文时花了15分钟让学生做石蕊试纸的酸碱测试。你认为这一方式:

(1) 合理,对课文内容追根究底;(2)不合理,偏离了核心教学内容;(3)不知道是否合理,难以判断。

备课进程

(一) 基于原有经验把握实用文阅读教学的基本取向

1. 备课从课文解读开始,逐步触摸本文的体式特征

合作专家:我们首先来做教材解读。你们看一下,这篇课文,就是你作为一个读者,你先理解课文。然后再跳出来,你是一个教师,怎么引导学生来读这篇课文。首先是这篇文章你怎么理解的,你侧重应该从什么角度来教。

师1:我看了这篇文章,就觉得第一个就是肯定要帮助小学生了解文章的主要内容。第二个的话就是感受文章中这种科学探索的精神。这两个是教学目标,我是这样设想的。然后根据目标往下设计,看到课文后面的练习题其实也是在整体感知这篇课文,就是题目的含义,还有哪些事例。那么其实这三个事例当中,我先整体说说这三个事例的共同点,比如说他们都是从生活当中去发现问题,然后反复地研究了之后,去解决这个问题。然后想研读一下第四自然段。这段除了这些什么反复啊等等,研究啊,还有好多问题,但是我觉得它的一些描写很好。一些动作的描写、表情的描写,等等,我想去品味一下这个地方。

> 【要点提炼】共同备课开始阶段,在合作专家的提示下,由一位教师提出自己对这篇课文教学的初步看法,其他学员围绕其内容展开讨论。

合作专家:其他老师针对她说的,可以发展,也可以提出不同看法。

师2:你刚才说的,从分析它的动作表情方面入手?

师1:这个就是一个写法吧,因为我刚刚去看了它的主旨,然后我觉得文章其实这些地方它写的也是蛮好的,所以就品味这个地方。

师2:我看,它是一篇议论文,首先它提出了论点,就是它的题目"真理诞生在一百个问号之后",然后呢,后面就引用了三个例子去举例论证。那么你所说的分析这个文章中的表情、心理描写啊,我觉得可能就不太适合这个文体。

师1:因为我读这段里面,我觉得它描写得很细致,应该可以去读一下。这篇文章有个特点就是描写蛮有特点的。

师2:非常细致?描写很有特点吗?

师1:对。

师2:你就是要花时间去解读这些写作手法运用得好不好,是这样的意思吗?

师1:有点。

师2:但是对小学生适合吗?

师1:哦,可能有点不适合。只是因为我觉得它这个地方真的写得很细致。

师3:我觉得从文中所写的事例里面你要去品读的话,你要品读一下它是怎么样的一些探索的精神。

师2：对，因为你要把它引导到这种锲而不舍的主题上。

师1：这个主题是第一个阶段的内容，已经解决了之后再来品读的。

师2：已经解决了，然后剩下有时间的话来品读？

师1：对。

师3：我看这个单元当中都是关于一些探索，一些科学的精神。然后我就想，小学生在实际的生活当中真的能够运用起来，去探索？这个好像挺难的。也许只是知道这些知识，怎么去运用，是很难教的。但是文中有三个事例嘛，我们可以把这三个事例抓住，就是怎样把这个问号拉直，变成一个叹号。小学生去找这个事例，他们发现了什么问题，这个就是问号。然后怎么做的，比如说这个谢皮罗，他是紧紧抓住这个问号不放，反复实验研究，让学生把这些关键词提出来。然后最后的结果就是获得了真理，就是地球自转，这是一个事例。然后下面两个事例也同样的可以抓住关键词。就是他们是怎么发现这个问题的，然后发现这个问题之后怎么去做的，做了之后有什么结果。学完三个事例后，让学生谈谈是不是有什么启发。

师1：所以说我刚才第一个步骤就是把这三个事例按照发现问题，解决问题，最后验证这个问题，这样的去发展。

师3：我觉得三个事例应该有详略地去讲。

师2：我觉得可以列一个表格，然后提问。一百个问号在第一个事例里面指什么，那么真理又是指什么，它是怎么样从一百个问号到真理的。这样就列出来了。先把所有三个事例里面所有问号都找出来是什么，叹号找出来是什么。然后再看文章里面说从问号到叹号，它中间经过了什么过程。

> 【要点提炼】这里的讨论集中在两个方面，一是文中三个事例怎么体现科学精神的，二是怎么认识文中对事例描述生动细致的地方。第一个方面得到大家的认可。第二个方面似是而非的地方得到澄清，大家一致认为从议论角度来看，不适合引导学生去进行所谓的品味。

【反思】

1. 下面是一位教师在教这篇课文时使用过的一张表格,请你仔细阅读之后完成相关的任务。

人物	发现现象	不断发问	找到真理
谢皮罗教授	洗澡水的漩涡	为什么总朝逆时针方向旋转?	漩涡的方向与地球的自转有关。

2. 把这张表格填写完整。

3. 在填写完之后,给这张表右边加上一个项目——"三个事例中表达相同意思的词句",并写出答案。

2. 随着体式知识的引入,大家从"关键词"之间的关联性逐步深入到一些核心内容

师2:还有一个我觉得,这是一篇议论文。首先议论文的话我们小学阶段并不要求他们能写出多好的议论文,更侧重培养他们一种类似议论文的思维。因为小学生,你要让他写这个不太可能,就是锻炼他一个思维能力。现在让他去写,你不可能让他去写得多好。

课文后面这个小练笔也一样,我看它也是只要学生写一段话。只要用具体事例上面一个观点,就是说是什么,为什么。也就是说他们不用把这一整个议论文写出来,不用会写。就让他们有这种意识。

师1:意识,文体意识。

师3:对,有一个文体意识,还有就是知道有这种文章。让学生明白:我要发表自己的看法,我应该怎么去说,怎么样去说人家更容易接受。

师4:还有就是锻炼他们的一种概括能力,这是很重要的。通过活动的方式让他们自己去完成,从头到尾的。老师只是一个补充或者是一个帮助他们补充

完整的辅助者。根据它的文本体式，我想设置两个目标，一个是这篇议论文，它提出了一个怎样的论点。第二个是它怎么样去论证这个论点。这两步我都是想通过孩子们自己来完成。

师1： 那就要设计学习活动。

师4： 对的，根据第一个目标我会设计第一个活动，我想首先让学生默读这篇文章，然后让学生给课文重拟一个标题。作者已经有一个题目"真理诞生于一百个问号之后"，议论文其实除了文章内容之外，它的题目也是一个比较鲜明的亮点，它的题目一提出来，实际上就是它的论点所在了。但是小学生可能没有意识到题目就是它的论点所在。所以我想设置这样一个环节。根据学生自己默读课文的梗概，重新给文章取一个题目，然后相互交流一下成果。再说一说自己为什么取这个题目。再比较，作者为什么以"真理诞生于一百个问号之后"为这篇文章的题目。目的就是让他们知道，题目本身就是论点所在。同时也让他们从这个讨论当中，了解到这篇文章提出了怎样一个观点。

【观察者点评】"给课文重拟一个标题"能起什么作用呢？

师1： 我觉得这样一个活动是可行的。

师4： 关于第二个目标的实现途径，设计一个怎样的活动我还不是特别清晰。我大概讲一下。首先就是怎么讨论，一个是涉及文章的结构问题，结构我就采用比较传统的方式，学生划分层次来了解它的结构。那么这个划分是比较简单的，作为六年级的学生，他自己应该可以大概了解到文章的一个整个的框架。还有一个主要的目的就是把它放在三个例子上。三个例子提出这样一个问题，他们是怎样举例，就是作者是怎样举例的，就是分为两个部分的内容，一个是例子本身它具有什么样的特点，还有一个就是作者怎样把这样的例子呈现给读者。

师5： 一个是他们首先知道了例子的特点，第二个主要是让他们理解作者是怎样呈现这个例子的。这里写到第二段它的例子以及后面的第六段之间通过抓它们里面的关键词，对应起来，然后来找到议论文段与段之间的内在的联系。作者在第二段就已经概括了，不断地发问，不断地解决疑问，而这在第三、第四、第五段这三个例子当中都是有体现的。比如说它第三段，这个谢皮罗教授,它就进行了反复的实验。反复这个词在这里所表达的意思跟这个不断地发问,不断地解决问题,我觉得是比较有关联的。

师6: 然后包括下面这个它是紧紧地抓住花瓣变色不放,这里是第一段,紧紧抓住这个问题不放就是通过提出这些词,包括后面也有反复的观察实验,它跟前面的不断解决,不断发问都是有关联的。还有一个就是第二段的"追根求源"与第六段"打破沙锅问到底",这个总起段和这个总结段之间也是有联系的。

师4: 就是这个总起段,还有分开来的三段以及总结段,他们在关联词上是有内在联系的。还有具体的活动我是通过这句话,它说"最后把问号拉直变成感叹号",在第二段的最后一句找到了真理。这里我想设置这样一个活动,就是让学生在第三、第四、第五段当中找一找哪些是表现了问号的内容,哪些是表现了感叹号的内容。问号的内容就是表现了那些科学家在这些普通事例当中发现的一些疑问,而感叹号的内容,感叹号应该是有两个理解。第一个是发现了真理的惊喜,或者说是结果发现了。还有就是这个结果本身是非常重要的,不管是哪个结果,这三个事例都对我们后期的研究或者生活起了非常大的作用。比如说那个pH试纸在今后的300多年间一直广泛地应用于化学实验当中。比如说这个做梦,它后来对于生理学和梦的研究都是有非常大的帮助。所以感叹号它也有两个含义。

师3: 还有一个就是最后关于学生阅读之后的体会,我想让他们简单地说一下就好了。通过这样一个环节,让他们找第七第八段当中,或者整篇文章当中,他们觉得比较有哲理性的句子,让他们有感悟的句子,然后谈一谈他们的理解,来体会一下在科学研究的道路上要坚持怎样的精神。

【要点评议】

备课进展到这里,大家从文本解读入手,对这篇课文的教学内容和学习活动组织进行了一个全方位的扫描。备课专家的意图主要是让大家把各自已有的教学经验展示出来做个交流,为下面的讨论做铺垫。在这个阶段,讨论有许多收获,大家逐步澄清了在这篇课文体式上的模糊认识,议论文阅读教学的基本取向进入了大家的视野并得到了确认。

接着大家认为教学中应该让学生划分一下课文的层次,关于层次划分,主要是第六段应该归第二部分还是第三部分产生了争论,经讨论大家认为应该归第二部分。之后讨论的焦点又回到教学目标上来。

(二)依据实用文阅读教学基本取向来确定教学目标

1. 第一条目标指向了"生字词"

合作专家:你们刚才更多的关注点是在教材本身,教这个地方,教那个地方。但是这个教学内容你要相对能够抽象一点,概括一点出来,就不是直接讲材料本身的。比如刚才说到对学生的科学精神的培养就具有一定的抽象性与概括性。要用一两句话概括出来,讲什么,让学生学什么。当然我只是举一个例子,科学精神,或者说发问的精神,这篇课文专门教这个,合不合理?我只是举一个例子。你们还可以讨论,比如教论证方法,这样对不对,好不好?教分层次阅读好不好?当然有好多内容可以选择,你们可以去看看,思路打开一点。

师2:就是说我们目标要尽可能细一点。

合作专家:确定目标,目标相对要清晰。

师2:要细一点,不要太笼统了。

合作专家:是的,但是语文的目标不可能像数理化一样这么具体化,就是这么一个很明确的目标。因为语文的目标相对还是笼统,因为它只能用语言来表达嘛,表达出来相对会比较笼统一点。但是我们用词还是要斟酌,怎么用动词来表达,表述你的问题。现在你应该划定一个范围了,这节课我们要表达什么,应该让学生在这节课达到一个什么样的目标。先慢点说怎么来做。怎么来做是我们后面要讨论的,好吧。大家先围绕这个目标。

师2:首先确定一个目标就是生字词,它是六年级,我们现在有一个流行的小学教学方面的教学观念,就是要回归于字词的积累。因为我们之前这么多年,在课文的内容、写法这些教学之后,发现对小学生的发展并不是那么理想。所以现在要回归,回归到一种字词的积累。这

> 【要点提炼】第一条教学目标很快确定下来,是关于生字词的目标。因为课文后面写着,所以大家结合自己的教学经验,很快达成了一致。

个生字词的教学是必须要有的,我在想应该这么设定吧:认识 5 个生字,就是课文后面的 5 个生字;正确书写"敏锐、漩涡、无独有偶、见微知著、锲而不舍"等等这几个词语,正确书写的前提下还要理解。所以我觉得这条目标一定是要确定的。

合作专家: 还有呢?

师 4: 我比较重视读写结合里面的小练笔,我觉得可以作为一个重点,也可以作为一个教学目标来确定。因为像六年级这个学段,其实是承上启下的,是一个过渡的阶段,而且是六年级下册的,马上要进入到初中了,对写作方面的能力是需要去培养的。那么在这里的话,可以设置一个小练笔的活动,在课程中能够不断提高学生的写作水平,教师在教学的过程中,可以指导一些方法,而且写作方法可以确定为议论文的写作方法。

2. 第二条教学目标为何指向"小练笔"活动?

师 4: 第四段开头"无独有偶",也是承上启下的。这种议论文的方式可以让他们学一学,还有第五段"最有趣的是一位奥地利的医生",又在三个例子里面突出了最有趣这第三个例子,从阅读方面看是引导着学生的兴趣,而且这种写作方式也可以学习一下,觉得读写结合那种目标可以多确定一点。这个是可以培养学生能力的一种方式。

师 5: 就是说我们现在教学的指向是写作啰。

师 4: 嗯。对。因为像一年级,大家都重视拼音,二年级是词语,三年级可能是小片段,那么六年级可能是一些小练笔,稍微大一点的小练笔,可以花 10 分钟、15 分钟来练的。

【观察者点评】你同意把"小练笔"作为这篇课文的教学目标吗?

师 6: 那我们练笔要不要有侧重点,就是练笔的话,我们在这节课侧重在写作方面的具体哪一块。比如说可以是议论文方面的,小学其实议论文接触不多,但是到了中学可能接触多了,那么这里可以打下一些基础。

师 2: 那这里可以是什么样的主题呢?

师 4: 主题就是这篇课文的科学精神,因为这个科学精神,其实我们教师不用讲太多,学生读一读都能体会出来。确定一个精神,让学生去写就够了。

师 2: 那如果当场写,学生又怎么能找出像文章当中那些论据啊什么的。阅读任务又完不成。

师 4：问学生，你在生活中有遇到过什么问题？你是怎么疑惑的？然后你是怎么知道答案的？可以结合自己的生活经验。

师 5：对，结合自己的生活实际，之前我们分析了课文内容，可以有侧重点地分析某一个方面。再让学生结合生活经验表达出来。

师 4：这样子写出来可能就不是议论文，而是记叙文了。

师 2：不是让你写一整篇议论文，而是一个小片段，比如议论文要论证的，那么这个例子你要怎么写呢，就可以练一下这个例子。

师 5：就是说以这篇文章为例子，然后让他们学习这样的写作方法，对吧。

师 2：小练笔我觉得挺重要的，我最近听了几次公开课，他们都是有那个小练笔，穿插进去，特别有亮点。

师 4：那这里小练笔就是一个活动了，不是目标。

师 2：它也可以确定为目标。

师 4：既是一个目标，同时又是它的活动？

师 2：对，通过活动来实现它的教学目标。

合作专家：关键要搞清楚，你这个活动，这个小练笔，在写作方面要达到什么目标。

师 2：达到能够写出一个例子，而且具有议论文性质的那种文字，语言比较准确的，然后又能突出你的思想感情的一些例子。

师 3：就是说学会用议论文体来写作？

师 2：可以这样说。

师 3：通过这篇文章？

师 2：那肯定是没办法达到的。只是一个练笔。

师 3：你这个目标没办法达到，那这节课的目标，你怎么定？当然你说学会写议论文，这个目标太大了。但你通过这次小练笔你一定要达到一个目标。

合作专家：就是说你要明确这一点，你这次练笔和学生的写作能力是什么关系，和这篇课文是什么关系。

师 2：一个是语言，分析理解语言的准确性。还有一个就是把握科学思想精神，两个目标。

合作专家：两个什么？

师2：两个小目标。就是通过小练笔要达到的。

合作专家：就是通过练笔要达到这样的目标？可能有问题。

师3：其实我觉得你这两个目标不需要练笔就可以达到的。

合作专家：你这个不是练笔。或者说这是一种阅读经验的呈现方式。

师2：这是活动、手段。

合作专家：你写作目标不能写练笔，你只能用后面两个小目标，你怎么整合起来。

师2：那我陈述的方式不知道怎么说。

合作专家：对啊，你是通过小练笔来达到两个目标，所以你的小练笔一看就是一种方式嘛，或者说是一种活动，肯定不是目标。

【反思】

下面是一位学生完成课文后面"小练笔"的作业样本：

张小兵是我的同学，就住在我家隔壁。有一天晚上十点钟了，我看见他房间的灯还亮着，就敲门进去一看，他还在做作业，我说："你这么认真啊！"他说："我上次期中考试没有考好，失败是成功之母，我要多做一些题目，争取期末考出好成绩。"我说："是啊，失败是成功之母，你真是我学习的好榜样啊！"

请从这篇课文的教学目标达成的角度，分析这位学生这次作业需要改进的地方：

_____

_____

_____

3. 有人提出了"小练笔"的替代性目标——学习"摆事实讲道理"的写法

师4：还有一个重要的内容，就是学习用具体事实来说明道理的一个方法，这样的写作方法，也就是用事实来证明。

师5：这篇课文的表现手法很简单，就是从三个事例当中，用具体事实事例来证明道理。那么就是只要让小学生明白这个表现手法就可以。我觉得这个是比较重要的。然后还有一点，课文里有"见微知著"这个词语，这样的事例还有很多，可以让六年级的孩子来说一说，你生活当中遇到的事例你知道的有哪些。比方说,他们会学到一些科学家根据蝙蝠发明了雷达,然后应用于夜行的飞机。还有根据小鸟发明了飞机等等。这些事例他们都可以说。这种事例他们说出来,也可以证明这样一个道理,我觉得这个是重要的。如果让我来教的话,我会把这个作为重要的来教。**因为这个教好之后,那些科学精神和探索精神他们都懂了,都体会到了。**

合作专家：对,围绕一两个问题来讨论,在讨论过程中,结合这三个例子,去好好讨论一下的话,他就明白了。这三位科学家,他们的这个科学探索的精神,他们善于发问的精神,像这些东西都在里面了。它就是通过这个渗透,本身就携带进来了。这个科学精神不需要过多地去强调,过多地用语言去强调它,它是通过一个活动渗透进来的。刚才大家相对都有一些共识了。这篇文章,它的分类是属于议论文,那今天我们把它归为一个大的实用文这一类。所以实用文和文学作品是区别开来的。也就是说它是属于非文学作品类的。那么我们肯定就是不能从文学这个角度来看。如果从文学作品,从散文,从这些表达情感的作品来教的话是教不出来的。它这个肯定是传达一个观点、一种思想。目的就是介绍一种知识,或者劝说,这是实用的。而不是文学作品审美类的。审美这一类才能用"最喜欢的地方来读一读"的方法,**所谓品味一定是文学作品的东西,是情感的东西。它这个不是情感,它这个是认知,就是带给你认识上的一种进步。**所以学生学课文一定要落在这个层面。刚刚你一开始发言的时候是说到了这方面的。学生通过学这篇文章在认识上有提高。关键是这种认识上的提高我们要通过语文的方式来完成,你要围绕几个语文活动来让学生达到一个怎样的目标。大家再看看,这个目标还没讨论出来。

师2：其实课文前面单元导言那里,就体现了一个目标。因为我觉得一个单元它的设置就有它的用意了。

合作专家：这个不错。这个是教材本身的意图。

师2：**教材里说到了本组课文要把握主要内容,体会科学的精神,还有学习使用具体事实说明道理的写法。所以它后面的几篇文章,都说到了一个摆事实的,就是利用具体事实来表现观点的方法,都有体现到了,所以我觉得这是一个一以贯之的东西。**我觉得这几篇文章之后,他们要学到的,或者说有提高的,应该就是从这几个方面去提高,联系这个单元的要求。

合作专家：对的,我们必须要尊重教材编写者,他有他的意图。这个单元放在这里不是没有目的的,它的目的很清晰。所以它是通过这个单元这几篇文章,来学习怎么样通过用事实来陈述一个观点,来论述一个观点。是这么一个方法,而这个方法就是我们议论文最主要的一个文体特征嘛。所以我觉得在这方面大家再去思考一下,既然是用事实来讲道理,那么这个道理和事实是什么关系。要引导学生去教材里面看,事实和道理是什么关系,事实之间是什么关系。一定要区分事实和观点,哪些是事实,哪些是观点,两者肯定不能混在一起的。

【要点提炼】议论性文章阅读时,区分观点和事例是阅读的基础,如果这两部分话语没有搞清楚,阅读理解就会发生困难。

师 2：对啊。

合作专家：你看它的事例很简单,就是通过这三个例子表达这么一个观点出来了。所以我们一般称它为议论文、论说文。叶圣陶那个时候叫作论说文。这主要是论说。那么就是它举的这个例子,能不能充分地支持它的观点,这是我们应该让学生去好好审议的。就是读一篇文章,刚才大家都说到了,要让学生去学习它的表现方式。表现方式不能直接去说的,一定要去通过一些方式、一些活动来推进学生他自己主动把握住。所以议论文的体式特征一定要从这个地方去看——事实和观点是怎么联系的,大家再看看。

师 2：就是了解每个例子的写作手法,它的例子都比较有代表性,它的例子能不能充分体现一个道理,那就看看这每一个例子能否体现这个问号到叹号的变化过程。

合作专家：每个例子,这很好,每个例子是不是都能够体现?

师 2：对。

合作专家：这很好,就是它提出一个观点,然后用它的每个例子来证明它的观点。

师 2：对,看这个例子是不是真的能够体现。

合作专家：那么这个例子本身呢?

共同备课工作坊

师 2：有什么特点？

合作专家：对，第一，它这个例子本身是客观性的东西，就是说这件事比如这个谢皮罗他发现了这个东西，这是一个客观事实。那么从文本来看，哪些地方是说它的客观事实，哪些东西是为了证明这个观点的话语，就是它为了表达它这个观点的东西，换成术语来说就是作者的"论证"。换句话说，它的例子一定是加工过的，它放到这篇文章里面一定是经过了它的话语加工的。所以不要单纯去看这个客观事实，文中的这个事实呈现方式和当年的新闻报道肯定不一样的。

【观察者点评】"例子经过话语的加工"是什么意思呢？

师 2：对，那个是客观陈述，这个是作者为了论证的需要而加工过的，比如说这句话"紧紧抓住这个问题不放，进行反复的追问"，"紧紧"、"反复"，这些词语当中其实就是作者一个观点的呈现了。

合作专家：对啊，你说得非常好，这里就有点体式意识了，你要去看，就是区分文中的客观材料与论证之间的关系，而不是去还原客观事实。那个时候，新闻报道肯定不会出现谢皮罗教授紧紧抓住这个问号不放，是吧。抓住这个问号不放是这篇文章才有的，是它的观点。所以我们要引导学生进去这里面。

每个例子里面都要去区分观点和事实。每个例子都有渗透了它的观点的东西。这样才能关联起来，比如第一段和第二段关联起来，不然就是散的，或者架空的。架空分析，每个人都能够说得出，一看，总分总，然后中间就是三个例子。学生也会说，用了三个例子来很好地表明了它的观点。那你要进一步去追问，它是怎么样很好地证明它的观点。这是一个，就是每个例子里面肯定要分开，因为它的话语里面就像刚才说的"紧紧抓住一个问号"，进行反复的实验和研究。让学生找出这些话语，思考删掉这些话语或用散文话语替换行不行，通过比较的方式可能就看得更清楚了。目的还是要搞清楚事实材料和作者的观点是什么关系。

还有一点就是，这三个例子之间是什么关系。它是三个材料，这三个材料之间顺序有没有关系，是什么顺序？第三个例子放到第一个来讲行不行？还有它的例子之间的处理，就是你们刚才说到的写作方面的，例子方面的处理。很明显，第二个例子讲得最详细。它为什么要第二个例子讲得最详细。和其他的例子相比,它有没有增加些什么。其他两个例子没有的东西,是哪些。

通过这样一些方式让学生更好地走进这个文本里面,让学生理出三个例子之间的一致性。然后再理出这三个例子和前面第一段的一致性。就是这样,我们要让学生在整个课堂里打开这个过程。

以前我们教,一开始就让学生概括每一段,把每一段概括成一句话。学生概括不到,老师就写出来了。然后叫你记下来。这是直接把结论拿出来。这只培养了一种能力,就是记忆或识记能力,最低层次的能力。

> 【要点提炼】所谓理清"一致性",就是分析作者的论证过程,也就是分析作者是怎样通过证据来表达自己的观点的。教学要引导学生去关注这个过程。

接下来有的教师提出了"为什么第二个例子写得详细,而其他例子简略呢"这样一个问题,大家进行了讨论。做出了两种解释,一是认为第二个例子多了一个验证的过程,其他两个例子不好验证,不好说明,第二个可能好说明一点,更加通俗易懂。二是认为其他两个观察研究过程是一些很枯燥乏味的数字,不好描述,而第二个例子更好描述,有一个故事性在里面。

之后大家又回到第二条教学目标的确定上来。

4. 第二条教学目标应该怎么来陈述

合作专家: 好吧,现在重新回到目标。目标怎么陈述?比如这个知识目标刚才说了,肯定是要的。你可以作为一个目标,那你就确定两个目标。第一个目标有了,第二个目标是什么呢,大家考虑一下怎么来陈述。

> 【要点提炼】在讨论第二个例子的详细处理之后,合作专家把大家的注意力重新拉回到教学目标上来。

师4: 就是"理解议论文观点与材料之间的内在的关联"。

合作专家: 大家都好好分析啊。

师3: 我觉得这个有点复杂,谁能把它表述得更通俗一点。用"关联"这个词似乎有点大,是内容方面的关联,还是结构方面的关联呢?

师2: 要不还是用前面那句"学习作者用具体事实说明道理的方法"?

师3:"学习"之后的结果是什么?

师5:那肯定了,初步学习。

合作专家:"学习"作为目标动词是不妥当的。"学习"是一个很笼统的词,我们所有的活动都是学习。

【观察者点评】"学习"作为目标动词合适吗?

师2:就是初步理解。

师5:我觉得可以把目标设计成,学生能够自己合理组织编排事例,就是围绕一个观点组织一个或几个事例写出一段话。

师2:对,你这是想通过运用来检测学生的理解程度,很好。学习这样的实用文其实是想让学生了解这个东西。刚才合作专家陈博士讲的用语文的方式达到对科学领域的认识上的提高。如果我们偏向于"写作运用"的话是不是有点难啊,只需要放在"理解"上就好了。

师6:我们不断地在教学生去学,就是希望学生去理解这一个论点:真理的诞生需要锲而不舍的探索精神。

师2:对。

师6:你讲具体的事例是为了证明这个观点,讲另外一个事例也是为了证明这个观点,而你的教学目标居然没有这个观点。

师2:对,就是说我们根本没有联系到"这一篇"了,这一篇是"真理诞生于一百个问号之后"。

师6:不断地在说议论文,我希望同学们对这篇议论文的学习,理解到议论文的观点和材料之间的内在联系,但是你在课堂中实行的时候,两个材料摆在一块,你就讲这两个材料之间有什么关系吗,这很明显不是一个很重点的东西啊。你们材料之间互相关联,共同点都是从生活中细微的东西获得的,那你最后还得归纳出去,提升到"真理就诞生在锲而不舍的探索中"。

师6:小学生还在读那个"操、凿、谢",你让他们去把内在联系归纳出来,是不是太难。

师3:我们不会直接告诉他这个,我们目标设定之后,我们会通过一些活动让学生去完成。

师6:你把目标设定的这么高干什么?

师4：那你的意思是把目标设的稍微低一点，降一点是不是。

师6：对的，你自己课堂应该怎么上啊，你拿到一篇课文你会怎么去上？

师5：教学目标要跟这一篇整个要关联，要出现"这一篇"的内容，是不是？但是刚才我们没有出现啊。

师6：给你这个教材文本，你说我通过这个文本学习，我需要同学们理解的是什么。

合作专家：那你就表达一下，用一句话来表达跟"这一篇"课文相关的目标是什么。

师6："正确理解真理的诞生需要锲而不舍的探索以及敏锐的观察能力"，这个观点，作者提出来的这个观点。

师4：就是理解这个观点了？

师6：对啊。

师2：或者说"理解作者如何论述真理诞生于一百个问号之后"这样一个观点呢？

师6：对啊。

师6：我觉得你还不如分成2条呢。

师4：那刚刚说的什么"紧紧"，"反复的"这些词不是白说了？这个观点是我们读都能读出来的这个精神，学生都能读出来。但是它"如何来证明的"却需要去细致地分析。

合作专家：你重在如何引导学生去读那些重点内容，你看学生如果去读的话，你确定他们能读出什么。

师4：最后一句话就是说"锲而不舍的精神"，比如说"独立思考的人"我觉得都能读出来。

师2：或者就是说作者如何用具体的事例论述"真理的诞生在一百个问号之后"这个观点呢？

合作专家：语文方面的东西一定要通过语文的方式，语文不是包打天下的，不可能培养一个健全的人，那是整个社会、整个家庭、整个学校都要努力的。我们的目标要落到相对具体的层面。

师2：我们目标范围慢慢缩小了，刚开始我们就是说不可能全方位地给学生一些东西。我们可以根据这篇课文来确定一些东西，比如说这篇课文，一个方面是事例与事例之间的关系，以及事例和观点之间的关系，还有就是科学精神的探索和敏锐观察不断提问这个关系。那么我们可以侧重哪一方面呢？

合作专家：确定这个目标，完全是一个筹划的问题，不是一个逻辑推理的问题。就是说我要结合多方面，要结合六年级的学生学情嘛，要结合这篇课文的内容，还要结合这个教材的单元，是怎么怎么的意图，然后还有一个我们的知识积累。所以一定要是这几个方面综合起来的。一般是两个层面，一个是文章体式，就是议论文方面的东西——这篇文章体现出来的。第二个就是学情，就是学习者，是什么人在学这篇文章。不是我们教师在学这篇文章，而是有一批人在学，是那些学生在学，我们是帮助他们学。要明白这一点。然后他们也不是就这一篇文章孤立地学习。学这篇文章不是仅让学生记住背诵"真理诞生于一百个问号之后"这个结论，而是要通过这篇课文的学习获得这一类实用文的阅读方法。

师4：教学目标要推开来陈述？

合作专家：对。要结合这篇文章的具体内容是对的。教学目标一定要凭借这个材料来实现，所以一定要结合到这篇文章的东西。那么这篇文章的东西怎么样来表达。比如我表达——学完这篇文章之后，学生都能够复述真理诞生于一百个问号之后的基本观点。能够复述这篇文章的基本观点。

师4：这怎么复述呢？

合作专家：或者说能够回忆出这篇文章的主要观点。

师2：这也能感觉到。

合作专家：复述和回忆比你们刚才说的要好多了。好检测，学生讲出来了，就表明达到了教学目标。

师5：我领悟到了，我觉得教会学生的是一种方法，而不是具体的教材内容。也就是要结合语文的工具性和人文性。其实目标就是两点，一个是思想观点，一个是论述方法。这两点达到了就可以了。

> 【观察者点评】你觉得目标表述时应如何兼顾课文的内容与方法呢？

合作专家：对啊，这两点你怎么来表述啊？只能有一点，只能有一条目标，不能分成两个。过多地执著于这篇课文的具体材料，是不对的。要提升一点，抽象一点。

师3：那就是"掌握用具体事例说明真理诞生于一百个问号之后的道理的方法"。

合作专家：这个表述大家能听得懂吗，你们是老师，你们能不能听懂。老师都听不懂，学生能听懂吗？

师4：就是把"把握用具体事例说明道理"中的"道理"用具体的观点替代了，其实是换成同位语？

合作专家：换成什么，换成这个标题是吧？

师4：对啊，换成同位语的标题。

师2：这样子的话还是执著于这篇文章的内容。

合作专家：你的目标还是最终要理解这个观点了，是这样吗？

师2：观点和目标同时涵盖在一起。

合作专家：但是你肯定要有一个谁先到达的，就是到达终点，你终点是要干什么？

师2：这个就讨论的是先有鸡还是先有蛋的问题。

合作专家：不是这个问题，这个是过程和结果的关系，或者说手段和目的的关系。你现在的问题是理解这个真理诞生于一百个问号之后嘛，还是落在这个观点上嘛。忽略了方法或手段，你这样表述还是空的。你要包含理解怎么论述真理诞生于一百个问号之后的方法。

师3：对。

合作专家：或者说通过理解这个观点，掌握一种方法，通过理解"真理诞生于一百个问号之后"这个观点，来掌握一种阅读议论文的方法。

师4：这两者可以并重，不一定要谁先谁后。

合作专家：你怎么并重，你说？

师4：我们这篇文章的观点就是真理或科学精神，学生一读这篇文章很明了的。那怎样阐述这个论点的，它是怎么阐述的呢，就是接下来要详细学习的。

师2：可不可以说理解本文作者独特的写作特点及其表达的精神？

合作专家：你们两个说的是一回事。

师2：我是说理解本文作者独特的写作特点及其表达的积极探索精神。

共同备课工作坊

【反思】

1. 有位小学教师在这篇课文的教学中给学生补充了下面这个事例,帮助学生理解本文体现的科学家的科学探索精神。

蚯蚓在美国东海岸有,在欧洲西海岸同纬度地区也有,而在美国西海岸却没有,魏格纳从蚯蚓的分布,推论出欧洲大陆与美洲大陆本来是连在一起的,后来裂开了,分为两个洲。

2. 请写出这个事例与课文所引用的三个事例的异同。

相同之处:_____

不同之处:_____

3. 你在教学中出现过不加区分而随意补充事例的现象吗?请选出你的真实情况:

(1) 没有出现过;(2) 在没有时间备课的时候,偶尔有过;(3) 经常出现。

5. 目标陈述时要区分"写作方法"和"阅读方法"

师4:其实我觉得侧重的话还是侧重方法。

合作专家:侧重什么方法?

师4:就是议论,就是阐述这个道理的方法。

合作专家:大家要注意一下,两种方法你们现在是把它混在一起了。第一是这篇文章作者的写作方法,就是他的写作方式,他面对读者有很多方式,写得更加浅显,怎么来选材,详略得当,这是他的写作方法。第二种,学生的阅读方法,教学生怎么来阅读议论文。这是不是一样的?不一样的,这两者是不可以混淆的。

师5:那就是教和学的问题了。

合作专家:还是学,都是一样学。

师5:教就是如何指导学啊。

合作专家:我们都在学生学这个角度。

师2:这是指向两个对象了。一个是作者,一个是学生。

合作专家:对啊,这两个是不是一致的,能不能划等号?不能吧。所以你们说的这个方法到底是什么方法？

师1：是作者的写作方法。

合作专家：是教作者的写作方法还是教学生这个阅读方法，一定不能搞错。学生的阅读方法是从读者的角度来说的，是吧。比如说这是一篇议论文，如果学生把它当作一个故事来读，这就肯定是读错了。然后要教学生，这不对，这是个议论文，不是一个故事。所以你要这样来读，要找到观点，议论文是用来表达观点的。然后这个观点，要有事实来证明。这三位科学家的例子就是用来证明的。要让学生通过这种方式来阅读，这就是按照这种体式进行的正确阅读方式的指导。然后让他们明白了，阅读所有议论文，都应该用这样一种方式。这样，他以后就不会当成散文，当成小说来读了。这就是从体式角度来教的阅读方法。

【观察者点评】你会搞错文章的"写作方法"和"阅读方法"吗？

实用文阅读教学就是要达到这样的一个目标，而其他方面的内容，如情感态度价值观啊，科学探索精神啊都是顺带的，你在培养阅读方法的同时，你一定要依托这篇具体材料，用这个材料在教。所以你一定是离不开里面这些东西。你的具体活动过程中，一定是围绕这个具体内容来发问的。一定是这篇课文所说的一些东西。但是你一定要明白，讨论这些具体内容，还是要让学生获得一种能力，获得他自己能够顺利地去阅读议论文的能力。这是从阅读的目标来说。但是刚才也说到了写作方法。教学过程中读写联动的，这是可以做到的，学到一些相关的写作方法，用这个东西来提高学生的写作能力，这是可以的，读写是可以在一起的。但是我们作为一个阅读教学，我觉得更多的是侧重在阅读方面，教学生阅读，提高他们的阅读能力。

师2：其实就是教学生怎么读。

合作专家：总的方向是这个。怎么读，你一定不能空口来说，首先要了解你要读的东西，读的东西是什么，是一篇文章。所以你先要理解这篇文章。在读的过程中，把这些东西结合起来，这是最高明的。以前是这样的流程：理解这篇课文，划分段落，概括中心，然后再顺带讲讲这篇文章的写作特点是什么。这个是没有用的。

众声：对。

合作专家：这是无效的。所以我们读了这么多年语文没有用啊。你想想看,我们大学生写的论文,和美国的小学生的论文差不多。

师1：人家小学生要比我们好。

合作专家：这是一个很严重的问题。我们阅读课,解决的是阅读能力。实用文阅读课,解决的是实用文阅读能力培养问题。当然也不是完全不涉及其他能力。只是其他能力是隐到幕后的。你要搞清楚你这节课你的主要任务是什么,你的主要目标是什么。

师4：我不懂你刚才说教学目标确定为教给学生如何的方法,就是学生的阅读理解。

师2：这是一个总的大的方法,学会怎么读。

合作专家：表述清楚一点就是,通过学习《真理诞生于一百个问号之后》,学会怎么来阅读这一类议论文。

师2：对,这是一个大方向的目标。

合作专家：然后你要怎么具体来表述?

师4：那是不是很多这一类的都这么说啊?

合作专家：啊?

师4：就是这一个单元都可以这样说嘛。

合作专家：对啊,所以这就是一个问题,这个目标的表述肯定有问题啊。这个目标很大的,很空的嘛。那么你要再想办法,结合这篇具体的文章。你这节课,40分钟,你能达到哪个程度。是往下降,而不是说把它转移到具体内容上去。就是说你的目标有这么大。可能要通过一年、五年才实现。但是我现在是通过这一篇达到这个目标里面的一个小东西。难度就在这个地方。

【要点评议】

让大家笼统地说这篇课文教什么及怎么教,都可以滔滔不绝,从目标到过程再到作业,都说得头头是道。但多数是照搬别人或自己的以往经验,其中可能更多的是教参的内容。而一旦要他们围绕教学目标一项一项来分析讨论,则支支吾吾了。原因可能主要在于大家平时是拿着教参去上课,教参对每篇课文都有详尽的教学说明,很多教师就直接搬过来用。日积月累,他只能对一篇任教过的熟悉的课文教学流程进行解释,换一篇新课文或换一个新角度,就没辙了。

另一方面也可以看到,许多教师的依赖性比较强,不想动脑筋,希望别人拿出一个方案来。他们更多的是希望别人提出方案,然后参与讨论,而自身不太去想新点子。

6. "会读"与"读懂"之间是怎样的关系:对学情的分析讨论

师6: 我是不是可以理解为,理解了"真理诞生于一百个问号之后"这一句话,就是看懂了,比如看了这篇文章之后,理解了这句话,是不是可以说他学会了阅读。

师4: 那不能。你这仅仅是理解了文章内容。

师6: 你要教给他读议论文的方法,你的目的是在于让他读懂议论文。

师4: 会读。

师6: 也就是读懂。

师4: 一样吗?

师6: 你的意思就是说我们要让学生会读议论文。你的最终目标让他读懂议论文。

师4: 读懂不一定吧。

师6: 你的目标难道不是让他读懂,只是会读就可以了吗?

师4: 就是怎么读这个议论文了。

师5: 会读是手段,读懂是目标。

师4: 好,我知道了。

师6: 学生通过这篇文章,理解了这篇文章的表述,然后正确地理解了"真理诞生于一百个问号之后"这一句话的意思,就叫会读,读懂了这篇文章。

师2: 不是。这是文章观点,我觉得很容易就看到了。

师6：你是老师,当然很容易看到了,但是我在教这篇课文的时候,就有学生站起来问：老师,为什么是一百个问号,不是九十九个问号,不是九十八个问号呢？还有的问：老师,什么东西才是真理？

师2：六年级还不理解什么是真理啊？

师4：所以要看学情。

师6：你觉得六年级就应该理解什么是真理了？真理跟定理有什么区别吗？

师2：定理和真理的区别不应该在语文课上讨论吧。

师6：我知道不应该在语文课上讨论,但你能说得出它们的区别吗？

合作专家：教学中可能会涉及定理、定律、学说。适当地给学生解释一两句,但是不能陷进去了,专门展开一个讨论,提供很多材料,这个没必要。用两句话就解释明白,才算本事。

师6：我不是说我的课堂里面解释这个真理到底是什么东西。而是想说明一个六年级的学生确实有可能不懂得什么叫真理。因为他确实提出了这个问题啊。这篇文章在我看来,是能够理解的,但是学生看来,他不一定能够理解。就像我刚才说我要通过教学让学生理解真理诞生于一百个问号之后,是需要坚持,需要百折不挠,需要去发现。你们当然是可以理解。但是我觉得如果对于六年级的学生来说,要去探讨这个问题。以这三则材料,包括分析材料之间的内在联系,包括这些细节处理,比如这些真理的发现,都是一些细微的,都是从生活中发现的。这就是内在的联系,这些都包括进去了。但是你最终想要教给学生的,就是我们的论点。在教这个论点的过程中,你就带进去了理解这个论点的方法,也就是说读议论文的方法,你就要带进去了材料的内在联系。

师2：那你的意思不是方法重要了,你是侧重在情感了。我们刚才都是侧重在方法。

师4：我觉得学生对这篇文章是读得懂的。但是他们可能关注不到这之间的内在联系。所以我还是坚持我最初的观点,应该让他们明晰一下议论文它这个文体当中内容的内在联系。

师6：是有内在联系啊。

师4：具体体现在哪里,我们要通过……

师6：比如说第三段与第四段有什么内在联系,是不是你提出这个问题？

师4：不是，我要通过一些活动，把这个目标贯彻下来，如果我提出这个目标的话。

师6：那么你是说整个课堂结束之后，你就要让学生理解材料跟材料之间有这样一个内在联系了。

师4：这是议论文的一个特点，他们以后读的时候会有这个意识在了。我如果六年级的时候读这个文章，我只会侧重于它的故事。我就看了这三则故事。我也知道作者告诉了我这个道理，我看一遍也能看懂的。但是我现在读的话，肯定会有意识地想要去圈圈点点，把一些重点的词抓出来。这个是我现在已经意识到了它们材料之间是有关系的。而我希望我的学生能够慢慢地意识到这个问题，而不是执著于看懂了这句话。这句话本身应该能看懂的。可能个别学生对"真理"不懂，但是大部分学生对这个概念还是理解的。

7. 重新回到关键词：教师要做到"术语"的合理转化

合作专家：这个问题值得讨论，我们现在作为老师，是一个成熟的读者，那么我们为什么读这篇文章，会关注到像"无独有偶""最有趣的是"之类的关键词吗？

师4：还有这些过渡句都会关注到。

合作专家：为什么会关注这些东西。而小说它是不需要这些东西的，不需要这些过渡性的语句。它直接几个故事。而且可以写不相干的东西。这段写这个，那段写那个。然后其中的联系慢慢就隐含在里面。因为小说是要通过我们的想象空间，是要发挥我们的想象的，依靠读者的想象来连接。但是像这类议论文阅读需要的是我们的认知，通过我们的思维去连接。认知是通过逻辑思维来实现的，所以需要一些语言标志来建立这个文体的关系。

师6：我就是说在理解论点的过程当中，贯彻这样一种阅读方法。你不会直接说接下来读议论文应该是要找"论据"了。因为学生不太清楚论据是什么。所以应该换成这样的说法：作者通过怎么样的一个事情来说明我们课文的这个道理。肯定不是说我们接下来找"论据"，接下来找"论点"。

【观察者点评】你在教学中会直接跟学生说"论据"或"论点"是什么吗？

合作专家：对，小学阶段这个术语不是很重要的，而且相对要忽略一点。比如你找论据是什么，

共同备课工作坊　95

论点是什么。论据、论点、论证,这些术语可能要用别的,用具体的一些话语来代替它,用一些具体的内容来代替就可以了。因为小学重在语文活动,通过这些活动去认识,而不是通过一些理性的知识的传授。

接下来,大家对学生应该理解观点还是理解论证过程进行了讨论,一致的看法是应该把两者结合起来。之后,又回到教学目标的陈述上来。

【要点评议】
　　对教学目标的确定,有两位学员出现了两种不同的意见,一种认为教学目标主要是让学生理解课文的基本观点;另一种意见认为教学目标主要应该是引导学生分析认识作者的论证过程。双方争执不下,大家展开讨论,逐步扩大思路,最后建立了一个更大的框架,从学生的学习过程和学习结果的层级角度,对这两种意见加以了整合。这表明,大家对教学目标的讨论深入到了具体的学情。

8. 目标动词可以确定为"理解"

合作专家:更重要的就是文章有没有说服力,有没有说服力肯定指向的就是材料了,你一定是用材料来证明嘛。这就是说你要理解作者行文的过程中用这些材料怎么来证明,这几个材料不是孤零零的,它里面是渗透了他的思路,这里面的一些语句和词一定是渗透了他论证的思路。

师1:是的。但是分析材料就是实现这一目标的一个过程呀。我如果设立这样一个目标,我就会去分析这些材料,这些材料只是一个工具,让我去实现之前的这个目标,就是让学生知道真理确实是诞生在这一百个问号之后。那么我自己教学的思路是这样,那么设置目标的时候是不是应该让学生去理解这一个东西,正确去理解。

合作专家:你这个表述可能还不够完整。你这个理解观点肯定是不清晰。理解这个观点,第一个层面是记住了这个观点;第二个就是明白了这句话的意思,明白真理诞生于一百个问号之后这个句子的意思;第三个层面就更高了,对它进行了追问,对它的真实性或者它的说服力这方面

进行了追问。这就是更高级的读者,我们要发展学生这方面的能力。所以看到这个地方,等于是在追问他这个观点的真实性,这实际上带有批判性思维,就是更高层面的,就是读这类文章比较高的一个层面。虽然我们现在六年级可能不能这样直接提批判性的,但是你可以通过别的方式,就是往这个方向用一句话来表述。这个表述一定是一个起点,就是刚才他这个分析他们之间的关系,事实和观点之间的关系,用学生的话语来说就是这个意思,你这个观点和你用来写作的这三个材料之间是一种什么样的关系。

师2:看能不能这样讲,能够对作者真理诞生于一百个问号之后这一观点进行评价。

合作专家:不会直接这样说能不能评价,因为评价这个要求很高的。学生学习的第一个层级是记忆,第二层是理解,第三层是运用,第四层就是分析,第五层是评价,第六层就是创造。评价是要以下面四个层级为基础。下面四个层级,你通过这一篇文章的学习都难以做到的,而且是在小学阶段也不是特别强调的,能达到第二个层级就可以了。

师1:**就是我们可能在理解之前还要再加上一些方法。比如说我们可以通过对材料的归纳来理解。可以这样说吗?**

合作专家:可以这样的,这样是描述了,就是把这些东西都放在里面描述出来,最终要达到这样一个东西。这个目标主要是你自己看,我们自己要看懂自己写的是什么,就是你自己要明白这节课四十分钟结束要达到的目标,然后你布置作业也好,进行测试也好,评价也好,都要围绕这个目标。

师1:通过对材料的归纳正确理解真理的诞生需要锲而不舍的探索及细致入微的观察。

合作专家:你这个陈述有点复杂。你没必要把真理具体的探索精神这些东西打开。因为你这个是教材具体的东西。**我说的是要描述学生的学习活动,就是让学生通过读这篇文章或者怎么一个方式活动,达到一个什么目标,就是这个过程还要再展开一点。就是理解这篇文章的过程,可以再稍微描述一下。**也就是说对于你这个理解,"理解这个观点"吧,那么"理解"用的是一个术语,用了这个层级,从第一个记忆层级到第二个层面理解,你这个理解的内涵是什么,如果这个内涵确定了,那

共同备课工作坊

么你第一个台阶第二个台阶活动就很清晰了嘛,因为你知道让学生怎么去理解这篇课文。这样描述出来了,你先写吧,写在上面,然后再修改,你把它写出来,让大家看。

合作专家:就是说材料的比较归纳可以落实到这一张表格,就在台阶一,对吧。

师1:嗯。

合作专家:这个有点意思。像这种描述性的,目标就是我要做一件什么事,这件事最终要达到一个什么样的目标,就这样描述,描述出来以后有一个好处在哪里呢,我可以清楚这件事第一步骤是什么,第二步骤是什么,就好分解,分解成两个环节。

师2:目标就是"理解"。

师1:对。

师2:其实目标还是最后那一个,比较、归纳、理解。

合作专家:对呀,那你这个理解的含义,我刚刚叫你分解理解的含义到底是指什么,通过这种方式的话,理解就成了对这三个材料进行比较分析,比较分析出来之后就理解了,就是用这种方法来理解嘛。

【观察者点评】对课文具体事例材料的比较分析就是"理解",你同意这样的看法吗?

师2:就是通过这种手段达到这个理解。

合作专家:嗯。对呀。那就做完了前面这个比较归纳材料,就达到目标了,就达到你所谓的理解。

师4:综合起来,本文的第二条教学目标可以陈述为:理解作者的基本观点及其论证方式。

(三)依据实用文阅读教学目标组织具体的教学内容与学习活动

合作专家:现在大家要琢磨具体内容,第一个台阶教什么,怎么教;第二个台阶教什么,怎么教。你们刚才一开始不是一直在说怎么来教嘛,那你们现在可以把那些东西融合进去嘛,看看哪些有用,吸纳进来。第一个台阶干什么?

师2:先读。

师3:读可以算进去,就是生字连在一块。

师1:怎么理解这个活动和内容,内容是三个材料。

师 4：论点先找到,论点找到以后,看哪些事例,怎么论证的。

合作专家：大家还是要先从起点开始,学习起点,学生哪些已经理解了,不用教了,这是他的起点。还有哪些地方有困难,需要教的。

师 2：字词不要忘了。在具体的语境当中还是要点到几个关键词语。

师 3：问这个题目为什么是真理诞生于一百个问号之后。这个就是论点。

师 1：事例是看得懂,知道讲什么事。

师 2：主要内容应该能把握吧。

师 3：通过预习,肯定能够把握。

师 2：内容我估计应该没问题。

合作专家：写下来,大家一起来看,根据你的理解。第一个环节,第一个台阶用一句话怎么说,然后用什么活动。

由一位教师在黑板上按照备课模版写出具体内容落点与活动方式,其他教师对黑板上的内容加以补充修正。最后,形成统一意见之后,备课组长用一张大白纸写下这次共同备课最后形成的一个基本教学设计框架,作为本次共同备课的成果(如图)。

【要点提炼】各位教师"自己以往做了什么"说得太多,这样就使得真正有效的讨论不能尽快展开,影响了后面一些具体问题的探讨。讨论到中间,对教学目标的确定处于胶着状态,推进缓慢。结果等到教学目标终于确定下来之后,剩下讨论教学环节和学习活动的设计的时间就不多了。

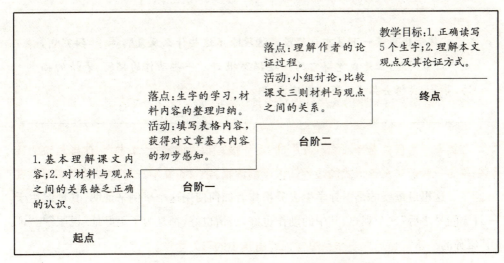

《真理诞生于一百个问号之后》共同备课成果展示图

【反思】

　　看了上面这张共同备课成果展示图，你现在可以在下面横线上写出一篇实用文备课的几个关键要素：

_____

_____

_____

问题研讨

1. 明确实用文阅读教学的基本取向

（1）实用文的边界要清晰

在前文"主题学习工作坊"里，我们已经知道实用文既不同于文学作品，也不同于应用文，它是一类相对于文学作品的普通文章的统称。其边界是清晰的。只有在弄清实用文体式特征的基础上，我们才可能讨论实用文阅读教学的基本取向。不然就会在教学内容的选择和教学活动的组织上出现偏差。例如在前面《真理诞生于一百个问号之后》共同备课过程的第一个环节，有的教师就选择了下面的教学内容：

> "然后想研读一下第四自然段。这段除了这些什么反复啊等等，研究啊，还有好多问题，但是我觉得它的一些描写很好。一些动作的描写、表情的描写，等等，我想去品味一下这个地方。"

在第四段为何要选择"品味"其中的"动作描写和表情描写"来学习，这里反映的实际就是这位教师对文章体式的边界认识不够清晰，把议论文与一般的文学作品混杂在一起了。 这里最重要的是引导学生去分析作者如何使用这个事例来证明"真理诞生于一百个问号之后"这个观点，其中的动作也好，表情也好，都是为了更好地"说服"与"证明"服务的。**不需要像文学作品那样"品"出其中的言外之意。**

（2）实用文"阅读经验"的形成与发展是教学的重点

实用文阅读经验与文学作品阅读经验是不一样的,文学作品遵循的是"鉴赏"取向,而实用文遵循的是"解读"的取向。也可以说文学作品的阅读是一种"审美"的取向,而实用文阅读则是一种"实用"取向。因此,在阅读教学中,我们要提供给学生的学习经验应该要有区别,不然就难以有针对性地提高学生的阅读能力。

本次共同备课的主要目的是通过学员之间的经验交融,形成对这篇课文的一个合宜的教学方案。其核心应该是形成一个帮助学生形成议论文阅读经验的操作框架。因此,落实在这篇课文中,有哪些地方可以有效帮助学生形成议论文阅读经验,这个问题就成为整个备课活动需要解决的焦点。

"议论文阅读经验"是学生对议论文学习之后需要形成的主要结果,教师在选择教学内容的时候对这个核心概念若认识不清,往往导致对课文内容与表达方法的割裂,要么只选取课文内容或主题作为教学内容,要么只选取课文写作方法作为教学内容。这种割裂式处理课文的做法难以让学生真正有效地形成议论文阅读经验,学生最后可能学到的只是一些关于议论文的知识或者是对这篇课文观点的一些架空认识。

议论文阅读经验的核心是一种理性思考和分析能力。它包含批判性思考的主要内容和相关活动。在批判性思考中所使用的最重要技巧之一是提问探索性的问题。所以,在议论文阅读中,学生应该主要是通过"自我提问"来分析议题,其思维经历了分析—解释—判断三个阶段。其阅读经验发展框架为:

思维活动阶段	内容要求	自我提问	课文阅读过程
分析	发现与课文观点相关的主要论据,证据必须是相关和充分的	课文所用的事例和数据是可靠的吗	课文这三个事例是否可信
解释	判定论据的意义	这是最好的论据吗?它对观点的形成是充分的吗	这三个事例能够充分支持作者的观点吗
判断	就此论点得出结论	课文的结论有道理吗?在逻辑上经得起检验吗	我可以接受这个结论吗

以议论文阅读经验的形成与发展作为核心教学内容,可以确保这篇课文的教学紧紧围绕实用文阅读教学的基本取向,帮助学生在正确理解文章内容的基础上获得实用

文阅读经验。

2. 依据实用文阅读教学基本取向确定教学目标

依据基本取向来确定教学目标，可以使实用文阅读经验的发展有一个更加具体化的预期结果。

就这篇课文的备课状况来看，教学目标的讨论经历了一个缓慢纠结的磨合过程，这个过程由8个步骤构成：

- 第一步：目标一指向了"生字词"
- 第二步：目标二指向"小练笔"活动
- 第三步：用学习"摆事实讲道理"的写法替代"小练笔"
- 第四步：目标二应该怎么来陈述
- 第五步：目标陈述时要区分"写作方法"和"阅读方法"
- 第六步：区分"会读"与"读懂"之间的关系
- 第七步：教师要做到"术语"的合理转化
- 第八步：目标动词最后确定为"理解"

经过八个步骤的讨论，目标逐步清晰了，最后确定的教学目标是两条，一是"正确读写5个生字"，二是"理解本文观点及其论证方式"。从目标的表述可以看到，本次共同备课确定的教学目标与实用文（这里具体是议论文）阅读教学基本取向是一致的。

3. 依据实用文阅读教学目标组织"学习活动"

教学目标要得到实现，最为关键的是设计与目标相适应的实用文阅读活动。在这次共同备课中，大家依据教学目标设计了两个台阶式的学习活动。第一个台阶的学习活动是为了完成第一个目标（字词目标），为实现第二个目标做准备，主要活动方式是填写一个表格，归纳梳理文章的主要内容和基本观点，目的是获得对文章基本内容和所用材料的初步感知。

第二个台阶的学习活动重点实现第二个目标，理清作者的论证过程，进而把握其论证方式。主要是分小组进行讨论，理清课文中三则材料与观点之间的内在关联。这些关联理清了，作者的论证过程也就把握住了。这样学生就获得了议论文阅读的一般经验。

"学习活动"的组织要基于学生的已有阅读经验,如本次备课中,各位教师对学生已有经验做出了较为合适的估测,认为学生"基本理解课文内容"。**在估测学生已有阅读经验的同时,还要估测学生在阅读具体一篇实用文时的不足经验,这是学习活动设计的依据,只有对"不足经验"做出了较为充分的分析与估测,学习活动的设计才会有针对性**,如这次备课,各位教师经过分析之后认为"不足经验"主要体现为学生"对材料与观点之间的关系缺乏正确的认识"。

后续学习活动

任务1:请仔细阅读下面关于课文《呼风唤雨的世纪》(人教版教材四年级上册)的教学内容现状综述。

在教学内容的选择上,有许多老师认为本文的学习内容主要应该是文章的说明方法,提高学生的阅读能力;也有许多老师认为主要应该让学生了解20世纪科学技术给人类带来的巨大变化,培养热爱科学的情感。还有的老师重点引导学生去学习各个领域出现的新科技,补充了大量的科技事例和科学家的故事让学生阅读。

任务2:你认为上述三个方面的教学内容哪些是合理的,哪些是不合理的,理由是什么?请写在下面横线上。

_____
_____

任务3:请你根据上文共同备课案例中所学得的实用文阅读教学基本取向的原理,为《呼风唤雨的世纪》一文设计两条教学目标:

(1) _____。
(2) _____。

共同备课工作坊

寻找文本语言中体现的课文体式特征
——《罗布泊,消逝的仙湖》共同备课

教学现状描述

共同备课课文《罗布泊,消逝的仙湖》选自现行人民教育出版社出版的义务教育课程标准实验教科书语文八年级下册,这篇课文节选自吴岗《善待家园——中国地质灾害忧思录》(《2001年度中国最佳报告文学》,漓江出版社2002年版)。从课文的最初出处可以看到,这是一篇报告文学。我们可以把它归入实用文来教学。

广大教师对这篇课文"教学目标"的表述主要有下面几种:感受并理解作者强烈的忧患意识;学习对比和说明方法;培养学生科学理性精神和人文情怀;培养学生搜集资料和筛选信息的能力;体会课文语言的真实性、形象性、抒情性;了解报告文学的文体特征。"教学内容"也呈现较为复杂的态势,涉及的主要教学内容有:找出体现报告文学真实性和文学性的句子,了解罗布泊的过去和现在,归纳变化的原因,理解造成罗布泊消逝的深层原因。

针对以上教学现状,我们本次共同备课试图通过这篇课文重点探讨"如何寻找文本语言中体现的课文体式特征并据此组织学习活动"。具体分解为以下几个问题:(1)文本语言体现的体式特征是否需要纳入核心教学内容?(2)语言中体现的体式特征与所表达的内容有怎样的关联?(3)以语言中体现的体式特征为核心的教学内容如何在课堂上加以落实?

热身活动

假如教学目标是"理解文章内容",你认为下列众多学习活动情境设计最合适的是哪几项?请简要谈谈理由。

(1)以罗布泊的自我诉说引起人类的内心震动。(2)假如你是一位世纪老人,见证了罗布泊的百年沧桑,你将向人们诉说什么?(3)制定几条措施,来改善罗布泊,使之恢复先前的"美丽",并和其他同学交流自己的措施。(4)大屏幕展示罗布泊今昔图片的对比。(5)课后搜集有关环境问题的资料,试写一封公开信,呼吁人们行动起来,制止生态的恶化。(6)快速阅读全文,思考以下问题:罗布泊为什么被称为"仙湖"?请发挥你的想象,描绘一下这"仙湖"的景色。这"仙湖"为什么会消逝?请说说你的看法。(7)假如你是罗布泊已经枯死的胡杨林,你想说什么?(8)读课文,勾画文中描写罗布泊美丽的句子,进行整理,加入自己的想象,写一段文字《美丽的罗布泊》,可以是文,可以是诗;读课文,画出文中描写罗布泊现状的句子,进行整理,并加入自己的想象,写一段文字《恐怖的罗布泊》。以上两项,可以分男女来写,女生写第一项,男生写第二项,比一比,谁写得最好。(9)现场连线。(这么大的水域永远消失,很是让我们痛心,我们班级特派65名记者到达罗布泊现场做实地考察,站在罗布泊裸露的胸膛上,你们看到了一些什么?请同学们认真阅读描写现在的罗布泊的段落,边读边圈点勾画,边概括边整理。)

_____

_____

备课进程

(一) 文本语言中体现的体式特征是否需要纳入核心教学内容

1. 这篇文章最值得教的是什么

<u>这次备课的讨论从认识这篇课文有什么可教的内容开始,聚焦于"哪些内容最值得教"。</u>在备课合作专家的引导性提示下,各位教师先汇报交流了自己在文本解读中形成的看法。

合作专家：这是八年级下册的一篇课文，我们先从文本解读开始吧，先看一下这篇文章最值得教的是什么，每个学员会有不同的想法。所以大家先做一个讨论，在讨论之后，看看能不能确定一个相对集中的教学目标，如果达成的话，那就可以推进到后面，看看教学环节怎么来设计。

师1：我先开始吧，昨天晚上看了一下，我觉得有两个比较重要的点，第一个就是从知识点这一方面，通过学这篇文章，让学生明白，怎么写。比如说对比，这个是比较具体的需要学到的。另外还有比较更重要的一个地方，就是要让学生感受到一种忧患意识，树立一种保护生态，保护自然的想法。但是通过读这篇文章达到这个目的的话，可能会有一点困难，这个困难就需要我们老师去帮助学生解决。这种感受是不容易达到的，这个需要一些努力，所以这个工作是教这篇文章当中的重中之重。

【要点提炼】教师的参与度表现不一，有的参与较好，发言踊跃；有的发言较少，听得多说得少。这可能与各位学员的准备状况有关，有的准备充分，思考较为深入；而有的很明显可以看出没有做过准备，临时参与，对课文也不熟悉，讨论起来就没有什么想法了。

合作专家：你说这个困难，你估测一下，学生可能哪些地方比较困难？

师1：因为这是八年级下册，也就是初二下学期，他们经过三个学期的学习的话，我觉得对于梳理文章的一些内容，提取一些信息，能够达到这个目的。但是罗布泊也好，沙漠也好，或者说历史性的变迁也好，相对来说离我们学生比较远，这个距离需要我们老师来缩小。包括用一些影音资料，或者是用一些方法，具体地分析某一段或者是某一句，这样，可能会解决。所以说这个距离，还是一个比较大的问题。

师2：读了这篇课文，我感觉到最主要的就是有两点，一个是让学生从这篇文章当中，把握所要传达出的一种感情，作者在里面蕴含了一种怎么样的感情。想让读者感受到的，沙进人退，罗布泊消失之后，给人带来的震撼之情，这种要感受到。第二个是学生不仅仅应停留在感受到这种情感，而是要围绕着这篇文章，研读之后，他们要联想到我们现实的一些状况。现实当中，并不是仅仅只有罗布泊消失这一事实，而是有更多的悲剧发生，他们可以联系他们身边的，他们知道的，类似的一些事例。从感受作者的情感，逐渐来培养学生的这种意识,增强他们在这方面所欠缺的平时没有注意到的一些细节,这里主要是以环保为主,我觉得他这个主题还是想要呼吁我们环保。

在分析文章的同时,让他们说一下,这里运用到了怎样的说明方法,是用怎样的方式来传达这种感情的,这是一个辅助性的作用。在课堂上,解答的时候,稍微提到就好了,也不需要大量的专门弄一块来给学生说一下,我觉得不要把手法作为出发点来让学生理解这篇课文。

师3:这篇文章,我的出发点是第25段这几句话,"这出悲剧的制造者又是人",这个也是从教学目标,也是从情感方面,要知道这个悲剧的制造者是人,但是既然是我们制造的,那么我们应该去避免这个悲剧的加深。这样的话,又可以和最后一句话"救救青海湖"联系起来,我们从课文中出来,回到现在,我们以后要怎么做,有一个联系。我觉得这个是情感上的教学目标。罗布泊以前是怎么样的,现在是怎么样的,是用一些数据来进行一个对比,从而有一个更加震撼一点的效果,让学生可以从数据里面感受到,原来才这么几年,我们做了这么多事,却让它变成这个样子。

【反思】
　　假如你是这次共同备课成员之一,读了上述讨论实录,你赞成哪种看法呢?你认为这篇课文最值得教的地方在哪里呢?
　　_____
　　_____
　　_____

2. 从"忧患意识"到"言语方式"

师4:我不同意你们前面几位的说法,因为这个单元整个单元讲的都是环保。如果只是从主题入手的话,那么这四篇课文都可以教成一样了。其实这四篇文章的不同,就在于他们各自的表达技巧和语言风格。如果我们仅仅是说环保,或

【要点提炼】备课讨论进展到这里,有几个学员都提出最重要的教学内容应该是感受"忧患意识",这时也有学员提出了不同的看法,于是讨论中开始出现了碰撞与交锋。

者接近自然,这样的话,课文与课文之间的特色就被淹没了。

师1：从忧患意识这方面,我觉得第一不仅仅让他感受到保护环境很重要,更重要的是作为学生,怎么做,能做什么。这一点,我觉得应该落实一下,我觉得这一点比那个感受,比仅仅树立忧患意识,更有效。

师5：我来说一下,我是第一次看这篇文章,我先看了一下第三单元前面的,有个单元目标,它里面就是讲到,学习本单元的目标在理解课文内容,熟悉科学文艺作品的特点,同时要树立环保意识。前面还有一段话,就是一个单元目标的提示语,这里特别强调说,本单元选择的课文,是从不同的形式表达人们对生存环境的忧虑与思考。

我们再翻到《罗布泊,消逝的仙湖》,看到注解①,这篇文章选自《中国地质灾害忧思录》；再有一个依据就是,翻到课文的"研讨与练习",有四个问题,第一个问题就是归纳变化的原因,字里行间充满了忧患的意识,让学生找出来,然后体会情感；第三个问题就是说,如果你见证了这个百年的沧桑,你将向人们诉说什么；第四个就是让学生写一封公开信,呼吁人们制止这个生态恶化。所以我觉得其实归纳起来,这篇文章最值得上的还是那种情感方面,呼吁学生要有强烈的忧患意识。

另外我觉得这篇文章的语言,还是跟前面几篇语言有很大的区别。大家有没有发现,《罗布泊,消逝的仙湖》,其实从这个题目看,这个题目就很诗意。很多语言还是很优美的,而且带有非常强烈的情感在里面。

我假设把这个文章切成两个板块,一个是罗布泊消失之前的美好的风景,作为前一半部分。后一半部分的语言片断,就是罗布泊消失之后的语言片断,就是这篇文章全部打散之后,组成这两个片断,让学生通过读来对比。对比很强烈,他们读,就会体会到这个环境恶化的严重性,再补充一些课外的知识,或者是再把他们的生活经验这个空缺补足了。

师2：我觉得不止让学生认识罗布泊以前是怎样,之后是怎样,而是要认识到是谁造成的这样,我觉得这个更重要。

师3：我比较赞同的一个是读的这个,是比较重要的。尤其是这个题目,我特地去研究过这个题目,这个题目里面,他用的是消逝这个词,而不是消失这个词。后来反复读了之后,我觉得消失和消逝读出来的感觉是不一样的。消逝有那种让人更加感觉到遗憾,让人感觉到特别的悲痛、痛惜。用消失的话,并没有很好地传达出这种感觉。

我觉得这一篇课文,其实分块很明显,一个是消逝之前的状况,一个是消逝之后的状况,第三点就是什么造成它消逝的。

师 5：会出现一个问题,就是我们让学生自己找有感觉的语句来读,我们到底让学生找什么样的语句呢。

师 1：我觉得里面并不是所有的语句都适合读。

师 3：是呀,我是在想,让他读景物的描写。

师 5：描写的不就是罗布泊以前的样子嘛。

师 2：假设我们真的让学生读的话,万一学生找出来的,就是比如说站在罗布泊边缘那一段,就是第 22 自然段,他找这样的自然段,我们也让他读了,我们再怎么引导呢。

师 3：其实这一段,很有震撼力的,我觉得特别有震撼力。

师 5：有的学生找到了你想要他找到的地方,就再读啊。

合作专家：这样吧,我们还是先把教学目标明确了,再看看读有没有必要。

师 4：我觉得语文课,最重要的是学到一种迁移性的能力,所以我还是强调在目标中关注作者的写作技巧。

师 4：从单元提示中可以看出,本单元是用不同的形式来表达不同的环境忧虑与思考,所以这不同的形式就是每一课的特点或技巧,这个形式也就是学习的一种意向,你不要把技巧和内容割裂开来。

就是排比,就是反问,我觉得在学这个技巧当中,这个技巧的形式,就是取向文本的,比如说,消逝的仙湖,就是从词语方面进入文本,这个和文本是不脱离的。

比如这篇文章,是报告文学,我们学这篇课文,怎样让学生以后看到这样的报告文学,他会学,他懂得怎么看,他写作文的时候,能不能也用一点这种技巧。

我觉得不能把人文意识说得太浮在表面。

师 1：从课标要求来看的话,还是更侧重情感方面,想让学生有自己的情感的体验,从中获得对社会、对人类的一些不同的人文关怀。我觉得里面既然出现了一些手法,也应该注重一下。

师 5：作者的目的是情感,他是用了这种方法,达到这个情感,那我们就是从情感中讲。再把那个方法讲了,作者用这种方法,达到了这种目标,让我们了解这种情感。

师3:这样的话,会不会一课时任务太重了?

师5:一课时刚刚好,我觉得这些方法,其实很好理解。

师2:而且我听说初一的时候,已经学过了这种方法,像列数字。

师5:我觉得学生不会很难理解,他们不会说,这个我不懂,不会用。

合作专家:这篇文章,用了多种方法,有记叙、说明、抒情。所以你不能界定他是一篇说明文,你当作是说明文来读,肯定是错的。

师2:最终的目标只有一个,我的意思就是说,核心的那个只有一个。

3. 若从"学情视角"看,应该教什么

前面大家从文本解读的角度分析了这篇课文应该教"环保"、"忧患意识"、表达技巧等。接下来大家围绕"学情视角"来审议教学内容的合宜性问题。

师5:我备过这个课,也做过预习,预习下来,发现学生对于罗布泊消逝的原因理解得不是很全面,他们只说到是因为人口增多,四个"盲目",而没有联系到塔里木河的改造那种原因。我觉得这方面是需要去引导的。还有一个就是体味情感方面,他们能够感受到作者表达的痛苦愤怒那种情感,但是他们对于树立忧患意识,是不知道的,是没有的。所以需要引导学生关注文本中表达情感的语句,通过体会作者情感的句子来得出他那种忧患意识。

师2:除了读到了痛苦,还读到了什么?

师5:痛苦是比较容易读到的,但是其中的忧患是不容易读到的。

师1:就是责任感的问题。

师5:他们就是觉得是人造成了后果,但是他们没有忧患那个意识。

师2:就是有点说空话的那种?

师5:对。

合作专家:你是通过预习的学情反馈,得到了这个认识,很不错。

师5:有的学生提出文中为什么要写青海湖,为什么要写月牙湖,他们是不理解的,所以我觉得,他们没有这个忧患,对于现在这个状态,作为初中生,他们还是不太了解的,这个方面还是要引导一下的。

合作专家:刚才大家说的,是两个方面,一个是从教师和课程标准去看,我们文本解读的角度;第二个从学情这个角度,我们估测学生,哪一点有困难,

需要老师教。刚才这位老师他实际上做的就是一个学情调查,学前预习,然后让他们写下来。哪些地方理解了,哪些地方还有困难,我们老师一看就明白,这一点很重要的。

师6: 从学情视角,可以让同学说一下,罗布泊过去和现在这两个样子的对比,从而问一下变化的原因,然后在原因中,我们品析语言,比如说他用了四个盲目,这是用排比的手法,也可以用排比的形式,来增加那种气势。我感觉,我们在讲那个情感的时候,也要贯穿作者是用怎样的写法,比如说对比,引用数据这种手法来写的,我感觉两者是要相互融合、相互穿插在一起的,就是不能割裂开来。

师1: 我觉得说哪个更重要,应该是站在学生的角度,而不是站在教师的角度。我们可能在上课的时候,比较注重情感,相对来说次要地注重一些方法、一些技巧,但是考虑到学生的一个接受能力,我觉得学生对这些对比修辞方法,包括一些列数据的方法,可能不会那么感兴趣,比较容易接受的是前面的人文的关怀,涉及的那种忧患意识。所以说,讨论到这个东西的时候,我们在教和学之间能不能做一个调整,可能学生学到的不一定有你教的那么多。

【要点评议】

话题讨论的充分度与参与备课教师的经验有较高的关联。学员在文本解读中体现出一个认同度较高的看法,即这篇课文最值得教的是"感受忧患意识"。这个看法可能是各位学员在以往的教学中形成的,都认为这篇课文最终的落点应该是"让学生感受并形成忧患意识"。这体现出这些学员把以往的经验较充分地带入了讨论现场,因而这个话题讨论得也较为充分,从整体把握到具体教法都一一做了详尽的介绍。有的学员甚至就直接把自己以往的教学设计演绎了一遍。

但经过讨论,大家初步认识到语言中的"言说方式"很重要,应该纳入核心教学内容之中。这一点认识很不错。所谓言说方式,主要指的就是作者运用与依据体式特征相应的方法来报告其观察所得及其情感。

（二）语言中体现的体式特征与所表达的内容具有怎样的关联

1. "报告文学"的体式特征是否应该体现出来

接着大家开始讨论这篇文章的体式特征是否应该体现在教学目标中，如果需要，那应该如何体现。

合作专家：好，我们看一下，刚才你们几位都说到了，这篇文章值得教的有两个。一个是情感，从情感这个角度，增加忧患意识这个角度，这个应该说是环保主题，是个大的主题。树立环保意识、忧患意识，在这篇课文教学中，肯定要涉及的，而且蛮重要。还有一个方面，就是这篇文章忧患意识怎么表达出来，作者是通过怎样一种体式来表达出来的。

所以要回到这篇文章的文体，这是一个报告文学，大家要关注。报告文学，它的体式和散文是不同的，和一般的说明文，比如说科普文章，也不一样。

所以我们可能需要进一步去思考，要学生通过这个体式的认识去获得忧患意识。教材的内容和我们要提高学生语文的能力、课程的目标，这个一定要结合起来。把这两者结合起来就好了。既把握了作者的写法，又能够实现增强他们的忧患意识，这两个方面结合起来，是最好的。但是大家可以思考一下，怎么结合。还有一个就是从另外一个角度去看，也就是说阅读方法，我们让学生通过学这篇课文，能够获得一些读报告文学的方法。

如果要教阅读方法，怎么来教。就是从这个方法，也可以纳入进来去思考，大家可以再展开一点。要获得这种体式的认识，一定要从文本里面获得。文本要教哪些点，教哪些地方，有哪些能够获得这种体式的阅读方法，这个大家要进一步考虑。

师1：解决刚才这个问题，既要让大家了解到作者的一个方法，还有一个就是情感的问题。这两个，一个是感性的，一个是理性的。你让学生感受这种忧患意识的同时，再让他感受一点创作的方法，可能会难度比较大。

合作专家：但是一定要转变，两种不同阅读方式的转换，我们作为一个读者，我们读文学作品，可以有不同的方式。对文学作品，我们用的是情感体验，他情感在里面，你要去体验。我们可以用模拟情境、设置情境等方式来体验。但实用文，它是解读的，就是要分析，就是通过分析文本之间的关联,通过分析一些语言之间的关联性,获得作者的基本观点和认识。关键是要获得认识。

师1：就像刚才你说的,读是比较重要的,而且还有一个方法就是鉴赏,可能有办法去解决这个矛盾。就是在读的过程中,针对某一段,或者是针对某一句,反复地读的过程中,不断地去鉴赏。

合作专家：所以写实这部分,因为它是报告文学,他一定有写实的这部分,很明显用了记叙,用了说明。

师1：其实鉴赏的话,我们可以从不同的角度说,从他的语言。

合作专家：对,这个部分可能是要更多的分析,理性结合,从这个角度。

师1：鉴赏是从不同的角度,所以说你从情感角度的话,是类似于我们教文学作品的时候那个方法。可能会达到他的目的,就是说提醒大家的忧患意识,然后你再稍微变换一个角度,有可能就会达到一个目的,就是让大家了解这种创作的手法。

【反思】
根据以上讨论实录,你会选择下面哪一项作为这篇课文的核心内容呢？请简要谈谈理由。

(1) 作者的情感；(2) 作者的写作方法；(3) 报告文学阅读方法。

_____
_____
_____

2. 如何让学生体验到文中渗透的忧患意识

讨论的话题转到如何引导学生来体验作者的忧患意识,主要探讨文本中的情感与学生的生活经验之间的差距问题。

师5：情感体验方面,是不是我们只要激发了学生忧患意识,就可以了。

师1：当然了。

师5：那就可以专门设计一个环节,让学生说,我们面对这样要做什么、做什么。是不是我们一层一层叠起来,到了那个高度,让学生恍然大悟,原来这就是忧患意识,教学到这里就可以了？还是说,我们在忧患意识的基础上,还要延伸下去。

师1：我觉得还要延伸下去。

师2：还要延伸下去。

合作专家：关键就是你组织教学内容的问题了,你可以补充别的东西,这个是属于教学内容的问题。但是你要考虑到适合度,如果这个度的问题把握不好,你很有可能在这节课上,做成了一个政治专题。

师5：所以这个就是牵连到教学目标,我们只要教到让学生恍然大悟,明白了什么是文中的忧患意识就可以了。

师1：学生不是机器了,他如果真的有忧患意识,他自然而然地就想怎么去做了。

合作专家：你把学生引进语言里面去,放在语言的角度,他的一些不同的写法、不同的语句,让学生一步一步进入,这样他就知道,读这个报告文学,一些数据,包括有时候一句话,都能够让我们明白作者的强烈情感。同时立足文本结构,从前面慢慢理下来,理到这里,读到这句抒情的句子,作者的情感就慢慢会出来。还是要回到文本,从文本结构里去看。然后再慢慢让学生去体会到,原来这里表达的是这么一个忧患意识。

师1：学生只能感觉到破坏环境是不好这一层面。他的确是没有切身感受到,跟他有什么联系,没有切身感受到的话,就不可能产生所谓的忧患意识,那么自己去做就更不可能了。难就难在这里,能不能让文本内容与学生生活经验关联起来,这是问题的关键。

合作专家：可以,和学生的生活经验结合起来是可以的,但关键要弄清楚,在什么地方引入一些生活经验素材,你引入这个东西,是达到什么目的,那是具体教学目标。

3. 重新回到"报告文学"的体式特征:不要用术语遮蔽学生的体验

大家讨论的话题重新回到这篇文章的体式特征,但不是简单的重复,这时的讨论大家把"作为目标"的体式特征和"作为教学内容"的体式特征之间关联性的理解推进了一步。几位备课教师在讨论过程中纷纷表示有了新的领悟。

师4：那我们现在要讨论的重点就是,这篇报告文学有哪些特点。因为报告文学有很多特点的,不可能这篇文章方方面面都是典型的。

师1：这个我觉得是其次的。

师4：如果不看这个，我们怎么知道，从哪些地方入手。

师1：就算你把这些地方弄出来，教给学生，学生知道报告文学有这个特点那个特点，也没有必要的。

合作专家：就是在教学过程中报告文学这个特点要不要介入，包括文学的知识，在什么时间介入，当然你作为例文来教的话，是例文处理方式，即把这篇课文作为报告文学的例子来教。

师1：他们现在好像不认识报告文学的特点，他们现在根本不认识。所以你给他阐述出来，他们就清楚了。

合作专家：这个报告文学有真实性，纪实性，如果他们能够理解到这一点，是非常好的。与前面学过的实用文的语言相比，这篇文章有不一样的地方。比如，可以让学生去讨论这里为什么会有感叹号的句子呢。强调抒情，这个就是报告文学有的特点，报告文学有文学性。为什么叫报告文学，这一点挺好的，你刚才说的这两个要打架的地方（即语言风格不一致的地方），通过这体式知识的学习，就可以解决。还有真实的一面，要客观地去看，最好的方法就是进行一个说明，还有一个就是原原本本的记叙，还有就是补充材料，用以前的史实补充材料。

它有讲究真实性这一面，但是报告文学，还有文学的一面。你看里面有一个"我"，一般的说明文是不会有这个"我"，作者是不会在说明文里站出来说话的，他进不去的。

所以说这就是报告文学这种体式和别的实用文不一样的地方。

师1：找到病根了。

合作专家：对，就是体式问题嘛。

师5：我觉得这个体式非常重要，但在教学中是可以渗透的，没有必要单独拿出来讲。

师4：把它当作切入点吗？

师5：不是，我是说它有这样一个特点，这个特点我们不用直接告诉学生，但是我

【要点提炼】合作专家起到了重要的引领作用。合作专家担负着双重角色，既是观察者，又是引领者。在整个备课过程中，有好几处学员不知所措时，都得益于合作专家的指引。

们教师可以用在文章内容分析中,把它与作者的忧患意识关联起来。

师1:当内容水到渠成地学完了,教师再来总结这个体式特点。

师5:就是换一个方式,把这个忧患意识引导出来。

师1:其实报告文学的特点,当你教这个文章的时候,能够整体感受到这个东西。

合作专家:就是说在前面,整个过程,你要渗透这个知识在里面,但是你没有这个术语。

师5:对呀,我的意思就是这个。

合作专家:最高妙的设计是这样的,就是说,一节课,前面没有这个术语,没有体现这个术语,但是你是通过用语言材料,就是用文本里面的关键字、关键词、相关的语段,引导学生去读、去学。

用语文的方式去解决,所以学生去朗读也好,默读也好,讨论也好,都是用语文的方式,讨论相关文本中的语句。但在讨论中作为教师你自己要有一个清醒的认识,这部分我讨论的目的是什么,例如是为了感受真实性的一面,所以用了说明的方法,用了其他一些写实的方法。你这个要让学生讨论充分,让他们在不知不觉中,追求潜移默化的效果。

因为我们要真正提高学生语文能力的话,并不是通过术语就可以解决的,这就是我们以前最大的弊病。我们用术语遮蔽了学生本身对文本的体验。我们最重要的是让他获得一种能力,通过这种文本的熏陶,获得对文本的阅读能力。

所以呢,术语开始不用出现,让整个过程充分地进行了之后,到最后,两个部分讨论清楚了,让学生来比较,比如和前面的说明文比较一下,有什么不一样的地方。大家来找,可以找到关于"我"(作者)在里面,这个是不一样的,那么这说明什么,这个就是它的一个特点。报告文学就是有这么一个特点。这个时候,再点出来,学生恍然大悟,这个时候,他学的东西,经过了一个体验过程。

师1:先理解。

合作专家:对,一定要先理解,你不要用术语去遮蔽了他。就是我们现在多数课文,应该是走这样一个路,应该先要一个完整的学生活动的过程。所以我们一定要强调活动，第一个活动，第二个活动，可以这样来参加。不知道大家刚才有没有一点领悟。

师3：就是在教学中间，等学生快要解读到这一点的时候，等他快要领悟的时候，如果学生解读到这一段，我就可以把这个术语转化一下，可以告诉学生这个知识点，就是这样理解的。

师2：就是感悟了之后，然后再把术语跟他讲，他才会理解，哦原来是这样。

师4：也就是说，新闻要求真实，文学要求形象性、抒情性。但这些知识先不说，而是从文本的相关内容开始，例如先让学生来读"《汉书西域传》记载了……"，"另据史书记载……"等语句，然后总结出这是"真实性"的要求。或者先让学生找到对比、拟人、排比等修辞手法的运用，然后总结出这是"形象性"的要求。或者重点品读那些包含作者情感的语句，之后再总结出这是"抒情性"的要求。

合作专家：是的，就是这样。我们不能把我们知道的知识直接教给学生，而是应该创造情境和条件，让学生通过一个活动过程去发展自身对这种知识的理解感悟能力。

【要点评议】

对相对接触较少的"报告文学体式特征"的讨论体现为"在纠结中缓慢前行"。这个知识本身并不陌生，只是大家没有引起重视，在以往的教学中是一带而过。所以备课教师并不认为这里会有可讨论的必要。但从现场来看，这里的讨论恰恰最为"纠结"。有的学员认为没有必要教体式方面的知识；有的学员同意教体式知识，但只同意安排在教学结束前简要介绍几句；有的认为教学内容可以涉及体式知识，但没有必要写入教学目标中。讨论非常热烈，而且呈迂回前进、螺旋上升的状态，往往是前面讨论过了，到了后面又不知不觉回到这个话题。疑惑之处或者说是模糊认识逐步得到澄清，最后很多教师表示在这个问题的讨论中自己收获很大。

有一点很重要的共识，就是大家都认识到了不要用术语的讲解去遮蔽或替代学生对语言中体现的体式特征的体验与感悟。

(三) 以语言中体现的体式特征为核心的教学内容如何加以落实

1. 教学目标要围绕"真实性与文学性相结合的言语方式"来表述

大家对这篇课文该教的内容似乎有了一定的共识,所以接下来开始讨论教学目标的表述问题。

师1：接下来大家说说这篇课文的"教学目标"怎么写。

师3：我们现在是不是触摸到一个感觉,就是一定要结合报告文学的特点来？

师4：对。

师5：我们先把教学目标定下来。

师2：之前我完全没有把报告文学放进去。

师1：我发现我的原先设计全给弄乱了。

合作专家：弄乱了才说明你在认真深入地思考。

师2：首先第一个教学目标可以这样写：结合报告文学的三大特点,比较分析总结出罗布泊消逝的原因。

师1：这是教学目标？

师2：对,这个就是教学目标。

师3："知道原因"不是教学目标,而是教学内容。

师1：这不是教学目标。

师5：应该是发展学生的那种忧患意识吧。

师3：对。

师2：三维目标嘛,这个是知识与能力目标,还有第二个是过程与方法。

师4：我们也可以不分三维格式来写。

师5：我很少分的。

师4：目标,有时候我们一两个就差不多。

师6：你这个目标把它倒过来是不是就不一样了,结合文学的特性,分析罗布泊消逝的原因,倒过来。

师2：怎么倒。

> 【要点提炼】共同备课最重要的可能是这个相互磨合的过程,备课结束之后,许多参与教师对这种备课方式依依不舍,并发出感慨：如果平时的备课也能这样进行那该多好啊。这从一个方面看出他们已经从内心接纳了这次备课的方式,虽然在讨论中一些具体问题仍有分歧,但这已是次要的事情。

师6：从罗布泊消逝的原因，来感受报告文学的特性。

师1：我觉得在教学目标里，没有必要出现报告文学的特点这个问题。

师2：但没有这个特点，我们就没法落实阅读方法方面的任务。

师4：但我们是不是把忧患意识给抛弃了吗？

师3：没有。

师1：你先说出来。

师2：然后就是情感态度与价值观方面，通过这样的原因分析，让学生树立忧患意识，就是感受到忧患意识，树立观念。你们觉得有什么问题吗？

师4：原因怎么可能成为目标。

师2：原因不是很重要嘛。

师6：原因怎么可能得出这个特征呢，这个特征是从语言方面来说的。

师1：我认为可以这样来表述：通过阅读和解读文本，了解作者的创作技巧，以及感受文中的忧患意识。

师2：你说了等于没说，所有的文章都是这样的。

师3：我认为应该有两点目标，一个是深入理解作品所传达出来的忧患意识，第二个是培养爱自然的和谐意识和人文关怀意识。

师1：我同意这两点。

合作专家：但你这两点说的其实还是一点。

师3：两点有所不同，一个是作者传达的东西，要感受到；一个是让学生树立这个意识。

合作专家：你是说通过这篇文章的学习就可以树立作者传达的忧患意识吗？

师4：是的。

合作专家：可能有问题，哪有这么容易的事情，一篇文章有这么大的作用吗，那我们的宣传部门、文化部门、环保部门都没饭吃了。

师1：是要再斟酌一下。

师5：我感觉这两个目标可以合在一起。

师1：中间加一个逗号，第二个目标，比第一个目标难。

师2：我们也有这样的意思，所以需要讨论。

师4：还是回到原点的感觉。

师2：我觉得我得到了一些启发，就是要把报告文学的方法放进目标里去。

师1：我们在教的过程中，可以渗透这个东西，但是在目标中可以不出现。

师5：你教学目标当中没有这个东西，为什么在教的过程中要加入呢？

师1：你不能这么说，我们在阅读教学时还要扫清阅读障碍，但是这个内容一般也不能写到目标里。

师1：这是一个方法使用的问题。

师2：他说的是通过一个方法，这包含很多东西，报告文学特征也在里面，这都是帮助学生理解课文的，最终要达到的还是感受忧患意识。

师3：有些内容讲课的时候有，但是目标上面没有写出来。

师2：我的意思，就是把这两句话稍做改动，加点，减点，成为两句话。

师5：这两点是不一样的，第一点，是通过技巧，懂得作者是如何传达，第二点就是学生要树立起来。

师2：对呀，主体是不一样的。

师1：我来说，如果他们达到第一点目标的话，他们那个时候，就会觉得愤怒，觉得忧虑，觉得痛惜。但是那时候，他们没有忧患意识，他们只能够理解作者传达出来的忧患意识。他们有第二点的时候，他会有忧患意识，并且有可能知道自己怎么做。

师5：也就是说体会作者传达出来的忧患意识，然后他自己有忧患意识，忧患二步走是吗？

师3：对，忧患二步走。

师2：报告文学特点，作为一个教学的辅助。

师6：报告文学不是有一个真实性嘛，告诉他这个事情是真实发生在我们身边的，我们一定要有忧患意识。

（组长开始在纸上整理大家讨论的内容，把大家的意见整合成一个相对集中的教学目标：把握本文"真实性"与"文学性"相结合的言语表达，体会其中的忧患意识。）

【反思】

你在教这篇课文的时候，一般是怎样处理"真实性"与"文学性"这个体式知识的呢？请从三个选项中选出一项，并简要谈谈理由。

（1）在教学开始就讲解给学生；（2）讲完全篇课文之后再讲解给学生听；（3）在学习相关的内容时渗透进去，让学生去领悟。

_____

_____

_____

2. 通过两个台阶来引导学生把握语言中体现的体式特征

讨论在继续。大家开始转入对教学环节（两个台阶）的讨论。首先是对"学习起点"估测引发了争论。然后讨论了台阶一、台阶二的内容和方法，获得了相对一致的看法。

师5：下一个环节，学情起点。

师2：从起点开始，再台阶一、台阶二。

师1：预习算不算教学环节？

师2：不算。

师3：这个是教学准备工作。

师1：我个人认为，只要接触了就是教学环节。

师5：不是，你总要预习反馈回来之后，才能知道学生什么知道，什么不知道，这就是学情。他知道了什么，不知道什么，就是学情，就是我们得到了反馈。

师2：对呀，不然的话，你每一节课上的时候，都不需要去管学情了，学情都一样了是不是，都是要通过读了之后才知道的呢。

师5：学生读都没有读，你怎么知道。

合作专家：预习是探查学习起点的一种重要方式，可以写在起点之前的准备阶段。

师5：对呀。

师3：还是写在上面吧。接着讨论下面的。

师2：我们来讨论台阶一，是不是第一点的这个作为台阶一。

师3：应该就是这样，如果你有两个教学目标的话，你就有两个台阶。

师2：可以说学生已经初步接触过什么说明方法、修辞方法，更有利于理解这篇课文，但是学生不理解报告文学，就是未接触过报告文学。

师1：列数字，130多座水库、130多处决堤、400多个水泵，对他们来说，我觉得没有概念。

师5：但这个方法，他们是知道的，作用也知道。

师1：他们只是知道而已，但要达到目标的话，有点差距。

师6：也就是说大概理解文章的表达技巧。

师1：我的意思是说，他们只是看到这些数字以后，知道这个数字，但是没有那种感受，获得的效果不明显。

师5：就是说，学生无法感受这个数字是吗？

师1：对，这个是一个方法、台阶。

师2：起点就是学生未接触过报告文学，对它的特点还不理解，我觉得这个算是吧。

师2：刚才那个不是学情，哪些知道的，哪些是不知道的，这样子才是学情，不是把终点拿到就是学情。

师5：那学生知道的是一般的实用文的分析方法。

师2：一般的，就是初步了解一般实用文的分析方法，但是未接触过报告文学。

师1：初一学过报告文学。《伟大的悲剧》就是报告文学。

师2：那就写很少接触嘛。

师5：即使接触过，但是这个也不是经常学习。

师1：你了解学生到底有没有接触过报告文学吗？我觉得我们不是学生，我们不清楚的，我们就不要写上去。

师4：那就不要写。

师6：那台阶一、台阶二吧。

师1：如果我们这篇文章在此之前学了，那后面遇到这种文章，你还会这样写学情吗？不会写了吧？

师2：后面就不是了，后面就是深入理解报告文学特性了。

师1：对，我的意思就是说，既然是这样子，那我们在教学的过程中，有没有必要再给他们说一下报告文学的特点呢。既然是这样，我觉得现在写不写，没有必要。

师5：我觉得学情就是要把那些主要的点写上去。

师1：学情，要客观的，不是客观的，不要写。

师3：就是我们以后要写的，是学生不知道的东西。

合作专家：要澄清一下，学习起点要写的是学生已经掌握的东西，但这些东西一定要和教学目标和内容相关联，不要空洞。

师2：对呀，是啊。

师5：下面把台阶一写上去。

师2：台阶一可以是整体感知课文，问学生从哪些句子可以看出，它曾经是一个很美丽的仙湖，那他们现在是什么状况。为什么会从那么漂亮的仙湖，突然之间就变成令我们恐惧的戈壁滩，让学生去找原因。之后让学生谈谈在这一整篇文章里面印象最深，或者是感触最深的有哪些语句。

师5：还有方法，这个台阶我们用什么方法来让学生学习那些内容。

师2：对呀，教授法、讨论法。

师5：那我们都是讨论法了。

师2：还有图片呈现对比，还可以设计一个对比性的表格让学生填写。这也是方法。

师3：我有一个问题，填表格，是让他在全文里面找语句进行对比吗？

师2：不是漫无目的地找，我已经把项目列好了，学生只需要按示例去寻找然后填写。

师3：课文里的数据特别多，不要搞得太复杂。

师7：要估计到学生看书会很慢，可能要给一定的时间。

【要点提炼】教师的日常教学经验在这里进行了较为充分的碰撞和分享，沉浸其中的每一位教师都享受了一次脱胎换骨式的改造，这在平时的备课中是享受不到的。教师日常的备课一般都是单打独斗式的，极少有合作的机会。即使有时也会开展备课组的活动，但更多的也是讨论具体的事务和活动安排，极少有坐在一起围绕一篇课文在专家的引导下进行深度剖析和讨论的机会。合作专家从整个过程中观察到的一些教师兴奋、痛苦、自愧等不同的表情，也充分显示，本次备课活动所带给他们的冲击是很大的。在改造自身经验的基础上才能得到进步，这需要教师走出狭小的自我圈子，主动与不同的经验遭遇或交锋，不断吸纳新的经验，建构更加完善的备课图式。

师3：对。

师1：好，这是台阶一。下面看台阶二安排什么内容和方法呢。

合作专家：台阶二要比台阶一深入一步，呈递进状态。台阶二的完成意味着教学目标的达成。

师3：台阶二应该是通过品读重点语句，感受作者的忧患意识。

合作专家：可以，但要具体化，读哪些地方，怎么读。

师5：通过分析句子，比如说"这出悲剧的制造者又是人"，这个可以变式的，"这出悲剧的制造者是人"句号，第二个是"这出悲剧的制造者是人"感叹号。第三种是"这出悲剧的制造者又是人"句号，然后再引出，本文作者是怎样写的。通过一些对比，体会出，作者用语句的时候"又是人"，这个表达出怎样的一个情感，就是先了解作者的忧患意识，体会感受到悲痛之情，感受到作者的忧患意识。

师7：可以小组读，也可以个人读，也可以全班读，这个形式可以灵活一点。通过这个环节的话，学生应该能够理解到传达出来的忧患意识。

师4：最后和其他文章做一下对比，就是说让学生们自己总结出这个文章的特点。如果他们总结不出的话，给一些引导。然后再告诉大家，这就叫报告文学，然后总结报告文学的特点。

师2：还要包括一些内容，联系我们周围的环境破坏，谈感受。

师6：台阶二肯定是有一个朗读法在里面。

师2：诵读是要的，另外的话，把贴近他们身边的一些东西放进去，我觉得这个也是很重要的。

师7：就问学生，这种现象你身边有没有，让他们来答，不要我们来举例，他们会知道的。

（组长负责整理备课讨论的成果，以台阶的形式书写出来，写在一张大纸上面。）

经过大家的讨论，形成了一个相对集中的教学设计，教学设计按照王荣生教授在国培计划开发出来的台阶式模板呈现如下图：

```
                                              教学目标：1.体会
                                              "真实性"与"文学
                                              性"的言语表达；
                          落点：找出并朗读含    2.感受文中表达的
                          有"我"及抒情的句    忧患意识。
              落点：获取文中的基  子，感受独特言语方  ─────────
              本信息（罗布泊现在  式，体会"文学性"。    终点
              与过去的状况及变化  活动：朗读、讨论
              的原因），体会"真实
              性"。              台阶二
              活动：完成表格
1.已学过报告文学，   台阶一
但对其独特言语方式
缺乏认识；2.基本能
认知文中的忧患意
识，但缺乏切身感受。

  起点
```

《罗布泊，消逝的仙湖》共同备课成果展示图

【要点评议】

为了落实以语言中体现的体式特征为核心的教学内容，大家最后确定了教学目标：把握本文"真实性"与"文学性"相结合的言语表达，体会其中的忧患意识。这样就使要教学的核心内容更加具体而集中，同时兼顾了"情感"与"写法"。这实际上是从报告文学阅读方法的角度使两者统一起来了。

这样，接下来的学习活动情境就更加容易操作了。从讨论中我们看到，这里设计了两个台阶式的学习活动情境，第一步是落实"真实性"的解读与分析，第二步是落实"文学性"的情感体验。通过这两个台阶就可以较好地引导学生去领悟报告文学的体式特征，而不是通过教师直接讲授来学习体式知识。

问题研讨

1. 语言中体现的课文体式特征是重要的教学内容

在这次备课活动中暴露出来的主要问题有：（1）很多教师认为最值得教的内容是文中体现的"忧患意识"，把促进学生理解并获得一种对环境的"忧患意识"作为教学目标；（2）这是一篇报告文学，这种体式的相应特征及其语言方式等知识要不要教？如何教？这些问题在本次备课活动中虽然引起了大家的注意，有些教师也表示这方面内容很重要，但许多教师的认识还是较为模糊，在如何将体式方面的知识融入教学内容方面还没有更多的好办法。

在确定最值得教的内容时，仅仅关注文中的"忧患意识"是不够的，因为实用文的学习还有一个发展阅读能力的目标，而阅读能力的形成是需要相应的方法指导。各位教师在这方面思考不够，大多是因循熟悉的模式，把领会文章的主题作为教学目标。

应该把目光聚焦在文本语言中体现出来的体式特征上面，把作者如何在语言中落实报告文学的体式特征作为教学内容的重点，引导学生通过相关的语言及表达方式去理解和体会作者的忧患意识。

2. 语言中体现的体式特征与所表达的内容应统一于"阅读方法"教学中

语言中体现的体式特征，落实到这篇文章中具体是指语言中体现的报告文学的"真实性"与"文学性"这两大特征，这与文章内容及其价值观是具有内在一致性的，两者是一体两面的关系，是不能割裂的。

从这次备课中，我们在"如何依据体式特征开展教学"方面也探索到了一点心得，可能对今后的备课会有点启发。报告文学的体式特征有真实性、文学性、及时性等，以往的教学更多的是直接把这些特征教给学生，让学生记住。从教学论的角度来看，这种做法的教学意义是很有限的，只能让学生获得一点报告文学方面的简单知识，难以让学生通过体式的学习获得更重要的报告文学阅读方法。

阅读方法是受制于文章体式的，就一篇具体文章而言，其体式特征其实并不是抽象的，它具体体现在言说方式和行文结构中。换句话说，阅读方法就是引导学生去关注文章的言说方式和行文结构。但这种关注并不是直接切割出来进行分析，它需要根据文章所写的对象和内容来逐步建构。例如在这篇课文中，写作对象是"罗布泊"，所以需要根据作者的思路对罗布泊的相关情况作出分析。这里的基本立场是通过作者所写的内容来分析作者的观点,而需要重点分析的是其中使用了说明和记叙这两种表达方式的地方,这是整篇文章的立足点。报告文学的"真实性"或"新闻性"就是在这样的地方体现出来。教学中可以采用填表的方式,让学生对文中的"事实"进行解读与重构,重点是考察其真实性。让学生在这样的阅读过程中潜移默化地获得一种方法的指引。

但作为报告文学的阅读指导,做好上述的指导只是完成了一半任务。如果仅做这一步工作,那就把报告文学的教学等同于一般科普文章(说明文)的教学了。我们还需要引导学生去关注其"文学性"。在这篇文章中的"文学性"主要表现在具体形象的描写和强烈的抒情,这些是"文学性"的核心元素。在组织教学内容的时候可以让学生去关注那些有"我"和"我们"的句子、关注那些带有感叹号的句子。具体教学方式应该是通过"朗读"来促进学生的感受和体验。让学生通过对这些带有作者强烈"主观性"的语言的品味去把握作者的情感,这样做可以达到两个方面的效果,一方面是让学生理解了报告文学和其他实用文在体式上的区别,它需要综合运用解读和鉴赏两种阅读方式来阅读;另一方面可以让学生在朗读的过程中感受到作者所传达的深刻的"忧患意识",进而与作者形成"同情"与"共鸣"。所有报告文学作品大体都可以按照这样的路子来进行教学设计。

3. 需要开发更加合适的学习情境来支持学生领悟语言中渗透的体式特征

要让学生较为深入地领会语言中渗透的体式特征,最有效的办法就是为学生提供经过设计的合适的学习情境。

情境常常是指在某一环境中实现某一活动或发生某一件事情。学习环境一般指的是"问题情境",就是针对某一既定任务而需要联结起来的一整套背景化了的信息。

一个学习情境一般由两个部分组成:支持工具和命令。支持工具是一组呈现给学生的物质因素:书面文章、插图、照片等,这是一组背景化了的因素。它由三个因素来加以定义:一个是背景,描述我们置身于其中的环境;一个是信息,学生将在此基础上行动,按照情况的不同,信息可以是完整的或者不完整的,可以是恰当的或者干扰性的;一个是功能,它表述学生要完成某项任务的目的。命令是从既定的支持工具(背景、信息、功能)出发,明确向学生提出的一组学习指示,它反映出通过对某个情境的开发利用所追求的教学意图。

要设计好一个学习情境,一般要注意其中的三种参数:一种是类别参数(或称辨别参数),主要是指情境材料的类别及其所寻求的教学功能类型;第二种是内容参数,主要包括学生学习时需要调动的知识和技能、使用的方法,以及问题解决的步骤等。这是决定一个情境是否具有教学性的关键。第三种是装扮参数,主要是指对原生态的生活情境的改编与重构。

合适的学习情境的基本标准

◆ 激发知识和技能的整合,而不是并行排列;

◆ 保证情境的新鲜特征;

◆ 能够"产生作品"的情境;

◆ 学生是行动者;

◆ 提出一条与所追求的教学目标相适合的命令;

◆ 赋予情境所要求的难度水平;

◆ 传递一些积极的价值观;

◆ 选择一个对学生有意义的背景;

◆ 使情境容易阅读。

——(比)易克萨维耶·罗日叶,汪凌译.为了整合学业获得——情境的设计和开发.华东师范大学出版社,2010.

后续学习活动

任务1:请结合本专题《罗布泊,消逝的仙湖》的备课成果,依据第一个台阶的"落点"和"活动"设计一个学习情境。

落点:获取文中的基本信息(罗布泊现在与过去的状况及变化的原因),体会"真实性"。

活动:完成表格。

任务 2：请简要陈述你设计这样一个学习情境的意图。

_____

_____

_____

依据主题词"所指"的差异性确定教学内容
——《永远执著的美丽》共同备课

教学现状描述

共同备课课文《永远执著的美丽》选自沪教版语文教科书七年级上册。这是曲志红所写的反映袁隆平事迹的一篇人物通讯。

这篇课文的教学现状呈现为三大特点：1.教学目标的陈述相对集中于"通过朗读品味语言，体会袁隆平崇高而执著的人生追求"；2.教学内容较为复杂多样，主要包括：题目中的"永远执著"和"美丽"的分析，文中哪些地方体现了"永远执著"和"美丽"，课文标题与原文标题哪个更好，开头和结尾的作用，文中一些关键词和数据的作用，概括袁隆平的主要成就，解析文中的"梦"，插叙袁隆平 6 岁郊游的经历有什么作用，融叙述、描写、抒情、议论为一体的写法，人物通讯的知识等；3.教学方式方法主要有直接教学法配以一定的提问、学生讨论（全班讨论、小组讨论等）、朗读指导、拓展延伸（了解袁隆平的事迹）。

针对这些现状，本次共同备课拟通过《永远执著的美丽》这篇课文重点讨论"如何依据主题词'所指'的差异性确定教学内容"这个问题。具体可以分解为三个问题：(1)如何辨析主题词"所指"的差异性；(2)主题词"所指"的差异性如何在教学目标中加以表述；(3)如何促进学生对主题词"所指"的正确理解。

热身活动

在选择这篇课文的核心教学内容时你会重点关注哪一项,请解释理由:
(1) 袁隆平这个人物的事迹;(2) 人物通讯的文体知识;(3) 品味那些内涵丰富的词句;(4) 课文的具体写法;(5) 人物通讯的阅读方法。

_____

_____

备课进程

(一) 辨析主题词"所指"的差异性

1. 如何理解"美丽"的内涵

师1:我们集体备课初步的设想是这样的,袁隆平是一个男性,70多岁了,用"美丽"这个词来形容他,有点令人费解,所以我们把教学目标定为"品读文中关键词句,理解'美丽'的内涵",并且把它作为教学重点。文中用了大量的笔墨描写了他执著的精神,但这种执著的精神作者是用非常朴实的语言来表现的,所以学生可能对袁隆平的这种精神会理解得比较肤浅。那么我就把这个作为一个难点:"圈画文中关键词句,体会袁隆平执著的精神。"

> 【要点提炼】本次备课一开始,先由参与教师简要介绍在此之前进行的教学设计情况。合作专家和小组成员在质疑、讨论之后提出改进建议。大家集中对文中"美丽"的内涵做了深入的讨论。

教学过程是,首先导入,用多媒体呈现袁隆平正面的一个画面,让学生用一两个词语来形容画面中的人物,这样设计的意图是想让学生通过对人物的直观感受——他不美,引入到对文本"永远执著的美丽"的理解;第二块是整体感知,在这一过程中我想朗读全文,我读下来大概要9分多钟,实在不行就让学生读,学生读可能会快一点。读前会提出一个问题让他们思考,袁隆平的美丽在文中体现在哪些方面?这是一个开放性的问题。我们也预设了学生可能会出现的一些问题,学生可能会说,美丽体现在梦想,可能会有生成性的问题,老师会追问,这样的话就可以把文章的层次理清了。要是学生说到美丽体现在他的执著追梦的精神,那么我们也可以追问文中哪些词句具体表现了他的这种精神,抓住文本关键的词句这一教学的目标,这样就能体现出来了。"美丽"一词,字典上解释为:外在的看了使人产生快感的,就是好看的,应该是外形的,那么,袁隆平的美丽如何与外形的美联系起来,我们也在思考。最后是一个拓展练习,拓展练习的设计是回应开头的导语的,就是把第一幅画面让学生重新再看,让学生重新说几句话,你想对袁隆平说什么,两三句话,袁隆平是2004年感动中国十大人物之一,要是学生说得不太好,最后可以把"颁奖词"放给学生看;如果学生说的好,也可就此收尾。

合作专家: 我问一个问题,你说"袁隆平的美丽在文中体现在哪些方面",预设了学生的思路,一个是美在梦想,一个是美在执著追梦的精神,这里显然对美是两种有所区别的指向。你是怎么考虑的?

师1: 第一种,文中第6小节,袁隆平自己的话,"我觉得那一切简直是太美丽了",他的梦想,他的追求是美的;第二是文中体现出的袁隆平的内在的精神品质的美。

合作专家: 你现在整个设计是由人物画像导入,你的意图是不是由人美不美入手,你的问题是"袁隆平的美丽在文中体现在哪些方面",这是很含糊的一个问题。

师1: 我是想说,外表不美,但是有人却用美丽来形容他,让学生读课文,文中美丽体现在哪些方面?

合作专家: 课文与原文在文字上的修改比较多,最关键的一个地方的修改就是,"但当他第一次真的来到农村,不禁大吃一惊:难道这就是自己多年来向往的最美?"改为"……,难道这就是自己多年来向往的最美的梦境?"课文把"梦境"这个词点出来了。教学很自然地会聚焦到"美丽",从文字上讲,对七年级学生而言不难,整个主题"永远执著的美丽",美在梦想,美在执著的精神,你教学设计中要重点展开的,我觉得也不是最难。

【观察者点评】课文对原文关键之处的修改有道理吗?

师2：我觉得蛮难的。文字可能不难，但是要理解到某个层面的话，对我们学生来说，还是难的。我在读这篇文章的时候，也是聚焦到"美丽"这个词上面，我跟邓老师（师1）的想法最大的区别是我把重点和难点调换了一下，什么意思？也就是说曲志红的这篇文章，这个题目有两个词，一个是"执著"，一个是"美丽"，对学生来说，执著的精神他们很容易就能找到，对教师来说也不是很难，最后还是要落到此处，所以他应该是这篇文章教学的一个重点，反过来，为什么这样一个执著的过程它是美丽的，而不是崇高的？或者说，我建议邓老师在分析文本时把重点先放到课文的1—4小节，这是作者对文章题目做诠释的。第二，反复播放袁隆平的画面是没有必要的。第三，朗读课文是很重要的，要反复地读，多种形式地读。所以美丽不是重点，而应该是难点。

师4：我重新再读这篇文章，注意到一些词，比如"从没想过非把'美丽'这个词和袁隆平拉扯在一起"这个"非"字，"也没有必要把他和美丽联系起来"的"必要"，因为"但凡一个人能有这样的成就，……美丽这等词汇都已经成为浅薄而无谓的媚俗，无法与他们并列"。但是作者在第四节当中又用了一个词，"直接"（"竟然和美丽有那么直接的关系"）说明作者情感有一个转变，到底这个"直接"的联系在哪里？这个可能比较重要。接下去，袁隆平谈到儿时记忆时，"仍不免双眼灼灼，神采焕发"，这几个词是不是可以抓一抓？最后一节用了"淳美的境界"，作者用的不是"纯"，这也应该值得注意。

合作专家：最后要落到袁隆平这个人物的大美。用"执著的美丽"贯穿起来，这样就回到前面，事情本身不需要用美，重心还是要落到袁隆平这个人身上。

师1：美丽体现在他的梦想、为民造福的行为、执著追梦的精神。

合作专家：执著就体现在一生不变，还有这个过程，这是很曲折很艰苦的过程。从袁隆平的角度说，他追求梦想的过程也是很美的，创造美好。

师1：这是一个寻找、追求、创造美的过程。题目可不可以改成"永远执著于美丽"？

师2：这中间还有一个"欣赏"美，"永远执著"是修饰"美丽"的。

合作专家：按照我们常人理解，过程其实是很苦的。

师3：实际上他是在海南找到的野生稻穗，几年时间检查了14000个稻穗，才在野外突然发现,很辛苦。

合作专家:"美丽"一词内涵理解上的差异实际上是这个词"所指"的差异。这篇课文作者使用"美丽"作为主题词,实际上是有两个不同的"所指"。一个"所指"的对象是袁隆平这个人物所使用的意思,一个"所指"的对象是作者对袁隆平这个人物的评价。这两个"所指"如果不分辨清楚的话,教学内容上就会出现偏差。

【反思】

你在备课时对"美丽"这个主题词的教学处理会是下面三项中的哪一项呢?

（1）认为学生理解没有问题,不必引导学生去思考；

（2）"美丽"主要就是指袁隆平的科学研究精神,只要让学生明白这一点就行了；

（3）想方设法去弄清题目"永远执著的美丽"到底怎么理解,让学生去讨论。

_____

---

2. 要引导学生重点理解"过程的美丽"

大家认为学生能够找出文中袁隆平所创造的奇迹,如"非凡的奇迹"、"神话"、"我曾经做过一个好梦"。但要理解这个追求的过程、创造美的过程、遭遇困难挫折的过程,要理解到这本身就是一种美,一种创造美的过程,就可能有一段距离了。因为学生的理解需要从一个直观的理解到一个抽象的概括。若这样一个过程的美学生能够感受到了,袁隆平这个人的美就出来了。

师2:要让学生理解"过程的美丽"是有难度的。

合作专家:难就难在这里。如果让学生理解袁隆平的美,如果简单地抓几个词,学生可能也会说,但不一定是他们感性的发自内心的想法。

要让学生理解"过程的美丽",甚至这个过程本身的伟大,那么这个人的大美,就是课文

【观察者点评】您认为学生理解"过程的美丽"有难度吗?

中提到的对"淳美"的理解就会出来。

合作专家： 学生可能也会理解为童年的美、创造的美，可能会理解成表层的美，过程的艰难的美可以用一种模拟的方式，就是假设自己是袁隆平，你怎么来模拟这个过程。我们现在是客观的描述，如果学生能这样做，那么他们理解和感受袁隆平可能就有一个支架了。

师2： 我也觉得是"怎样让学生去理解到这一点"其实是这篇课文的一个难点。

合作专家： 袁隆平是科学家的代表，课文也就是在谈科学家的美和科学创造的美。

师3： 在解读这篇文章的时候，我注意到第八段一个词"梦幻"，童年的梦影响了他一生的追求。文章的结束处，注意"如幻如真"这个词，我理解就是他童年的梦想他一直在追寻，"如真"是说他童年的梦想正在慢慢变成现实，"如幻"是说未来的路他还一直要走下去。我同意永远执著过程的观点。过程很艰难、很枯燥。另外，单元的主题"敢为天下先"也不能忽略。正因为他"敢为天下先"才能成功，所以，这篇文章的解读的重点是放在追求的艰难的过程上面，我们归纳了三个词：寻找、追求和创造。另外，在第13行有一个词"神话"，也可证明这个过程的艰难。他在海南找到的野生的稻穗，实际上是非常艰难的，我看到过相关的资料，一路上跌跌碰碰。

师1： 他的两个学生首先发现的，然后回来告诉他，他去看了以后确定是的。

【反思】

依据你任教班级的学情，你认为"学生理解'过程是一种美丽'有难度"这个观点成立吗？请简要谈谈理由。

_____

_____

3. 袁隆平与"美丽"有何直接关系

师2： 我觉得我们还是没有回答"为什么追求的过程是美丽的，为什么用美丽这个词"。这个问题是绕不过去的。学生会问，为什么用美丽这个词？而不用辉煌、奇迹、荣耀、伟大、崇高等形容词来形容他？

师1：这种执著实际上是一种精神的美。

师2：精神是美的，如何诠释这种美的精神？可以是坚韧、执著，但是你一般不会诠释他是美丽的，为什么是美丽？我看到的是磨难，是考验，是百折不挠，是坚韧不拔，但没有看到美丽呀？

合作专家：这可能是两个嘛，过程本身是磨难，但结果是辉煌的，如果你我用结果来对照当初的过程，我们给他的一个评价说这个过程是美丽的。比如1株和14000个稻穗对比，"相当于每年解决3500万人的吃饭问题，……养活了占世界22％的人口"等等，这么辉煌的一个成就。用辉煌的成就来反观当初的过程，那个过程自然从一种枯燥的过程变成了一种美丽。

师2：那么为什么不能是快乐的过程？

师5：既然和美丽有那么直接的关系，这个直接的关系在哪？

师4："直接"在哪？我的第一感觉就是，寻找美丽，最终创造了美丽，达到淳美的境界。

师2：因为追求了美丽和创造了美丽，他的这个过程就是美丽的？

合作专家：我也在思考这个问题。首先要把这个"美丽"加以"界定"，这里有两个问题，第一，探讨这个问题有没有价值？或者说这个"美丽"在文本解读中以及在教学中有没有价值，也就是说，"美丽"这个词在选文中用得是否恰当的问题。这是一篇通讯，说它文质兼美，有典范性、有代表性，肯定谈不上。这个问题不多谈了。第二个问题，假设这个"美丽"有价值，探讨美丽的问题可以成立，是个真问题，那么我们再来探讨这个"美丽"的含义以及为什么不能替换。我认为这个"美丽"就相当于美，就是我们通常讲的哲学意义上的美，那么，这个美其实就很简单了，一是外表美，一是内在美。内在美就是文章的点睛之笔，最后的"淳美的境界"，就是内在美的含义，也就是"美丽"的含义。具体来说就是指袁隆平的精神、品质、道德、人生观、价值观等等一切内在美的综合，所以选文最后画龙点睛用的是"淳美的境界"而没有再用"美丽"这个词。当然，这只是我们作为读者解读时的一种理解，而解读是形

【观察者点评】你认为袁隆平与"美丽"有直接的关系吗？

象大于思想的,作者本身是不是这种用意,我们不得而知,但是我们可以这样来解读。

师2：我为什么一直问这个问题？因为我在阅读文本时有这样的困惑，但是实际上作者在写这篇文章的时候考虑的也可能是不周全的，为什么不能让学生质疑一下？

合作专家：有一个词的修改很有意思，原文是"难道这就是自己多年来向往的最美"，现在改为"最美的梦境"。改得不好。

师2：把人的那种精神的美作为对美丽的解释。

师3：最后用"淳美的境界"值得讨论。

合作专家：假如"美丽"等同于"美"的话，学生从文章当中能感受到的，可以用来对袁隆平的精神加以概括的所有美好的词语，都可以是美的内涵。这样的词太多了，像"百折不挠"、"坚韧不拔"等等，比比皆是，但是美的内涵有一个核心，也就是袁隆平这个人精神的核心品质，是什么呢？我认为是"永远执著"，这就是他"淳美的境界"。

师7：我看这篇文章的时候，发现了许多数字的对比。比如说，6岁、71岁、1棵、14000个，还有后面的这些数字，"从1976年至1999年"等等，这篇文章实际上在谈一个问题，就是寂寞与辉煌，守得住寂寞，迎来了辉煌，然后这个过程用"执著"。从学生的角度可不可以把这些数字给抓住。

师3：美丽与许多方面，正是有"永远执著"这样一个核心的点，这个美的内涵才得以成立。

合作专家：从写文章的角度来看，用"美丽"来表达，这是一种写作的技巧。但我们现在却在把它解释得非常深奥。没有必要过度阐释。现在我们达成这样两个共识：第一个共识，这是一篇人物通讯，最后的重点要落在人物身上。第二个共识，"美丽"这个词是一个关键词。文中袁隆平自己说的话用到了这个词，作者评价袁隆平也用到了这个词，"美丽"这个词肯定是一个很重要的关键词，但是未必我们要把它诠释得很圆满很透彻。比如过程的艰难一定要和"美丽"联系起来，至于如何和美丽关联起来去解释一个正确的答案，就不需要追究了。还是让学生通过这篇文章去了解袁隆平这样一个人以及他的所作所为。现在是不是有这样两个共识？这样这篇文章的文本解读就到此为止了。

【反思】

对"袁隆平与美丽的直接关系"的理解有两种不同的路径:(1)从客观存在的事实去实证分析;(2)从表现手法角度去鉴赏分析。你认为哪一种合适呢?请简要谈谈理由。

_____
_____
_____

4. "美丽"也可以阐释为"梦"的追寻

师6:我提一个不同的意见,从作者角度和编者的角度来说,就是在讲:什么是美丽的?有梦的人是美丽的。第八段是梦幻,第九段是梦境,第十六段是"不知多少人梦寐以求的……"第20节里"我做过一个好梦",第21节里"古稀之年的科学家之梦",这都是他的梦,作者说他美在哪儿?从头到尾对梦都没有放弃过,童年时候有了这个梦,青年时期去实践这个梦,成功之后仍然执著于这个梦,到了他古稀之年,始终追求这个梦,这个梦想是造福全人类。所以,美在哪里?就是因为有梦。

师2:有道理,但是我还是坚持"执著"比"梦"更重要。

合作专家:我们是可以做多种解释,但是读文章一定要立足于真实的观感。我们可以去这样解释,然后告诉学生,但学生是否也这样认识,也就是学生能不能感受到这一点。

师2:学生如果不能感受到这个,我们老师不一定非要解释给他们听;如果能感受到,我们可以让他们互相之间有启发。

合作专家:就像我们现在这样,老师之间谈不同的理解,这个也可以组织成一堂课。

【要点评议】

在这次备课过程中,一开始有教师就提出了自己的困惑,困惑集中在对"美丽"涵义的理解以及袁隆平如何与"美丽"会有直接的联系。从现场可以看到,大家讨论得最多的是如何让学生理解袁隆平艰难的执著追求过程是一种美丽。很多教师可能忽略了作者写作方面使用的文学写作技巧,作者实际上是在哲学层面使用"美丽"这个词来形容袁隆平这个人物的精神境界。而许多教师却仅仅停留在实用层面来理解"美丽"这个词的内涵,想方设法去找出外貌并不美丽的袁隆平与"美丽"的对应关系。用实证分析的方法是难以理解袁隆平与美丽的关系的。

随着备课讨论的进展,在合作专家的引领下,大家开始认识到要正确理解"美丽"这个主题词的内涵,就必须分辨"美丽"所指的差异性,文中"美丽"有两个所指,一个指向袁隆平这个人物的语言及其言行,一个指向作者对袁隆平这个人物的评价与表现。理解了这种差异之后,教学内容的层次就清晰了,应该引导学生从两个方面去学习这篇课文,一方面是着力于这篇课文所写的内容,即袁隆平的事迹,理解这个人;另一方面去评价这篇文章对袁隆平的叙述与描写,着力于这篇"人物通讯"。两个方面的交汇点是"美丽"。这样大家对这篇文章教学的思路逐步清晰起来。

由此可见,对主题词"所指"的差异性辨析对确定这类实用文的教学内容和组织教学都起着关键作用。

(二) 把主题词的"所指"在教学目标中加以"描述"

师 2:既然我们已经达成这样的两个共识,接下来备课要考虑的是怎么把我们想到的东西变成学生的东西,刚才还是在文本解读的基础之上。

师 1:教学目标是不是还定位在"品读文中关键词句,理解美丽的内涵"?

合作专家:刚才我们从不同角度的解读打开了思路,现在我们回到怎么来组织一个教学方案?刚才的讨论对目标的认定有很大的关系,教学目标我们建议用描述,我们刚才初步分析了学生的情况,文本多种解读的可能性我们也比较充分地打开了,然后我们要描述这堂课下来学生会是什么样子。教学目标"品读文中关键词句,理解美丽的内涵",当然这个没有错,但是整个教学内容的落点其实还是落在"美丽"内涵的讨论上,落点可能是很散的,所以教学目标本身可能是要描述,然后聚焦到一个点上。

可以让学生看标题,关键是"美丽"这个词,让学生产生自由联想,用一个词来解释"美丽"是什么意思。然后我们给学生看袁隆平这个人的图片,用一个词来评价他。然后,让学生阅读课文,概括寻找美、追求美、创造美的过程。接下来,就牵涉到人物通讯对人的介绍和评价问题,让学生根据他寻找美、追求美、创造神话的过程来评价袁隆平这个人。最后的落点,可以是用不同的词来替换"美丽"这个词。也可以对标题中的"美丽"进行替换。

我觉得目标本身不一定要详细地写成文字,目标本身就要做这样的描述。描述就要具体,因为过去我们习惯于用一种概括的方法,概括是不容易具体的,是不是可以用一种描述的方法。在教学设计时,目标和下面的环节设计实际上是互动的,并不是我们先定一个目标,然后设计。它是互动的,所以我刚才是这样来描述我的一个设计过程的。因此,从操作的角度来说,目标的设计和方案的形成实际上是一个互动的过程。

师2:这样的话,是不是把教学目标和教学过程整合起来了。

合作专家:对。

师1:我们原来写教案时,一般教学目标是单一拎出来的,然后设计教学过程。

合作专家:目标应该描述学生学习的变化。

师2:这是一个学案,是学习目标,不是教学目标。

合作专家:对,对,因为教学目标本来指的是学生的目标,就是要描写学生的变化。

师2:我觉得这个像学案,不像教案。

合作专家:随便你怎么叫,都可以,反正是我们过去都是描述教师教的这个过程,其实我们应该描述学生学的过程。

我们教学过程的设计也不是设计描述你教师教的,还是要设计学生学的。第一步,(当然也是教师的行为)学生看到图片,产生直观的感受;或者第一步,学生看到标题"美丽"这个词,产生自由联想,产生很多词汇,学生看到图片,学生谈论他们的直观感受。而教学过程就是要描写他们看到了什么,因为教师是帮助学生学的。

师2：有的学校教师的教案写完后，把它转化为学案，然后学案发给学生，老师拿着教案去上课。

合作专家：这样的设计也可以最后变成一张工作纸，就是学生不一定只是说，他们也可以自己写，我发给学生一张纸，学生看到一张图片，把他想到的词汇全部记下来。作业的过程不是落到最后，也可以落实到课堂教学的过程中，作业是在课堂过程中就已经完成了，它其实就是一个学习的过程。

师5：没有听到过这样的要求，今天第一次。

合作专家：我们老师先写目标再设计或是设计完以后再填目标，这两个途径都是有点问题的。按道理讲，目标和环节的设计是不断的互动，你的环节动了，目标也要变化；你的目标动了，环节也要发生变化，它是一个互动的过程，这就是我们讲的备课的过程。备课光盯着教学这一块，你会考虑不清楚的，要看学生做了什么，它达成了什么，你要这样连贯地来考虑。所以它和你的设计是有关联的，比如我刚才这个描述是根据我的这样一个设想来描述的：学生的初步感受，他读课文后会产生一些词，他和"美丽"会产生一些矛盾，他评价袁隆平这个人和美丽会有距离，然后我们把这个矛盾和距离和作者的这个标题关联起来，这样我们可以产生一个评价，以及对文章作者的评价的评价。这是我的一个想法，我们老师可能还有不同的设计，比如刚才这位老师从梦境这个角度来设计，目标本身就会发生变动，我们刚才有好多的方案，但要思考作为我们这一次教学，我优先考虑的方案是什么。

师1：我们是不是把整节课的思路拉一拉，然后把目标定下来。

合作专家：我把过程的目标再重复一下，一是对人物的理解——美丽，二是对文中"美丽"这个词的体现及作者的用法，两个方面。这样我们有了一个指向了，就可以比较充分地打开它的各种教学的可能性。所谓教学方案设计就像住房的设计一样，它要把各种可能性都打开，然后从中选择一个你比较满意的方案，所以它不是只有一种，它有很多种，那么到最后我们做到满意的时候它是什么呢？有时候我用一个词就是做得很"漂亮"。没有经过这样的研讨是出不来这样的东西的。

【要点评议】

　　大家的讨论开始转入对教学目标的确定上。在合作专家的引导下,大家决定采取描述的方式来陈述教学目标。描述的主要是两个方面,一是从课文内容上看,让学生由对人物的直观的评价变到一种对精神的评价,即从外貌到精神,逐步深入地理解课文"美丽"这个词的内涵;二是对于这篇人物通讯用"美丽"这个词来写袁隆平是否合适,让学生进行评价。

　　用描述的方法来叙写教学目标,这样可能会使自己的目标更加清晰。同时也认识到教学设计时目标与过程设计之间是互动的关系,过程调整也就意味着目标的修改。这些都是基于原来教学经验的一种改进。

(三) 为学生正确理解主题词的"所指"设计学习活动情境

合作专家: 内容这方面聚焦在人物的理解和评价,这是第一个台阶。第二个台阶就是落脚在对这篇文章的理解和评价。第一个台阶是对袁隆平这个人,第二个台阶是对通讯报道这篇文。那么聚焦点当然是聚焦到"美丽"这个词。这样我们如果设计的话,一条线是"人"这条线,一条线是"文"这条线,聚焦点是"美丽"这个词。这样来做,可能会超越一点,一般老师可能会更多地着眼于"事"(事情)——他的梦啊,他的过程,这样会造成对这篇文章表达内容的一个图解。根据我们的理解,教学环节的设计,现在一堂课两个环节差不多。当然,每个环节可以展开几个部分。就是第一个台阶是聚焦在人物的理解和评价,第二个台阶是聚焦在对文的理解和评价。一个是聚焦点,一个是落脚点,聚焦在人,落脚在文。换句话说,我们不是落脚在对袁隆平的评价和袁隆平的故事,而是对通讯报道这篇文章,落脚在这里。这是我的一个想法。自然的读者会落脚在人物,语文科会落脚在怎么写的——体式。关键是教一些作为一个自然的读者是读不出来的方法与技巧。读与写是分不开的,通过把握怎么写的,来更深刻地理解所传达的内容。学生可能有两种理解、三种理解、四种理解,我觉得都没有关系。关键是通过这篇课文主要学人物通讯,它的聚焦点是人物,人物通讯是作者写的一篇文章,通过这篇文章我们读者要形成自主的评价。

师2:这些都是我们的预设,然后生成的那些东西,我们现在还不清楚。

合作专家:但是一般是可以规划的。就生成的东西而言,我是这样理解的,它的渠道是我们设计好的,我们设计两个台阶、三个环节,这个渠道是设计好的,然后这里面有些浪花,可能会有变化,但是大趋势我们能把握住。只有在极端的时候,由于我们在备课的时候对文本的理解和对学生的学情估计不足,学生在课堂上提出了我们意料之外的一些想法——这个应该是非常态的。所以常态的生成,应该是浪花的不同,是先这个浪还是先那个浪,是这个浪高一点,还是那个浪低一点,而大的框架我们是可以设计的。

师2:我们老师对学生其实还是要有一个了解。那我们写的时候,是不是还这样写,比如就第一部分是教学目标,第二部分教学过程,是不是这样,还是要用原来简案的模式写?

合作专家:你的目标、你的重点、你的难点,不是靠你前面写的,而是你在环节里体现,也就是说,你的这个环节让别人一看,就知道你重点是哪里,你这个环节一看,就知道你要解决一个难点。重点、难点、目标都是在过程中体现的。

师2:您的意思是,我们要通过学习的一个过程来体现我们教师对整个教学目标的把握。

合作专家:是的。教学重点很简单,就是你课堂花的时间,就是你这个环节的充分性。教学难点也很简单,就是你组织学生活动时你给他一步步所设计的台阶。你搞三个台阶,就说明这个难。你一个台阶跨过去了,就是不难,时间花得少,就说明这个简单。所以,重点和难点就是教学环节展开的时间,或者是学生活动的一个学习方式。

师2:我明白了,教学设计其实就是一个过程,目标设定与教学过程设计是同一个过程,是互动的过程,而不是先目标再过程这样一个直线型的两个过程。

合作专家:是的。千万不要把时间花在教案的写作上,应该把精力放在教案的教学设计上。不要花在写作上,因为写这个东西,如果我们最后发表,我们要考虑写作。至于你上课的时候,这个教案写作是不重要的。因为很多老师上公开课的时候没有教案,也就是没有我们常规意义上的教案,就一张小白纸,两三条。

所以我们用术语来说,叫"教学环节"。两个教学环节、一个个内容的落点形成了教学流程。我们有的时候会讲教学流程是可控的——就是我讲的渠道,但是教学流程产生过程中会产生很多东西,会有现实的生成,也许你班级里有个很奇怪很聪明的学生,也许他突然想到某些东西,这个浪花你是没有估计到的。但是你有一个渠道以后,你就可以判断,哪个浪花是你渠道里面的,哪一个浪花是你渠道之外蹦出来的,这样如果渠道之外的浪花纳入不到渠道里,你就要做另外处理,比如"这个挺有意思,我们课后再来讨论处理"。

师2: 是的,教学流程是整个设计,设计好之后,我们再来使那些字句完整,更严密。

合作专家: 我们教师备课很多精力放在教案的写作上。用词换来换去呀,句子推敲呀,这个没有用。这个是发表阶段才有的事情。

师1: 这篇课文是否可以朗读,我试过朗读一遍时间太长了。

合作专家: 我觉这篇课文朗读是没有什么必要的。因为通讯文体本身虽然带有一点文学性,但实际上,它是一个实用文体。其中的某些部分可以朗读。每次读要发挥一个作用,你这次读干嘛呢。不是说读一遍让学生感受一遍,你这个落点是不清楚的。感受什么呢?只有"感受什么"明白的时候,它的落点才清楚。

师2: 多媒体是否一定要用?画面太少。

合作专家: 关于多媒体,你不应该考虑形式,你应该考虑派什么用场。比如说用图片,你派什么用场,就是让学生直观地写出来。直观地写出来,你怎么做,你是让学生说,还是写。学生说的词,你肯定要在黑板上写,你肯定要记录。你不记录,你没办法讨论。讨论就看黑板呈现的东西来讨论。

师3: 也就是说,你用这种方式呈现的时候,要考虑是不是一定要用。不要为了用多媒体而用多媒体。

师4: 如果用和不用是一样的,我就觉得你没有必要用。你用的地方,是不用多媒体无法产生一个效果的,那我觉得可以用。有的老师用多媒体呈现板书,和黑板上的板书是一模一样的,那我觉得,你这个多媒体就去掉。

合作专家： 如果你手上有袁隆平其他的照片以及里面提到的颁奖的录像，这种东西可以放。放什么位置上，就放在学生读了课文对这个人的评价上，学生先说，然后你放颁奖词。颁奖词有没有用美丽？如果没有用美丽，那就最好。

师6： 它（颁奖词）用"风流"这个词。"最是风流袁隆平"——学生不大想到。最喜稻菽千重浪……

合作专家： "风流"就是"美丽"。

师1： 多媒体主要是放在开头、结尾，其他时间没有屏幕。

师2： 袁隆平上去领奖的时候肯定也要讲几句话。截一截袁隆平的记录片。影片，"东方之子"都有，不要长篇累牍地放，就是三十秒、二十秒。

最后，这次共同备课达成了如下成果：

确定了一个教学目标——"品读文中关键词句，理解美丽的内涵。"这条目标经过描述，具体化为两个具体的"点"：一是理解作者所写的人物身上是如何体现"美丽"的内涵，二是评价作者使用"美丽"这个词来形容人物取得了怎样的效果。两个"点"统一于一个词——"美丽"。由此出发，设计了两个台阶，台阶一的内容落点是理解文中所写的袁隆平何以是美丽的，组织的活动是通过"真实照片中的袁隆平与课文的关键词进行比较"，厘清"美丽"的两种不同涵义；台阶二的内容落点是评价这篇人物通讯缘何用"美丽"一词来写袁隆平，组织的活动是"换一个核心词来形容袁隆平会是怎样的效果"。

【要点评议】

促进学生对主题词"所指"差异性的理解，最终指向的是一种阅读经验的形成。

以往都是只从课文所写的内容来展开教学，只让学生认识袁隆平这个人物，而没有意识到作者对这个人物写作的评价，缺乏人物通讯的体式意识。

应该把这两者有机结合起来，重点在于引导学生去获得一种对人物通讯的阅读经验，而不仅仅在于理解与欣赏人物通讯所报道和描写的这个人物。因为学生在语文课堂里的"学习阅读"和自然状态下的读者的阅读姿态是不一样的，我们应该引导学生在获得一个自然状态读者的阅读姿态的同时，形成一种体式意识，学会从文章体式和语言表达的层面去进行阅读。这样，学生的阅读经验才会得到提升。

问题研讨

1. 如何辨析主题词"所指"的差异性

瑞士语言学家索绪尔认为,语言符号是一种形式("能指")和一种意义("所指")的结合。同时他又认为语言就是一个差异的系统,意义的获得就是一种"区别"的结果。思考一个词、一句话、一篇文章的意义实际就是在对照比较,或者叫找出区别,赋予它们内容,再从中做出推断。

依据索绪尔的理论,我们在文本解读过程中,核心工作是辨析出主题词"所指"的差异性,这样我们就可以对文本内容加以分类处理。**辨析差异性的主要方法是寻找主题词在文本中的不同位置。**

例如,《永远执著的美丽》一文中的"美丽"这个主题词,在文中出现了多少次,每次都分别是出现在什么位置,这是首先要做的工作。**然后根据这些位置我们可以区分"所指"的差异性,在比较中推断出各自的内涵。**当"美丽"一词出现在袁隆平的话语中时,其"所指"是接近"美丽"一词的原意,即"在形式、比例、布局、风度、颜色或声音上接近完美或理想境界,使各种感官极为愉悦"。但当这个词出现在作者对袁隆平一生追求的评价时,"美丽"的"所指"已经出现了差异,已经离其原意有较大的距离了。这时我们就要考虑作者所使用的文学写作手法,只有让学生明白其使用的写法,才可能让学生明白"美丽"一词的转义。在这里如果使用实证的方法去学习,学生永远也不可能领会。

2. 主题词"所指"的差异性如何在教学目标中加以表述

主题词"所指"的差异性辨析清楚了,接下来就是如何陈述教学目标。教学目标一般都是使用概括性的词语,**但这里如果使用概括性的词语可能难以把"差异性"表达清楚,**例如,这次备课确定的教学目标是"品读文中关键词句,理解美丽的内涵",仅仅"美丽的内涵"就概括了具有差异的两种"所指"。

所以最好的办法就是对教学目标加以"描述",即对要完成的教学目标分项描述出来,如这次备课就把教学目标具体化为两个具体的"点":一是理解作者所写的人物身上是如何体现"美丽"的内涵,二是评价作者使用"美丽"这个词来形容人物取得了怎样的效果。这样做,实际上就把"美丽"这个主题词的两种"所指"区分开来了。有了这一步,后面组织教学内容和教学环节的工作就有了较强的针对性了。

3. 如何促进学生对主题词"所指"的正确理解

对主题词两种不同的"所指"的学习最终要通过具体的学习活动来落实,这就需要设计学习活动的情境。

学习情境的设计重点在帮助学生弄明白文中主题词"所指"的差异性。在这次备课中,大家根据经过具体描述的教学目标,设计了两个台阶,第一个台阶内容落点是"理解文中所写的袁隆平何以是美丽的",组织的活动是通过"真实照片中的袁隆平与课文的关键词进行比较",厘清"美丽"的两种不同涵义;第二个台阶的内容落点是评价这篇人物通讯缘何用"美丽"一词来写袁隆平,组织的活动是"换一个核心词来形容袁隆平会是怎样的效果"。在这里,"换词活动"是一种有效的支持工具。例如可以给学生一种表格,表中包含了两组词,一组是"漂亮、俊美、俊丽、俊秀、俊俏、秀丽、秀美"等接近"美丽"原意的同义词,另一组是经过文学笔法而"转义"的词语,如"执著、坚持、辉煌、奇迹、伟大、崇高"。然后让学生对照课文,从原文中找出与这些词语分别对应的"美丽"。设计这个活动的目的就是促进学生对两种具有差异性的"美丽"的"所指"的理解。

后续学习活动

任务 1:上文备课成果中的台阶设计没有写出具体内容,请你根据台阶二的"内容落点"和"组织的活动"设计一个学习情境,"学习情境"的设计要求请参照上一个专题的相关内容。

学习情境:

共同备课工作坊

任务2:请对你设计的学习情境的"内容参数"加以说明。

_____

_____

_____

正确处理实用文"专业术语"的教学
——《谈中国诗》共同备课

教学现状描述

《谈中国诗》一文是钱钟书根据自己于1945年12月6日在上海对美国朋友做的一次英语演讲的演讲稿节译而成的。当前教师们在这篇课文的教学中确定的"教学目标"主要有：学习本文运用比较方法展开论述的写作特点，体会比较文学研究方法的积极作用；欣赏旁征博引的论述风格；引导学生理解分析含义深刻的语言，品味作者用语之机巧，感受本文生动、机智的语言，体会其深入浅出、化抽象为形象的妙处；了解作者及其作品；了解中国诗歌与西方诗歌的异同；培养学生高尚的情操，热爱生活，热爱诗，热爱中国优秀的传统文化；熟知中国诗歌特点，提高解读诗歌的能力；感受作者严谨的治学精神和渊博的学识及深刻的洞察力，激发自己的求学欲望。

课堂教学中的核心教学内容大体有下面这些：让学生准确筛选有关段落中的信息，用恰当的语言概括中国诗的特征。找出学生认为最妙的比喻句。品味文章的语言（学生自己从文中找出来或教师出示投影中的句子让学生品析）。结合文章五、六自然段谈谈引用诗句的作用。作者在"谈中国诗的特征"时，主要采用了怎样的论证方法（举例论证、引用论证、对比论证、比喻论证）。钱钟书先生在末段作出了"中国诗里有所谓'西洋的'品质，西洋诗里也有所谓'中国的'成分"这样的结论，何以见得？

从以上描述的教学状况来看，这篇课文的教学设计主要存在三个方面的问题：一是忽视本文的体式特征，把它当成一般的议论文来教学；二是忽视文中的专业术语的教学,为学生提供的诗歌艺术方面的知识不足;三是教学环节的设计忽视对学生"学习活动"的设计。

因此,**本次共同备课主要讨论两个问题:(1)如何理解学术性较强的学者散文或随笔,其复杂性到底体现在哪里?(2)如何在文本理解的过程中处理"专业术语"教学?**

热身活动

"专业术语"是相对日常用语而言的,一般是指特定领域对一些特定事物的统一的业内称谓,大多数情况为该领域的专业人士所熟知。请你从《谈中国诗》一文中找出5个专业术语,并简要谈谈你对这些专业术语的理解。

(1) _____
(2) _____
(3) _____
(4) _____
(5) _____

备课进程

(一) 从体式与观点上发现了本文的"学术性(专业性)"

1. 这是一篇什么体式的文章

合作专家: 这篇文章比较长,大概就是他去演讲的时候整理的这个文章。大家从体式角度来谈谈有哪些认识。

师1: 角度是给外国人来讲咱们的中国诗。

师2: 文章又是出于钱钟书之手。

师3: 原是钱钟书在上海对美国人做的学术演讲词,后对英文翻译整理。那么最初的还是演讲。

师4: 对,是演讲稿。

师2: 我觉得不是很规范,咱们还是应该按实用类去讲。

师3: 这一点大家不用太纠结,如果你要设定在演讲,那么演讲到底要教什么,我

【观察者点评】你觉得应该按哪种体式来教学呢?

们可以设计一下，再说得准确一点，它属于学术性的演讲，它面对的对象我们刚才说到是外国的，但是其实是外国研究诗的那部分人。

师2：还不是大众。

师3：对，不是普及性的那种演讲，专业性很强。所以现在你如果当随笔看，它也是一种学术随笔，就是相当于我们去读专业性的文章，它不像论文那么严密，但是它基本上有论文的一些因素，就是面对专业人的。它不像是那种散文，文中的情感大多数人都可以理解，你要读这种文章恐怕还要有一点专业性的东西。

师5：你说阐释性的文本，文本本身是一种阐释性的，看我们到底是按演讲来教，以这篇为依托我们探讨如何教演讲；还是以这篇为依托，探讨如何去阅读学术性的文章。

师2：他演讲的时候讲的是英文是吧？

师3：对，他自己翻译过来的。

师4：我觉得这个体式定义成阐释性的是比较准确的。

师3：它这里有一个什么问题？就是为什么从"什么是中国诗的一般印象"开始，从这里开始选的，这里有一个毛病就是，你如果是演讲的话前面几段就很重要，因为它正好面对的是国外的学者。如果就中国诗本身的特点谈的话，其实前面这几段没涉及。

师2：我觉得这个不需要太纠结。

师4：跟你的教学内容有关，你如果想弄演讲的话那就应该把前面补充。人家为什么删掉肯定有他的理由。

师2：而且他的这种东西不只是在前面有，我看到有些人说他中间的一些观点论证不是特别严密，我估计这个也是跟他演讲是有关系的。他这种学术性必然要有一些即兴的，有一些比较吸引对方的例子来进行一些论证。包括他运用了大量的外国的一些东西，这跟它是相关的，可能不只是前三段，后面也有这样的地方。我觉得不管是演讲还是学术性散文，关键一个问题就是它的学术性，你如何读懂它。这个学术性在里面，即便是你把它作为演讲来

> 【要点提炼】备课开始，首先大家围绕这篇课文的体式特征展开讨论。焦点是文章到底应该按照演讲词还是学术随笔来处理？在讨论中大家似乎都看到了其中的"学术性"。

共同备课工作坊

处理，它也不是像奥巴马那样面对大众要竞选的演讲，他在这样一个目的下的演讲，它具有学术性，要考虑如何让学生能够阅读这样一类的文章。

【反思】

在日常备课时，你对这一类具有一定学术性的课文一般是怎样处理的呢？（请选择一项）

(1) 直接忽略掉这个特性，当作一般的议论文来设计；

(2) 把涉及学术性的部分画出来，作为重点和难点处理；

(3) 按照教师用书上的程序来处理，对学术性没有什么感觉。

2. 作者的主要观点到底是什么

体式得到确认之后，接下来大家围绕如何选择和确定核心教学内容展开了进一步讨论。大家从文章所写的核心内容去分析作者想要表达的主要观点。

师1：那对于这样的文章我们怎样来设计呢？

师2：关节点现在还没讨论出来。得让学生看了这篇文章，看了他的观点，然后提炼出他的观点是什么，分析其可靠不可靠，然后分析他是怎么来阐述这个观点的，这个应该是阐述性文章的读法吧。前四段好像是在铺垫一个比较文学的态度，后面第六段就是中国诗的特点，就是早熟、早衰，并且有点虚。它的特点就是逻辑很简陋、辩证、很周到，就是根基不足。

师4：就是一下子到了高峰了。

师3：这也是它的一个特点。

师4：篇幅短小。

师3：后面还有一个，中国诗善用疑问句、疑问语气。

师4：它这个也是里面一种表现的形式，也是讲的富于暗示性的，这个没问题吧？

师3：没问题。笔力清淡，主要是气场没有……

师4：没有那么张扬？

师4：好像他有一个观点就是不需要那么张扬，就是这种张扬度已经够了。这个好像归结到一点，就是中国诗跟别的诗是没有什么太大的区别的。

师3：是指内容上。

师2：内容上没有太大区别，中国诗没有特别特别中国的地方。他要说的是这个内容不是你的，也不是我的，而是人类所共有的。

师4：你觉得这个跟它演讲的目的有关系吗？

师1：可能他说了一个前提，就是西方人总是认为声音没有他们宏亮，并且内容可能有一部分来源于他们西方。这个前提有吗？所以你们讲中国诗并没有特特别别中国的地方，也就是演讲的前提是西方人认为中国诗没有特点，并且是依附于西方他们的内容什么的。然后这时候钱钟书就是在反驳他这个观点，有这样一个倾向。

【要点提炼】在讨论这篇课文的主要内容和基本观点的时候，几位教师之间引发了争论，但最后基本达成了共识，即这篇课文主要讲的是中国诗的特点，而且主要是从形式上来谈论的，不是从内容来谈的。

师3：不是，他觉得其实中国诗和外国诗是共通的，研究中国诗的时候其实能够增加你对外国诗的了解。

师2：他共通的可能指的是诗的内容是共通的，主要是诗的内容，所以他说诗的内容故意不讲，因为他觉得中国诗跟西方诗在内容上大同小异。不是说所有的都是共通的。

师4：前面最有特点的就是暗示性的。

师2：一个是暗示性，再一个就是笔力清淡，但笔力清淡他就认为不是你们说的那种——单薄。

师4：也就是说它并不是清淡。

师2：嗯。**总体说来，这篇文章谈的其实就是中国诗的特点，向外国人介绍中国诗歌的特点。这就是作者的主要观点。**

【要点评议】

  各位备课教师在这里主要讨论了两个方面的问题，一是关于本文体式的确认，认为本文既是一篇学术演讲稿，也是一篇学术随笔。同时看到了本文的专业性（学术性）比较强，其中有很多关于中外诗歌的专门性知识。二是认为这篇课文主要是谈论中国诗的特点。这两个方面的讨论非常重要，对接下

共同备课工作坊

来确定教学内容和教学环节起到了定向作用,为后面的重点内容——"专业术语"的学习准备了前提。

(二) 需要引入专业知识帮助学生理解作者的观点

合作专家: 刚才大家注意到这是一种学术性的文章,它不是普通的文章。就是如果我没有研究诗的话,我读起来可能会很吃力。这种文章就是它说出来的话很可能就是:你懂他这句话了,但你未必知道他背后说的什么意思。

所以对于这样的学术的文章,它说的某些话我们如果不是作为学术性文章来读的话,我们恐怕只是学会他一、二句话,比如说"早熟的代价就是早衰",这个对于你阅读学术性文章是没有用的,仅仅知道他两句话,并能很准确地找到这两句话。但是这两句话背后是什么?如果不知道的话,你就很难去知道它是否可靠或者怎么样,没有专业背景支持你去理解这句话,你根本没办法去阅读。

【要点提炼】"理解性阅读"主要是引导学生对作者的观点加以理解,而不是作出评价。要正确理解作者的观点就需要引入专业知识。在合作专家的引导下,参与备课的教师开始认识到这一做法的重要意义。

所以我觉得这种学术性文章的阅读基本上应该属于理解性的阅读。什么意思?就是几个诗学家的意见,诗的发展——因为他肯定说的是西方——应该是先有史诗再有戏剧诗再有抒情诗,那么西方最早的诗我们应该让学生去回顾一下,西方最早出现的确实是荷马史诗之类。就是要调动已有的经验来帮助他理解这句话到底是什么意思,中国诗早熟的代价就是早衰是什么意思?

师1: 就是很早就进入鼎盛时期。

合作专家: 很早是什么时候?

师1: 唐代。

合作专家: 对,到了宋代以后它基本上就不再是一个很标志性的文体,最后也就没有了。就是学生在阅读这方面的时候,他一定要知道这种论述的背后其实是什么,如果他不理解的话,他应该去借助一些专业的书来解

释这句话。为什么作者在这里没有解释呢？因为人家面对的读者是学术研究者，他这句话一出来大家就能明白，但是对于我们，如果是作为一个学术性的文章来说，**恐怕我们需要让学生学会"如何去读"，对文中每一个结论，如果你能举出例子来的话才说明你读懂了，而不是说我们能够找到他的一些结论。**如果我们只是找到他的这几句话是一个结论的话，你没有办法举出例子来证实你对这句话是理解的话，阅读的体式就是不大对的，就是只记住文字表面上的一些结论，而不明白其中说的到底是什么。

我估计如果我们是研究诗的专业人士的话，我觉得可以作为阐述性的文本来读。甚至是学生，如果他对于中国整个诗的历史有一些基本研究的话，作为阐述性的文本来读是可以的。

读学术性的文章上面学生容易出错，或者说我们平时在阅读学术性文章时也容易出错，基本上都是在术语上出错。因为我们想当然地理解，就是我们把它当成一个词语了，简单地说就是术语在我们没有专业知识背景的情况下，你会把它作为一个词语，你在词语意义上去理解，这是一个很容易出现的错误。另外一个就是对于它的结论我们只是从字面上去理解，其实不明白它到底说什么。

师2： 那是不是就得让学生了解什么是术语？

合作专家： 不一定。

师3： 这个应该不用特别地去教给他。

师2： 也许他不清楚什么是术语，但是当他遇到一个术语的时候，他知道是术语。比如说你抽出一个田园诗来，我估计学生田园诗总是知道的。

合作专家： 对。

师1： 但是你问他田园诗是什么意思？什么是田园诗？也许他会有几种情况，他可能会跟你说比如说陶渊明的诗就是田园诗，就是描写田园生活的就是田园诗，他会说出一大串他的解释。

合作专家：他恐怕需要我们补充的就是田园诗作为一种流派，最主要的就是他的追求是什么，这一部分诗人在文学史上作为一种流派他的写作的一种追求是什么才使他界定它是一种田园诗。**就是让他们有一个意识。什么意识呢？就是你要能够区分开哪些词语是术语。你不是告诉他**

这个术语准确的理解是什么,你要告诉他术语的阅读一定要借助工具,你要给他建立这个意识就可以了。作为学术用语你不可能在课堂上所有东西都解释,但是他要能够有一种解释说,哪些不是词语而是术语,那么对于术语的阅读应该是借助专业的书,就是类似于我们这堂课下来之后就可以让学生做一个索引表之类的东西,就是列出有哪些术语。

师3:这个工作放到课前预习。

合作专家:对,我只是说这个东西可能是这种学术性的文章去阅读的一个点。

师3:嗯。

【要点评议】

大家讨论到了引入专业知识问题。对于学术性的文章阅读需要结合相关的专业知识来理解作者的观点。而专业知识很大程度是依靠专业术语来支撑的。这样大家的目光开始投向文章的专业术语。此处重点强调了培养学生的"术语意识",即学生不需要像专业研究者那样去研究术语,他们只需要明白遇到这类文章时应该去关注术语的解释。不然就可能对文章作出错误的理解。

(三)"专业术语"的理解是关键

1. 引导学生去寻找文中的专业术语

师4:我认为预习工作的第一步就是在这篇文章中找出你认为重要的术语。

合作专家:核心就是让学生注意到有些词语是术语,而不是词语。像刚才说到的只记住结论是没有用的,它的一个操作就是这些结论请大家举例子,就是你只有一些概括性的言语是不行的,学生只有能够举出例子来才可认为他是理解

【要点提炼】接着各位教师开始试着自己去寻找文中的专业术语,然后在讨论中逐步过渡到辨认"哪些属于学生可能会错的",即估测学生可能会遇到的困难,从学生立场去辨别可教的关键术语。

了。他只有知道哪些词语是术语，我们才能够认为他理解了。当然你具体的肯定要让他知道，要找工具书，但只有知道它是术语之后才可能去找工具书，才不会用自己的经验去想当然地去理解。

师3：咱们先自己找，预设一下学生都会在哪些方面找，我想应该有学生会找错，肯定对这个术语的概念不是非常清楚，有些可能只是一个名词他把它当成一个术语了。一段一段找。术语这个不能用定义去看它，让他感性地去感觉到哪个词是术语。

师2：对，让他知道这个词不仅仅是一个词语。

师3：我想学生肯定最开始的时候很难把握这个感觉，就会找错。

师2：对。

师3：咱们怎么去引导他。

合作专家：比如说我们来找找看，看看哪些容易出错，因为的确存在一个就是专业性强了以后你会很敏锐地知道，但是你专业性不强的时候所看到的基本上都是词语。所以可以在这里看看学生困难点在哪里。

师3：最开始如果让学生找术语的话，他可能遇到一个词他不懂。

合作专家：对，就是你说的，术语不是他不懂，术语有可能是他自己认为懂的，就是他通过他自己的理解去解释这个词的字面意义。

师3：他不懂的也未必是术语。

合作专家：对，他认为懂的也未必是。

师2：我们现在是找术语还是找学生误认为是术语的词？

师3：找术语，咱们先自己试着找。

师2：前面几段应该好像没有。

师3：第二段"某一国的诗学对于外国人来说总是一本禁书，除非他精通该国的语言。"学生可能就不知道"诗学"是什么意思，"诗学"应该是一个概念。

师2：我们还是先找术语吧。

合作专家：学生可能认为"诗学"就是一个术语。

师4：就是循着学生的观点上去找。

师3：对，他如果找的话一段一段的来，他就觉得诗学是个术语。

合作专家：找几个，我们看看学生大概错误的一些类别是什么。

师4：这个"宝塔形诗"是不是？它后面也有一个解释。

师3："言有尽而意无穷"也应该是。

师4：我们一会儿把它罗列起来，我估计是有一个标准的。

师3：肯定有标准。

师4：我们一会儿把它列出来，我们挨个地看一看。

师3：法国诗调、德国诗调、拉丁诗调，这个"诗调"。中西"本位文化"算不算？

合作专家：算，本位文化。差不多了。

师2：我们现在找了这么多，我们自己怎么去判定，教给学生怎么去判定。

师3：咱们有漏掉的。

合作专家：漏掉没关系，主要是教他们如何区分术语。

师2：我觉得并不是所有的术语你都要给他探究背后有什么样的意义，然后要怎样。就是说把学生容易弄懂的，并且需要理解的术语给他找出来。

师3：咱们先大概让学生知道什么算是术语。

合作专家：对。其实教术语等于我们有两个点可以教，第一个你碰到术语不要想当然，你要去查专业的工具书，这是第一点。第二点，不是你碰到的所有的术语你都需要去查，有一些借助你想当然的理解就是准确的，有些东西可以想当然。哪些可以想当然，哪些不可以想当然，我觉得在这个术语上面我们的教学内容基本上就是这两点。

师4：这个概念就是让他明确术语不是随便的一个词，就是有这个意识了。

合作专家：我觉得在这一点我们真的有一个突破，就是教术语如何教，教什么。

师4：对。

【反思】

请根据你任教班级的具体学情，辨别本文出现的下列专业术语哪些是学生容易当作一般词语来理解的，哪些是在阅读中能够当作专业术语来对待的：

史诗　戏剧诗　抒情诗　田园诗　古典主义　纯粹诗　诗学　社交诗　浪漫主义　中国诗　心理格式　言有尽而意无穷

当作一般词语来理解的：_____

当作专业术语来对待的：_____

2. 区分"专业术语"教学的两种基本方式:理解性阅读与阐释性阅读

合作专家：基本上可以让学生去画一画,理解这些概念术语。

师 2：找的这些大部分都是会影响到对这篇文章理解的关键术语。

合作专家：对,甚至像"绘画"类的术语你连猜都不要去猜,因为它不影响你去理解诗的这个东西,你就整个可以忽略掉。

师 3：找了这么多,哪些是,哪些不是。这些是的话,咱们对这篇文章来说,哪些需要去理解它,有些咱们想想就 OK 了。

合作专家：首先要教他读专业性的书,一定要关注术语。

师 3：一定要注意术语。

合作专家：对,有些词语是术语,他不是只关注词语本身,要有术语这个意识去读。我估计刚才的概论、比较文学肯定不是,但是接下来的史诗、戏剧诗、抒情诗肯定是的。

师 3：是需要研究的术语。

合作专家：对,就是你需要去查。像诗体我觉得也不是,它说的就是诗的外面的形式和内涵。

师 3：我觉得这个应该就不算术语。

师 2：术语应该算,但是它不影响我们……

师 3：那诗体算术语吗? 还是不算?

合作专家：我估计它只是形象的说法。

师 2：我记得钱钟书好像专门写了一篇文章,就是关于那个诗体的。

合作专家：得查专业书,看有没有这个词语,这个也是一个判断的标准,你得去查关于诗研究的专业书籍,如果有这个它就真的是。

师 3：旧诗词呢?

师 1：没办法判断。

师 2：先不要判断哪些是术语,哪些不是术语,只是说哪些会对我们的阅读造成障碍,有影响的。

师 3：那这个术语概念怎么建立?

师 1：我觉得这个深究的话你自己都没有办法界定,自己都没办法讲,那你还怎么给学生讲。

合作专家：不要搞得太复杂,是术语但不是诗学的术语就可以去掉。

师2：嗯。

师3：也就是看它有没有依据是不是？

合作专家：对。

师3：那这个依据让学生在哪里查？是网上？

合作专家：不是，诗学词典，比如文学性的词典。

师3：对，应该推荐这些词典怎么找。

师2：即使这篇文章里面他没办法去找，也要告诉他们以后阅读这类文章时知道要怎么做。

合作专家：对。

师3：就是我们跟学生说，你们就在这两本中间查，如果有的话那么它就是。

合作专家：对，也等于说你阅读专业性的书籍，那么每门专业都应该有专业性的词典，这个也是必须具备的。

师3：以后做研究。

师5：甚至上网让他提前准备的时候，作为索引性的工具书有哪些，他都应该是知道的。

师3：嗯。

师2：那我问一个问题。

合作专家：嗯。

师2：咱们比如说在这个网站上也能搜索，比如说以后学生给他先建立一个意识，那研究这个诗学，必须得要一本诗学词典；如果研究心理学，那就有一本心理学词典，不会说我看一篇这类文章，我就专门去买一本这种词典？

合作专家：看文学术语词典。我只是说给他一个意识。

师3：结果不是很重要。

合作专家：他哪怕在网上能够搜到有这样的，给你列出几个来，这也算可以的。

师3：得有这种行为。

合作专家：对，比如说你去哪里查，让他上网，你告诉哪几本书可以，他给你拿来一堆书，你可以给他判断哪些书估计是能找到，哪些书估计是没用的，这种意识我估计是要有的。

师3：是，告诉他在哪儿能查到。

师1：我觉得这是一个自然的意识吧。

合作专家：没有，这跟词语不是一个概念，术语不是词语，如果词语不懂那你查现代汉语词典。

师1：我觉得他自然就有这个意识，有的。

师2：没有，就像比如说田园诗，他听过很多，可是他真的能够懂田园诗是什么样子吗？

合作专家：就像我们专业上描述这个词语，我们作为语文教学来说，你就应该作为一个专业术语来理解，就是如果你读相关的研究的话，这就应该是个术语，但是这个在日常生活中的含义也是有的。

师2：不能像一般文章那样去读。

合作专家：对，如果你真的读懂它的话。

师3：要借助相关的一些资料。

合作专家：对，就是不能像读散文一样，只调动我的情感就够了。

师3：好像有些词语就是看着很熟，其实在这儿已经不是那个意思了。

合作专家：对。

师3：这个我们现在找到很多概念性的东西。

师2：就是我们只需要灌输给他这种意识，并不是把所有的都找出来，或者说你找一个词给他示例一下这种方法就可以了。

师3：怎么示例？

师2：找一个就可以了。

合作专家：对，就好像你在读第一篇文言文的时候，你要教给他读注释这种意识一样的，所以读这种文章你就要教给他一个查专业术语的意识。

师2：先找一个示例吧，就是让他明显感觉到这个术语跟平时的不同。

合作专家：能查到抒情诗吗？我估计大家对抒情诗的理解有偏差。

师1：抒情诗是用那种很高深的语言。

师2：但是我觉得对于高中生来说他可能会认为前面有史诗、戏剧诗、抒情诗他就会认为它是个文体，抒情诗是一个概念，并不是咱们认为的抒情诗是一个抒情的诗，我觉得对于高中生来说这个意识他应该是有的。

合作专家：你看比如说田园诗这里，其实这句话你是无法理解的，就是"田园诗就是描写田园的，不是浪漫主义神秘地恋爱自然"。这句话如果你不懂，你不知道什么是田园诗的话，你这些解释其实是看不懂的，我就是描写田园,它后面会解释说这种田园诗不是浪漫主义神秘地恋爱自然,它也不是说他一味地喜欢大自然,它其实是这个意思,它是寄情于山水,相当于这种意思。所以你理解那个田园诗就一定要是描写田园的,那对于后面这句话就是不理解了。

师1:我们讨论下一个话题吧,术语的谈论太多了。

合作专家:刚才不是说找一个例子,咱就试着以田园诗为例来分析术语这个概念就可以了。

师4:你看他明显地就是儿时古典主义的逍遥林下,它其实是古典主义,不是说浪漫主义的,所以这个流派到底怎么回事,这个还是在古典主义里。

合作专家:对,这个例子很典型。

师4:这就是专业的文章或者说专业性的实用文第一个可以教术语,要有术语的意识,要不然你就读不懂。

合作专家:第二个就是用自己的理解举例子来说明,对于这种概括性的阐释要能够举出例子来才算你理解了。

师2:这个例子是他的经验还是在语文方面?

师3:应该都可以。

合作专家:比如说在这一段,就是"中国诗跟英国人好像有上天注定的姻缘"这一块,我会注意到是说西洋文学的批评最早在中国的讨论是1589年,我会把这句话单独地作为一个知识,就是我不读这个我还不知道西洋文学的批评最早是在这本书里看到的,就是你会补充到很多知识性的东西。

师1:钱钟书的书就是这样的。

合作专家:对。

师1:非常地旁征博引。

合作专家:如果我们一旦定义为专业性的数据的话,这些恐怕就是我们需要抽出来的,你额外知道这个知识点可以给我补充的,这里面有哪些。

师3:通过这个文本我们能够学到什么。

合作专家:对,就是他举的一些例子我们可以作为一个……你看第一首译成中文的。

师1:大开眼界。

合作专家：就是学术是应该要知道的,因为它这个相对来说专业书枯燥一点,比如说第一首译成中文的西洋近代诗是美国这个人的一首诗。

师2：对,以前不知道。

合作专家：而且它不影响你整体的阅读,基本上就滑过去了。

师1：相当于教科书搬来跟你说。

合作专家：对,相当于这种教科书给你普及一些知识,关于诗上我们又可以知道什么东西,我觉得记住这个是对的,而不是记住早熟的代价就是早衰。

师2：不是记住那个结论?

合作专家：对,就是诗的发展是先有什么,先有戏剧诗,那个反而不需要他记住,反而是需要他举例子我才知道他理解。

师3：这是知识性的,那个是理解性的。

合作专家：对,但是如果我们作为阐释文来讲你会记住那些结论,你最重要的就是那些结论,你会聚焦在那些结论上去讨论。阐释性的阅读跟理解性的阅读两个落脚点是不一样的,如果是阐释性的阅读我们需要注意到它这里说到中国诗有哪些特点,我们要把它一二三四列出来,然后看它的论据是否能够撑起这个观点,然后我们是否可以进行一种批判,就是它的这个观点到底是不是成立,就是你会聚焦在中国诗本身的特点上。

师4：那我们怎么去区分?

合作专家：当我们把它作为理解性的阅读的时候,我们关注的点其实不再是它这个结论本身,而是你对这个结论的理解,就是它其实是有所指的。

师4：那怎么去判断?

师3：那就是自己定位阐释性的还是理解性的。

合作专家：一开始阅读肯定是理解性的,当你专业水平达到一定程度之后你才能够对它进行批判,进行阐释性阅读。

师2：那我们教给学生的也只是需要让他们去理解?

师3：对。

合作专家：就是你对这里面了解有多少,如果你足够了解这个话题,你如果足够了解这个专业,那你可以做一种批判性的阐释性阅读。

师3：那可以给他建立一个意识,就是咱们现在可以去明白文章到底在说什么,但是等咱们积淀很厚了,可以去判断这位大师说得怎样,咱们可以再读这篇文章。给他建立这个意识就可以了。

合作专家：但是我觉得在这里面有一个地方很关键,学生不觉得他不知道,因为他这个说得很清楚,诗的发展先有什么,后有什么,最后怎么样,早熟的代价就是早衰,它盛极一时。就是它全部都给你说明白了,学生会觉得自己理解了,其实他不知道,他不知道这里说的是一种诗学的专门的现象。

【要点评议】

要把专业术语教学与作者观点的理解结合起来教学,或者说专业术语教学只是一种手段,其目的是促进学生对文章内容和作者观点的理解。第三部分讨论的问题是如何引导学生在阅读中辨别一般词语与专业术语、如何增强专业术语的意识以及如何通过专业术语的学习去把握文章内容。这些内容是在第一、二部分讨论的基础上提出的,所以三个部分讨论的问题之间存在着逻辑上的关联,逐层推进,最终指向"专业术语的教学"。这样,这篇实用文的核心教学内容就水到渠成地提炼出来了。

(四) 总结备课成果

师3：我估计好像刚才说到的就是三个教学内容。一个是术语。

师4：一个是要获取信息获取知识。

师3：就是什么是术语,怎么获取它。

师4：还有一个是学抓关键词和关键句。因为这篇文章比较长,就是首先要筛选,筛选了之后才能够去理解,检视性阅读就是筛选信息了,先要有筛选了你才能知道文章的重点到底是什么,你才去理解这些重点。

师1：科普文那种文章。

师2：你要理解性地阅读,你先要说你理解哪些东西,先把这些东西找出来。

合作专家：我觉得我们始终是依托一篇课文来谈一个大的话题,比如说像在实用文类下我们专业性的文章如何来阅读,教学内容应该确定在哪里。我觉得我们今天的讨论有一大突破,就是认识到了不要想当然地去理解

> 任何的词语,当你在阅读专业性书籍的时候你要知道有些词语它是术语。

师1：就是要有这种意识。

合作专家：对,这是一个。然后作者有一些概括性的结论,他描述的是一种现象,你对于这种结论"是否理解"的意思,其实是指能否说出那个所指的现象,而不是说你能够复述出来。我们对于专业性文章的理解不是指会"复述"了,而是你能够把它所指的现象描述出来。另一方面专业性的诗句它可以作为你的知识储备的一些来源。

师2：提取一些对自己有用的知识。

合作专家：对,你喜欢的一些,像引用了好多诗,如果你喜欢诗的话,你是专门研究诗的话,你就一定要去把它的原文找到,如课文举的很多诗句,"此中有真意,欲辨已忘言"之类。它到底出自哪首诗的,你要去找得到。

师1：陶渊明的诗。

合作专家：对,它引经据典的这些你要能够找得到。它这里说的就是一种阅读的姿态问题。当然如果你要把它作为一个普通的,你就泛泛了解或者怎么样,就是你把它当散文读了那也可以,但是在教学上我们要始终强调的就是"某种文体你一定要带着某种姿态去读"。

师2：这个现在应该大家都有共识,我们现在的一个问题是我们现在有这个意识,就是不能想当然去理解学术性文章。接下来需要我们各自去思考要怎么去教给学生,怎么去点睛,怎么去做铺垫,怎么去告诉他你读到这句话你要怎么去理解。

师4：就是说在具体的专业术语教学时,你可以选择文章一处作为例子,先让学生自由阅读谈自己的理解,然后指出理解有误的地方,明确理解的偏误主要来自对专业术语的理解不到位。这作为一个示例,然后让学生依照这个示例,在阅读中寻找出理解有困难的专业术语,进行讨论。

> 【要点提炼】由于这篇文章专业知识含量丰富,各位参与备课的教师在第一阶段用了较长时间去阅读理解文本,后面内容的讨论就没有时间了,所以影响了对"教学环节"和"学习活动"设计的充分讨论。

共同备课工作坊

最后，大家一致认为，本次共同备课虽然没有形成具体的教学环节设计，但在一些重大问题上澄清了认识，对今后这类文章的教学具有重要的指导作用，这些获得的共识有：

（1）应该让学生辨清文本的体式，把文章当作学者散文来阅读或者当作演讲稿来阅读是不一样的。建议在教学中可以适当兼顾这两方面的内容。

（2）专业知识是理解文章内容和作者观点的必备条件。

（3）要正确把握作者观点，必须引导学生去理解文中的专业术语和作者所举的例子。尤其是寻求例子与作者观点之间的关联性应该是一个重点。

（4）判断学生是否理解学术性散文的标准不是"复述"而是"举例"。

【反思】
　　请你根据上述备课成果，用"理解"做目标动词，给这篇课文的教学拟一条"教学目标"。
　　_____

问题研讨

（一）文本的复杂性常常是专业术语造成的

一篇实用文之所以复杂，往往是其中使用了很多专业术语。在阅读这类文章时应该聚焦这些使用了专业术语的部分。这些部分的内容在全篇之中一般都是相对独立的，尤其是传达知识的文章更是如此。因此在阅读时应该分辨这些内容，理清内容之间的关系，通过分析正确理解其中的专业术语，进而把握作者的观点。

传达知识的实用文，与文学作品之间有很大的差异，前者的各个部分可以是独立的，后者却不能。一篇小说无论好坏都是一个整体，所有的概念都是一个整体的概念，不可能只读了一部分就可以掌握整篇作品的主题。但实用文却可以一部分一部分去把握。这就是分析性阅读的依据。

（二）如何处理"专业术语"的教学

1. 把专业术语从一般用语中区分出来

（1）从一个读者的角度来看，最重要的词（关键词）就是那些让自己头痛的词语，这些词语往往对作者来说也很重要。把这些词语圈出来,很可能就找出了作者有特定用法的专业术语。

(2) 还有一类专业术语,学生在阅读时常常把它们等同于一般用语忽略过去了。学生对这类术语最容易用常识用法去理解,这就需要教师加以指导。一般来说,从文章论述的主题出发获得相关的主题性知识,有助于把专业术语从一般用语中区分出来。

2. 专业术语的理解可以到达何种程度

阅读教学中引导学生对专业术语的分析与理解要和专业人士的日常阅读区分开来,学生对专业术语的学习是为理解全文内容服务的,不是以掌握这个专业术语为目的。所以课堂上对专业术语的学习应该以正确理解文章内容、把握作者观点为标准,不宜进行专业化的术语学习。因此,核心的任务是建立专业术语与关键句子的联系,两者是相互促进的关系。

在本次备课活动中,大家对专业术语问题的讨论有一大突破,认识到了不要想当然地去理解任何的词语,要知道有些词语是专业术语,需要查阅专业书籍去理解其内涵。因此本文的"专业术语"进入了大家选择教学内容的视野。但在专业术语该如何教学这个问题上纠结了很久,因为大家进入了一个较为陌生的领域,我们的高中教科书缺乏专业术语这部分内容,教师和学生都缺乏查阅专业术语的意识。经过讨论,大家认为把专业术语作为教学内容,有两个方面可以开发出来,一是教给学生一种对专业术语的正确认识,碰到术语不要想当然,要去查专业的工具书;二是要学会结合课文体式和内容去判断需要查阅专业工具书的术语。

教学就应该从这里打开缺口,引导学生去形成专业术语的阅读意识,并掌握相应的阅读方法。

后续学习活动

任务1:仔细阅读下面三段话,请用自己的话提炼出两项实用文阅读策略。

"用你自己的话来说",是测验你懂不懂一个句子的主旨的最佳方法。如果要求你针对作者所写的某个句子作解释,而你只会重复他的话,或在前后顺序上作一些小小的改变,你最好怀疑自己是否真的了解了这句话。理想上,你应该能用完全不同的用语说出同样的意义。当然,这个理想的精确度又可以分成许多程度。但是如果你无法放下作者所使用的字句,那表示他所传给你的,只是这个"字",而不是他的"思想或知识"。你知道的只是他的用字,而不是他的意思。他想要跟你沟通的是知识,而你获得的只是一些文字而已。

还有另一个测验可以看出你是否了解句中的主旨。你能不能举出一个自己所经历过的主旨所形容的经验,或与主旨有某种相关的经验?你能不能就作者所阐述的特殊情况,说明其中通用于一般的道理?虚构一个例子,跟引述一个真实的例子都行。如果你没法就这个主旨举任何例子或作任何说明,你可能要怀疑自己其实并不懂这个句子在说些什么。

主旨并非存在于真空状态,而是跟我们生存的世界有关。除非你能展示某些与主旨相关的,实际或可能的事实,否则你只是在玩弄文字,而非理解思想或知识。

(选自阿德勒《如何阅读一本书》)

策略一:_____

策略二:_____

任务2:请你运用"任务一"中提炼出来的阅读策略,为《谈中国诗》一文中"专业术语"的学习设计一个教学环节。

课例研究
工作坊

揭示实用文文本中的"科学道理"
——《雾凇》课堂教学研讨

执教教师简介

薛法根，特级教师，江苏省吴江市盛泽实验小学校长。教育部"国培计划"专家库专家。著有《薛法根教学思想与经典课堂》（山西教育出版社）、《薛法根教育文丛》（教育科学出版社）等。

课例导读

课文《雾凇》选自江苏教育出版社义务教育课程标准实验教科书语文四年级（上）。本文共有三段，第一段描写雾凇的外观，点出这是吉林雾凇奇观；第二段说明雾凇的形成过程；第三段赞叹雾凇之美。课文后面所附的需要识写的生字是"雾、堤、俗、凝、摄、氏、幕、零、淹、模"。课文后有一道练习："读一读，并选用其中的词语说一段话，描绘一处雪景或雾景"，共提供了课文中的 10 个词语："笼罩、凝结、模糊、弥漫、洁白晶莹、蒸腾、缀满、缭绕、淹没、琼枝玉树。"

从广大小学语文教师的大量课例中，可以看到《雾凇》这篇课文教学目标与教学内容的确定，是存在较大争议的。主要有两种不同的意见，一种意见认为应该把这篇课文当成写景散文来教，理由是这篇文章描写的是吉林雾凇美景，在描绘中不仅展现了雾凇美丽动人的形态，而且还展现了奇妙美丽的形成过程。所以应该让学生用心去读,读出感悟,受到感染,受到美的陶冶,领略大自然的神奇与瑰丽。另一种意见则认为这是一篇说明文,定位为"一篇文辞优美、说明性很强的文章",因此在教学中应该按照说明文的体式特征来组织教学内容,重点是引导学生获得说明文的阅读方法,提高理性分析的能力。

到底应该怎么来选择和确定这篇课文的教学内容呢?我们在这里选取了薛法根老师任教的《雾凇》课例,希望通过这个课例来讨论下面两个问题:(1)这节课的教学内容与这篇课文的体式特征存在怎样的关联?(2)薛老师采取了哪些教学策略来引导学生学习这些内容?

热身活动

下面是一张松花江雾凇景观图。你认为这张图应该在《雾凇》一文教学过程中什么时候呈现效果最好?(选择一项并简要谈谈理由)

(1)导入阶段;(2)帮助学生理解第二段的雾凇的形成过程时;(3)帮助学生学习最后一段对雾凇景致的赞美时。

教学实录

（一）检查预习　探查学情

师： 每位同学在上语文课前要准备好一个笔记本、一支笔。（生纷纷拿出笔记本和笔）

师： 现在，请你在笔记本上听写词语，听清楚，记住了，再默写。饱和的水汽、雾气、霜花。（一生在黑板上默写，教师巡视检查。）

> 【观察者点评】为什么是听写这几个词语呢？

师： 同学们写得很认真，老师决定奖励一下（生期待），再默写一个（生大笑）——遇冷凝结。（发现有学生默写不出）当然，如果默写不出也允许你偷看一下。只能看自己的课本哦！

师： 一起来检查一下这位同学默写的词语。（指着"饱和的水汽"，众笑，因为字越来越小，最后一个小得几乎看不清了。）你看，这水汽就是这样，看不清。（众大笑）"遇"字写对了吗？你仔细看一下课文，自己的错别字自己改正。（生重写，仍然写错）你再看一看，写大一点就不会错了。（生写大字，发现中间部分是"竖提点"）啊，这次写对啦！你看，难写的字，容易写错的字，放大一倍，就看得清楚、写得正确了。（生齐读词语）

师： 课文中出现了这几种事物：水汽、雾气、霜花。根据课前的预习，你能说说"雾气"是怎么回事吗？

生： 雾气是饱和的水汽遇冷凝结后飘浮在空中的小水滴。

师： 雾气是飘浮在空中的小水滴。那么"霜"是怎么回事呢？

生： 霜是在气温降到零度以下时，水汽遇冷凝结的冰晶，这就是霜。

师： 霜，霜花是小小的冰晶。那么"雾凇"又是怎么回事呢？

生： 寒冷的水汽在树枝上结成了冰花，就是雾凇。

> 听写是小学语文教学中的一项使用很频繁的教学方式。薛老师在这里让学生到黑板前听写，通过黑板把学生的学习经验呈现出来，便于大家交流。就这节课教学内容而言，听写在这里不是一个独立环节，而是成了一项引发学习的策略。

师：雾凇实际上也是一种霜花，但是这种霜花不是结在地上，而是结在哪里？

生：结在树上。

师：凝结在树上，树枝上就挂满了洁白晶莹的霜花，就形成了"树挂"，那便是——

生：（齐）雾凇。

师：谁能将饱和的水汽、雾气、霜花、雾凇之间的关系用几句话说清楚呢？

生：空气中饱和的水汽遇冷凝结成小水滴，飘浮在空气中，就成了雾；这些水汽如果遇到很冷的空气，零摄氏度以下，就凝结成小水晶，成了霜花；一般的霜花是结在地上的，而结在树上的霜花就成了雾凇，俗称树挂。

师：你这样一说，就把本来模模糊糊的事物说得清清楚楚了。其实，这就是雾凇形成的科学原理。这些都藏在这篇说明文的课文当中。

【要点评议】

课堂第一个环节主要是检查学生的预习情况，实际就是探查学情，或者说是寻找学生的"学习起点"。这里包括探查两个方面的起点，一是对疑难词语的理解，如饱和的水汽、雾气、霜花、遇冷凝结等这些词语，通过听写来检查；二是对这些词语（概念）的内涵及其相互之间关系的理解，通过让学生讲述的方式来检查。通过检查与交流，教师基本可以把握到学生的已有基础（起点）。从学生的反应来看，薛老师对学习起点有了较清晰的判断，这将有效引发学生对课文的深入学习。

把事物或现象的内在原理说清楚，正是说明类文本的主要功能。薛老师在这里准确抓住了这篇课文的体式特征，这为后面组织合宜的教学内容奠定了基础。

(二) 理解"雾凇"的形成过程

师：我们将要学的这篇课文把雾凇的形成过程写得非常生动、形象、优美。课文的哪一个自然段写了雾凇形成的经过？

生：第二自然段。

师：今天我们就集中学习第二自然段。雾凇形成一般要8到10小时，但第二自然段用几句话就写清楚了，我们一起来读一读。请前排的同学每个人读一句，一共几句话？（8个句子，每人读一个句子，略。）

师：这8句话之间有什么联系？想一想，如果这8句话中只要留下一句最重要、最核心的话，应该是哪一句？如果你读的那一句不是最重要、最核心的，那么请坐下。（几个学生迟疑了一会儿，就纷纷坐下。只有第一个和最后一个学生还站着。）你们两个只能留一个！（众大笑，最后一个学生想了想，坐下了。师问第一个学生）

师：你为什么要站着？

生：因为我最重要。

师：每个人都是重要的！

生：因为我读的句子最重要。

师：说说重要在哪儿？

（生无语）

师：想一想，你读的这个句子和下面的句子是什么关系？

（生仍不明白）

师：我和你是什么关系？

生：老师和学生的关系。

师：所以我领着你学习啊！你读的这个句子呢？

生：（恍然大悟）这个句子是领着下面的句子，是总的说的。

师：下面的句子——

生：下面的句子是分开来说的。

师：**所以是总分关系。**这一句是概括说的，那么下面句子就是——

生：具体说的。

师：第一句是概括写雾凇形成的科学原理，后面的7个句子是具体写雾凇是怎么形成的过程。所以，这一个句子就是这一段话的——

生：中心句。

师：你发现了吗？你越学越聪明啦！

（生微笑着坐下）

师：别急着坐下嘛！（众笑）请你读好这个重要的句子。

（生读得不流畅）

> 薛老师用生动形象的方式让学生通过朗读，自己去理解、体验句子含义与作用，并完成了信息筛选任务，把中心句找出来了。

> 老师通过类比的方式，启发学生理解了这段话中句子与句子之间的关系。

师：这是一个长句子，要注意停顿。听老师读。（师范读）
（生再读，仍不流畅。）

师：你先读好这个词组，跟着我读：饱和的水汽，过于饱和的水汽，空气中过于饱和的水汽，遇冷凝结而成。连起来读：空气中过于饱和的水汽遇冷凝结而成。
（生再读，很流畅）

师：**你连读三遍，看能不能背下来。其他同学和他一起读吧！**
（生齐声朗读，并齐背。）

【观察者点评】在这里"连读三遍"有什么道理呢？

师：**重要的句子就是要熟读成诵**。接下来的7个句子就是将雾凇的形成过程具体写出来了。第二排的同学每人读一句，看看你读的这一句是写水汽、雾气，还是霜花、雾凇。

生："从当年12月至第二年2月间，松花江上游水库里的水从发电站排出时，水温在4摄氏度左右"这一句写的是水汽。

师：水汽在哪里？

生：在江面上飘荡着。因为12月到第二年2月，松花江那里的气温都是零下十几摄氏度，（师插话：甚至零下几十摄氏度）4摄氏度左右的水排出时就会在江面上形成水汽。

师：**冬天你呼出的热气就成了白色的水汽，夏天就看不到了。道理是一样的。**

【反思】
　　薛老师在这里唤醒"生活经验"，帮助学生理解关键概念。你觉得这里还可以补充哪些生活经验来促进学生的学习呢？
　　_____
　　_____

生："这样，松花江流经市区的时候，非但不结冰，而且江面上总是弥漫着阵阵雾气"这句写的是水汽变成了雾气。

师：4摄氏度左右的饱和的水汽遇冷就在江面上凝结成了浓重的雾气。

生："每当夜幕降临,气温下降到零下 30 摄氏度左右时,这雾气便随风飘荡,涌向两岸,笼罩着十里长堤"这句写的也是雾气,笼罩在十里长堤上。

师：随着温度的下降,雾气就越来越浓。

生："树木被雾气淹没了"这句写的也是雾气。

生："渐渐地,灯光、树影模糊了"这句写的也是雾气。

师：你们读的句子都是写的雾气,有什么不同吗?

生：雾气越来越浓了。

生：雾气从江面上飘到了长堤上,又淹没了树木和其他的东西。

师：请你们每个人从各自读的句子中找出一个表示雾气变化的动词。(生纷纷举手,并陆续写在黑板上：弥漫、笼罩、淹没、模糊)

【观察者点评】这里强调"用词准确"有何作用呢?

师：你看,这些词语就准确地描写出了雾气的变化程度。说明性的文章用词要准确!

生："这蒸腾的雾气,慢慢地,轻轻地,一层又一层地给松针、柳枝镀上了白银"这句写的是雾气。

师：你再想一想,这里的雾气有什么变化吗?

生：变成了白银。(众笑)是霜花。

师：这里的雾气遇冷凝结成了霜花,这里没有出现"霜花"这个词语啊?

生："白银"就是"霜花",是一个比喻句。

师：聪明!这里也没有出现"凝结"啊?

生："镀"就是"凝结"。

师：对啊!洁白的霜花一层一层地凝结在松针上,就好像在金属上镀色一样。你再读一读吧!(生富有感情地朗读)

生："最初像银线,逐渐变成银条,最后十里长堤上全都是银松雪柳了"这句写的是雾凇。

师：雾凇在哪里?

生：那些"银线、银条、银松雪柳"都是霜花凝结在树上的样子,都是雾凇。

师：这些词语还写出了雾凇的变化!那么,为什么要比作"白银、银线、银条、银松"呢?

生：因为雾凇是白色的。

师：白糖也是白色的啊！（众笑）

生：白糖只可以吃，但是沾不到树枝上，要落下来的。

师：白漆可以了吧？（众大笑）（生无语）

师：白银，白色的银子——

生：白银很珍贵，雾凇也很珍贵。

师：珍贵的东西就珍惜，就喜爱，就珍爱！这个比喻其实隐含着作者的感情——

生：喜爱雾凇。

生：赞美雾凇的美。

师：作者的比喻，背后藏着感情。因为喜欢它所以用这样美妙的比喻。把这两个句子好好体会一下，再读一读，感觉就不一样啦！

（生富有感情地朗读，背诵）

【反思】

下面一段关于雾凇形成原理的说明文字若补充在这里让学生学习，教学上可以怎么安排呢？

雾凇非冰非雪，而是由于雾中无数零摄氏度以下而尚未结冰的雾滴随风在树枝等物体上不断积聚冻粘的结果，表现为白色不透明的粒状结构沉积物。雾凇形成需要气温很低，而且水汽又很充分，同时能具备这两个形成雾凇的极重要而又相互矛盾的自然条件更是难得。

_____

_____

_____

师：形成雾凇一般要8到10小时，第二段只写了8句话。但是你读了这8句后，感觉这个形成是不是一个很漫长的过程？文中哪些词句表现了这个漫长的形成过程？

生：（纷纷发言）慢慢地、轻轻地、一层又一层、最初、逐渐、最后……

师：在这些词下加点，好好读一读，要把它缓慢变化的过程表达出来。

（生轻声朗读，并背诵段落）

【要点评议】

第二环节是在第一环节基础上的推进，在第一环节听写过的几个词语，原来是第二环节的关键概念。两个环节的内在一致性，为学生说明文阅读经验的发展提供了合理的通道。在这个环节中，薛老师重点引导学生通过理清句子之间的关系，正确理解雾凇的形成过程。教的主要是说明文的阅读方法，学生采用的是理性的、分析的学习方法，教学内容符合课文体式的要求。

如果说用词准确是说明文体共有的特征，那比喻的运用则显示出本文的独特性。比喻修辞的深入探析，揭示了文本中作者隐藏的一种赞美之情，这种隐藏的情感到文章最后作者才通过引用加以明示。所以这里对比喻的教学实际上是为学生建立了一种文本的内在关联，便于学生对文本的深入学习。

（三）探寻雾凇之美

师：课文最后一段话中，哪些词句体现了雾凇的美？

生：（自由朗读后）千姿百态，琼枝玉树。

师："琼"字怎么理解？

生：就是"美玉"的意思。"琼枝"就是用美玉雕刻成的树枝。

生："忽如一夜春风来，千树万树梨花开"也是写出了雾凇的美。

师：何以见得？

生：梨花开就是说雾凇像盛开的梨花一样美丽。

师：这是唐代岑参写的一首边塞诗《白雪歌送武判官归京》，前面四行是这样的："北风卷地白草折，胡天八月即飞雪。忽如一夜春风来，千树万树梨花开。"诗句中是把满树的白雪比作盛开的梨花，而这篇课文中是引用这句诗，赞美十里长堤上的雾凇奇观就像千树万树盛开的梨花一样美丽动人。一起来读一读这诗句。（生齐读）

【要点评议】

这是这节课的第三个环节，对雾凇的美，薛老师并没有铺展开来欣赏，只解释了一个词和一句诗，就把雾凇之美教完了。从这篇课文的体式来看，这种做法是合宜的。因为说明文主要是让学生获得一种知识或明白一个科学道理，它的阅读方式应该是实用的、分析的或阐释性的，而不是审美的或鉴赏性的。要言之，**教学这类文章的最终目标是提高认识而不是获得美感。**

（四）课堂练笔——仿写雾的形成与消散过程

师：我们江南没有北方那么寒冷的天气，只有雾而没有雾凇。前两天刚刚经历了一场大雾，你能模仿课文中第二自然段的写法，借用文中的词句，将大雾的形成、消散过程写出来吗？

（生快速写作）

师：谁愿意来交流一下？**注意倾听他用了哪些准确的词句来描写，用了哪些词句写出了变化的过程。**

生：早晨，推开门一看，嗬，好大的雾啊！远处的高楼、树木全都淹没在白色的雾气里，白茫茫的一片。大街上的车子、行人都变模糊了，只听得到汽车的喇叭声、自行车的铃声。（师插话：只闻其声，不见其人。）只有近处车子的跳灯一闪一闪地慢慢爬着。（师插话："爬"写出了慢，好！）我乘上了爸爸的汽车，开到了郊外，居然连马路都看不见了，只能看到前面汽车屁股后面的红灯在闪烁。（师插话：雾越来越浓啦！只能看见车屁股了！众大笑。）大雾也弥漫了整个校园，就连对面走过来的人，我都难以看清楚，一不小心就会撞个满怀。（师插话：雾更浓了！）大人们可烦恼啦，可我们却乐坏啦！（师：你想干嘛？说清楚！众大笑。）我们就像在仙境中一般，又像浸在牛奶里一样。（众大笑。师插话：加一句"浑身湿漉漉的"。喝够了没？众大笑。）这样的大雾一直持续到午饭的时候，太阳才露出一点点脸来，雾终于慢慢散去了。

（掌声）

师：你们没有这样的体会？

生：有！

师：把你们写的表示雾气变化的精彩语句和大家分享一下吧！

生：大雾笼罩了整个小镇，所有的房屋、树木、街道都浸在白色的雾气里。

生：大雾渐渐地弥漫开来，就像在你的眼前拉起了一大块白色的纱布，什么都看不清了，就连十字路口的红绿灯也变得模模糊糊了。

生：走进学校，广场上只听得见同学们的惊叫声，却看不清人在哪里。我凭着感觉往教室方向走，简直就像在黑暗中摸索一样，真的很好玩！

师：你是通过自己的感受来写雾气，是间接写的。

师：（指一生）你能为这些句子加一个总起句吗？

生：雾，就是空气中过于饱和的水汽遇冷凝结成的小水滴，飘浮在空中。（众笑）

【观察者点评】大家为何笑这位同学？

师：很理性哦！这是雾的形成原理，可以用啊！如果我们能做个有心人，那么对雾气的形成会有更真切的认识，写得也会更加准确、生动！课后请修改你的短文。

【要点评议】

这节课的第四环节是课堂练笔——仿写，重点是模仿课文写雾凇变化过程的写法，写一段关于雾的变化过程的文字。这种读写结合的方式很有意义，可以进一步深化对课文知识的学习，并能引导学生联系生活实际，灵活运用所学知识。

从两位学生的学习样本（即读出来的所写内容）来看，薛老师的指导似乎缺少了力度，主要体现为对学生写出的文字缺乏相应体式的精准的评价标准。具体地说，就是薛老师在这里可能更多的是满足于学生只要能用一些词语把雾的变化过程通顺连贯地写出来就可以了。从这个宽泛的标准来看，薛老师的目标是达到了的。

但我们应该看到，在这里安排学生练笔仿写，其实还有一个更重要的目的，那就是写出切合课文体式特征的文字。也就是说，需要让学生按照说明文的体式特征来仿写雾的变化过程。因为抽空了体式特征，这段仿写就没有太大意义，就会变成一种纯粹对一件事的记叙。如两位同学所写的文字都是在表达自己所经历的一件事,记叙或描写的是自己"遇到"或"经历过"的关于"雾"的情景。而这与本文的学习关联性就不大了。

本来有一个机会,薛老师可以扭转这个局面的,就是最后那位学生加了一个总起句时,大家都笑了。这时,薛老师也加以了肯定:"很理性哦!这是雾的形成原理,可以用啊!"可能是时间关系,要下课了,所以来不及作出更深入的指导。这位学生说的这句话,为什么会让大家发笑呢?**主要原因可能是来自体式特征的冲突。**因为他的体式特征(说明文的体式)与前面两位发言的同学的体式特征(记叙文的体式)差异很大,所以大家感到很突兀。若这时抓住学生学习中呈现的这个体式特征的"矛盾",引导学生来辨析、讨论、修改,或许会引发学生对说明文体式特征有更加深层次的认识和领悟。总之,**这次仿写,若按照说明文的体式来指导和评价学生的写作,其价值或许会更大。**

问题研讨

1. 教学内容与说明文体式特征具有一致性

薛老师把这篇课文当作说明文来教,这个判断是正确的。我们从教学实录中也可以看到,这节课的教学内容与说明文的体式特征具有一致性。第一个环节的词语听写和内容讲述,主要是探查学生在预习这篇课文之后获得了哪些基本信息,这是课堂学习的基础和前提。听写的词语和讲述的内容都是解释或说明"雾凇"这一自然现象的关键概念,例如饱和的水汽、雾气、霜花、遇冷凝结等词语正是这篇文章的核心概念,理解了这些概念,才能顺利地把握"雾凇"这种现象的形成原因。这也正是说明文的阅读所需要的基本方法——分析理解关键词。

第二环节重点是筛选信息,引导学生通过分析句与句的关系来理解段落的含义,进而明白"雾凇"这一自然现象的形成原理。**在解读课文的过程中获得解读方法,正是说明文的阅读立场。**第三环节是学习课文的最后一段,即主要是写"雾凇"之美的文字。薛老师对这段文字的教学,并不像有的教师那样,又是多媒体课件,又是视频呈现美景,他只解决了学生的两处疑难,补充了课文引用的诗句。这个环节的内容也是基于说明文的体式特征而作出的合适的处理,因为作为说明文,中间是分析与解释这一现象的基本原理,最后自然是一个总结,虽然也有引用,但其目的还是为了更清晰地解释雾凇这一现象,而并不是一种散文式的借景抒情。其所谓的"美感",也是服务于对这一知识的介绍。最后安排的仿写训练,其目标也是指向第二段文字里面的说明性特征。

从总的教学内容看来,薛老师在这节课里牢牢把握了课文的体式特征,这在当前语文教学中"体式意识"异化与弱化的背景下,表现出非同一般的清醒和犀利。

2. 采取有效策略落实核心教学内容的学习

关于这节课的教学策略及其作用,有许多教师都作过评析。有的教师认为薛老师上课一开始,听写四个词语,接着引导学生弄清词义,然后指导学生用这四个词讲述"水汽"到"雾凇"的变化;在这样的基础上,告诉学生,学习说明文,要把相关的概念、关系弄清楚。这个策略看似传统且简单,其实匠心独运,在"导学"方面起到了"一石多鸟"的作用:其一,形象地揭示了"水汽"到"雾凇"的变化过程;其二,学生理解了相关的名词术语,有助于理解课文内容;其三,对于学习说明文起到"导向"的作用。[陈宝铝.新课标背景下的"导学"策略浅探、语文教学通讯,2012(6C).]

也有的教师认为,文中介绍的吉林雾凇,距离学生的生活有一定的距离,其形成过程中的物理变化,学生在理性阅读的层次上也欠缺建构的知识基础。薛老师精心提取了课文中"水汽、雾气、霜花"几个词,引导学生根据课文的预习,一步一步梳理,将原本感到陌生、遥远的"雾凇"还原成生活中的"小冰晶",拉近了与文本文字的距离,阅读中的认知难点在不知不觉中得到化解。词串的梳理过程,就是学生在教师引导下,再次与文本对话的过程。在这个过程中,教师的引导者角色得到充分体现,学生在对话中一步步走进文本深处,初读课文时模糊、不准确的认识逐渐清晰、精准起来,文本主线得到了清晰提炼,整体感知深刻而又生动,为后续的品味文字、积累语言奠定了良好的基础。[余永洋.串珠成线,整体感知.江西教育,2012(9).]

还有的教师认为,从这节课可以看到,在薛老师的课堂上,学习是一件非常愉快的事情。薛老师的幽默无处不在。幽默的交流,既尊重了孩子犯错误的权利,也为课堂教学营造了轻松、和谐的氛围,让学生乐学、想学,主动地学。同时,薛老师很注意教给学生学习方法,例如,掌握生字词的方法(把难写、容易写错的字放大,自己的错别字自己改正);通过朗读来理解、体验句子含义的方法,让孩子们在读的过程中,自己体会句子在文中的作用,发展学生的自主探究能力。引导学生自主发现方法,当学生的理解不太准确时,薛老师没有直接告诉学生答案,而是通过打比方,让学生自品自悟。学生读书不流畅时,能调整教学策略,通过范读与领读,使学生很快掌握了读书方法。[薛法根,邱成立.和谐、简单、扎实、有效的语文课堂——《雾凇》教学实录及评析.小学教学·语文版,2010(7—8).]

资源链接

1. 薛法根,邱成立.和谐、简单、扎实、有效的语文课堂——《雾凇》教学实录及评析.小学教学(语文版),2010(7—8).

2. 金立义,李琳.精选教学内容 实现美丽转身——《雾凇》第二课时教学设计及评析.小学语文教学,2011(10).

3. 徐萍.备课重在"目标" 教学重在"方法"——《雾凇》磨课手记.小学教学设计(语文),2012(11).

4. 秦斌.《雾凇》教学.小学语文教学,2009(11).

5. 吴忠豪主编.语文教育研究大系·小学教学卷(1978—2005).上海教育出版社,2007.

后续学习活动

任务1:请从体式特征角度谈谈你是否认同下面一段话的看法,为什么?

《雾凇》是一篇写景的文章,作者以清新明快的语言,描绘了吉林雾凇千姿百态、奇特壮美的景象,全文仅330字,但意蕴颇丰。在课堂教学中,教师要注重挖掘文中的美育因素,引导学生去发现美、感受美、欣赏美,在潜移默化中提高学生的语文素养。

任务2:下面也是一篇关于"雾凇"的文章,请从体式角度谈谈它与课文《雾凇》的不同之处。

雾凇:大自然的恩赐

1月中旬,记者回老家吉林市看望父母。一大早,从江边晨练回来的老爸,刚进家门就兴冲冲地说,"阳阳,咱们快点吃早饭,今天江边的雾凇可漂亮了,一会儿给你姐打电话,大家一起去照相。"

"雾凇?"我心中不禁一喜。这个小时候经常在冬天能看到的奇特景观,如今对于我来说已经有些许陌生。因为,松花江边雾凇的形成有其特殊条件,必须是头一天晚上松花江面雾气腾腾,气温在零度以上,而第二天清晨气温一般低至零下20℃—25℃。这种巨大温差,导致水滴过冷凝结在树枝上,从而形成雾凇。

自从在长春成家立业后,虽然每年冬天都回家几次,但往往因为这样那样的原因,错过了欣赏雾凇的最佳时机。因为一般到了上午10点左右,雾凇就开始在阳光的照射下,一片片从树上脱落,所以要想拍照就要趁早行动。

待穿戴整齐后,拿好相机,和父母来到松江中路,姐姐一家已经等在那里。只见蜿蜒的松花江面,流水潺潺,雾气氤氲;堤岸两侧的垂柳松枝,凝霜挂雪,披银戴玉,仿佛置身于童话般的世界。这就是与泰山日出、黄山云海、钱塘大潮并称为中国四大气象奇观的吉林雾凇。

然而,吉林雾凇与其他三处有一个最大的不同,就是它的不可预知性。雾凇来时,"忽如一夜春风来,千树万树梨花开";雾凇去时,"无可奈何花落去,似曾相识燕归来"。说来就来,说走就走,这种神秘飘渺的性情,难免让许多人在偶遇中沉醉,在错过时惋惜。

"小姨,我想出了一个绝妙的点子,一会儿一定给我抓拍好。"外甥女声音脆脆地说,让我从感慨中回过神来。只见她站在一棵柳树下,猛地跳起来,拽下最低的一根树枝,片片雾凇顿时像雪花一样洒落下来,弄得她满头都是,逗得周围的家人开怀大笑。

这个时候,江边的人群也开始多了起来。有当地的老百姓,也有操着外地口音的游客。他们大都三两成群,挂着照相机,穿梭在造型各异的雾凇丛中。待选好最佳位置,把自己的倩影连同这人间奇景共同摄入镜头,留下快乐美好的回忆。

"美女,能帮我们拍张照吗?"一位明显操着广东口音的女士礼貌地询问记者。据了解,这位女士和她丈夫是广州人,在网上看到了吉林省与广东省交换冬天的新闻,对白山松水的冰雪世界充满好奇。"我们早早地就买好往返机票,打算在东北多玩两天。昨天晚上还吃了小鸡炖蘑菇、猪肉氽酸菜。东北人的热情和豪爽让我们印象深刻,有机会还要到吉林来!"

一方水土养一方人,吉林市人与雾凇相依相伴,也拥有了共同的气质:冰清玉洁、不事雕琢的风格,无私奉献、质朴无华的品格。这样的吉林人,正在用智慧和力量谱写着新的华彩乐章。

(来源:吉林日报,2014 年 2 月 11 日. 作者:王子阳. 中国新闻网:http://www.chinanews.com/qxcz/2014/02-12/5828379.shtml.)

破解实用文"论证方式"蕴含的奥秘
——《真理诞生于一百个问号之后》课堂教学研讨

执教教师简介

薛法根，基本情况见前一专题相关内容。

课例导读

课文《真理诞生于一百个问号之后》出自人民教育出版社出版的义务教育语文教科书六年级下册，这篇课文的主要内容和教学现状，我们在本书"共同备课工作坊"已进行过介绍，此处从略。

我们在这里选取了薛法根老师任教的《真理诞生于一百个问号之后》课例，主要讨论作为实用文的议论文阅读教学内容该如何来确定和展开。**具体讨论两个问题：(1)实用文阅读教学的核心教学内容选择的依据是什么？(2)教师的"提问"在促进学生的深度学习中起了怎样的作用？**

热身活动

课文《真理诞生于一百个问号之后》用了三个事例来论证观点，它们是"洗澡水的漩涡""紫罗兰的变色""睡觉时眼珠的转动"。你在教学时一般是怎样处理这三个事例的呢?请选择一项并说说理由。

(1)按顺序逐个分析其中包含的道理;(2)把每一个事例与观点对照起来逐个分析;(3)先找出三个事例相同的地方,从中分析论据与论点的关系。

教学实录

(一)引导学生对课文标题质疑提问

师:今天我们学习一篇课文,大家读一下标题。(板书标题)

生:真理诞生于一百个问号之后。

师:标题比较长。所以要注意停顿。

生:真理诞生于一百个问号之后。

师:对,注意停顿读。

生:真理——诞生于——一百个问号之后。

【观察者点评】为何要让学生读标题呢?

师:这样读就有节奏。另外还要注意,要有重音。很重要的,再读。

生:真理——诞生于——一百个问号之后。

师:再读,齐。

生:真理——诞生于——一百个问号之后。

师:长的词语,长的句子,要注意停顿。另外要注意重音的落点,这样子就比较有节奏。听着就比较舒服。有人说,真理诞生于一百个问号之后——著名的科普作家叶永烈说的——这一句话本身就是一个真理。大家同意吧?

生:同意。

师:赞成吗?

生:赞成。

师:相信吗?

生:相信。

师:没问题吧?

生：没问题。

师：没问题吧？

生：没问题。

师：真的没有问题？

生：没有。

师：一个问题都没有？

生：没有。

师：大家都知道没有问题，你看看，真理要诞生于一百个问号之后，你们现在一个问题都没有，就认为这句话就是真理了？**很显然，敢于怀疑别人的观点，勇于提出自己的疑问，是诞生真理的先决条件，这种精神叫科学精神。**那么你现在再听见叶永烈先生说，这句话本身就是一个真理，你相信吗？

生：不相信。

师：要敢于提出自己的疑问。你有什么疑问吗？

生：我个人觉得真理未必一定是诞生在一百个问号之后，也没准是50个，20个。

师：这100个并不一定是实际的100个，对不对？

生：大约。

师：不是，100个表示很多很多，绝对不是一个也不是两个。好的，这个问题提得好，敢于提出问题，就向真理迈进了第一步。就这一个问题？真理就诞生于一个问题之后？

生：那些问题大致要经过哪几个过程才能诞生出真理？

师：好，是怎样经历研究的过程的，你提出第二个问题了。

生：真理能不能在其他的地方诞生呢，不需要在问号之后？

师：在问号那里诞生的，可不可以在逗号那里诞生呢。在其他的地方诞生呢，是不是一定要诞生在问号之后呢？好，第三个问题，不管是对还是错。敢于提出问题就向真理迈出了一步。

生：真理一定要诞生在问号之后吗，可以听取别人的意见都可以的，为什么要问呢？

师：好，这是第四个问题。不管你们的问题对不对。还有问题吗？来。

> 教师让学生读顺标题之后，鼓励学生要敢于怀疑别人的观点，勇于提出自己的疑问。由此引发学生对课文内容的学习。

生：为什么100个问号之后是真理而不是答案呢？

师：这是一样的，这是你个人的理解问题。提不出问题来了？

生：为什么真理诞生于100个问号之后，而不是100个逗号之前。

师：没有问号就诞生真理了？天上掉下来的是不是？好了，也有这种可能。

生：我觉得问了那么多次之后，不一定能找到真理。

师：对，有100个问题也不一定能诞生真理是不是。第五个问题。还可以这样问：你这句话什么意思呢？你这个是真理吗？要解释的，这句话你怎么解释？怎么理解？再比如说，你说真理诞生于100个问号之后，有没有典型的事例，你怎么证明？对吧，是不是符合逻辑的，这些都是我们由这一句话产生的疑问。而这些问题，这些疑问如果加以证明，加以解答，那么我们就能够相信这一句话本身就是一个？

生：真理。

师：明白了吗。所以今后读到这句是真理，相信吗？

生：不相信。必须要问。

师：要怀疑，要提问，记住了吗？这是什么精神？

生：科学精神。

师：我们需要科学精神。好的，我们一起再读一遍课题。

生：真理诞生于一百个问号之后。

【要点评议】

　　引导学生反复朗读标题，鼓励学生对标题加以质疑，这是阅读议论文的一个基本立场。薛老师在这节课一开始就强调这一点，对增强实用文阅读中的体式意识，进而引导学生依据相应的体式开展阅读起了很好的导向作用。而这一基本立场又与课文的基本观点——善于发问的科学精神相呼应，可见其教学设计的匠心所在。

（二）讨论课文的基本观点

师：这句话到底什么意思呢？打开课文。课文的第二自然段就写了这一句话到底怎么理解，什么意思。我请一个同学来读，谁愿意。我发现这三个男生非常的积极,给老师的第一印象——这三个男生一直举手,现在我请一个女生来读,其他同学拿起课本。

学生(朗读):纵观千百年来的科学技术发展史,那些定理、定律、学说的发现者、创立者,差不多都很善于从细小的、司空见惯的自然现象中看出问题,不断发问,不断解决疑问,追根求源,最后把"?"拉直变成"!"找到了真理。

师:读得非常好,非常流利、流畅。我现在问一下,这段话读得懂吗?

【观察者点评】教师是如何解决学生提出的"司空见惯"的问题的?

生:读得懂。

师:没什么问题吧?有不懂的可以问,如果你没有问题说明你读得懂,大体的都懂,有问题吗?

生:"司空见惯"是什么意思?

师:请你画下来。好,他提出了一个"司空见惯"什么意思,刚才没有举手的同学来解释,没有举手就说明你懂了。我看这个同学非常地好,来,你说。

生:我认为司空见惯是一种非常习惯、非常平常的一件事情,就比如说我们小学生,一周有五天是要上学的,司空见惯的事。

师:对,一星期要上五天学,上四天学就不正常了,上五天就正常了,大家看得习惯了,看得正常了叫司空见惯。他用举例的方式来解释这个词语的意思,懂了吗?有问题吗?

生:没有。

师:都没有,这个词语就这么解释?

生:我还有问题。

师:不,我们就解释这个词语。

生:我想问司空见惯中的"司空"什么意思?

师:"司空"什么意思,对,为什么是司空呢?为什么是司空见惯呢?我们古代有很多名词,比如说司空,还有什么?

生:司马光。

师:司马、司徒是不是。为什么是司空见惯,能不能司马见惯,能不能司徒见惯。

生:这和姓没有关系。

课例研究工作坊　　191

师：那老师告诉你们，司空是古代的一个官职、官名。知道吧，这个司空是干什么的呢？是中央政府里面掌管全国建设工程的，就是造房子的，造水利的，造工程的，叫司空，相当于我们现在建设部的部长。古代还有一种官职叫司马，司马也是官名，他是掌管全国什么的呢？——军队，相当于国防部的部长。还有司徒是掌管全国的什么呢？——教育、民生工程，相当于我们现在国务院的总理。唐代有一个司空，你们肯定听说过他的名字。他写过一首诗《悯农》。有一年他请一个大诗人吃饭，这个大诗人你们肯定知道。

生：刘禹锡。

师：对，刘禹锡。刘禹锡在江南做刺史，刺史是地方官。做地方官，他退休了，然后李绅请他到京城里面吃饭。这个饭吃的不一样，非比寻常。什么样好吃的菜都上来了，这个还不算数，他还请了很多的歌妓，一边唱歌一边跳舞来助兴。这个场面非常地奢华，刘禹锡在地方上从来没有见过这么大的豪华的酒宴的场面。他觉得这个是做京官，做司空，这个司空太奢侈了。于是，当场就写了一首诗。想听听吗？第一句，叫"高髻云鬟宫样妆"就是这个歌妓打扮得非常漂亮。第二句"春风一曲杜韦娘"，讲这个歌妓唱的歌太好听了。第三句，叫"司空见惯浑闲事"，什么意思？你这个建设部部长这样的生活天天过，见怪不怪了，已经当作平平常常的事了。第四句叫"断尽江南刺史肠"，让我这个江南的刺史怎么样？心疼，肝肠寸断，你太腐败了，太奢侈了。明白了吗？所以后来就留下来一个成语叫司空见惯。是用来讽刺谁的？

生：李绅的。

师：李绅的，太奢侈了，来一起读一读最后两行。

生：司空见惯浑闲事，断尽江南刺史肠。

师：最后留下一个成语叫？

生：司空见惯。

师：那个时候做的什么官？

生：司空。

师：这是一首讽刺诗。讲的是原来不正常的现象，被他看得多了，做得多了就习以为常了——司空见惯。

生：司空见惯。

师：刚才这个同学讲的例子是说，我们一星期要念五天的书，这是司空见惯。还有一种现象也是司空见惯的,但是就是讽刺的,你说。

生：没有。我在想。

师：有吗？也是讽刺的,有吗？很多,你说。

生：八卦新闻。

师：大家都在传八卦新闻,司空见惯了。这种现象好不好？正常吗？

生：不正常。

师：讲的人多吗？

生：多。

师：上公交车抢座位,正常吗？

生：正常。

师：抢的人多了呢？

生：司空见惯。

师：对,含有讽刺的意义。知道了吗？

生：知道了。

师：你看,这位同学很好,提出了司空是什么意思,为什么是司空呢？这叫不问不知道,

生：一问吓一跳。

师：不是吓一跳,是问了才知道。所以这个成语原来有一个典故,你知道这个典故就知道了这个成语的出处,于是你就诞生了一个关于这个成语的什么？

生：真理。

师：所以什么很重要？

生：问号。

师：对,问号很重要,如果没有他这个问题我们就不会懂得司空见惯,我们给他掌声。叫什么名字？

生：杜雨生。

【反思】

　　结合"问号很重要,如果没有他这个问题我们就不会懂得司空见惯"这句话的理解,你认为教师在这里花那么多时间讲"司空见惯"这个成语有什么依据吗？

_____
_____
_____

师：很好，真理诞生于一百个问号之后。好了，再看这小节还有问号吗？你不要不懂装懂。我就发现这几个同学举手，其他的同学没有问题？有一个同学戴了一副眼镜，看起来很有学问的样子，有吗？真的没有？就这两个同学，班级里就这两个宝贝？敢于提出问题，什么是敢于，不懂就问，好，这个同学。

生：我想问"追根求源"的问题。

师：好的，这个词语你们都划起来，等一下我们解决，还有吗？刚才人家提词语了，还有其他的问题吗？来。

生：之后把问题拉回去变成反问号，其实有一点明白的，但是不是知道得太详细。

师：你把有点明白的意思说说看。

生：追根求源就是把问题变成感叹号，原本就是提出问题的，找到问题的答案之后，这个感叹号可能是一种强调的意思。

师：好，这个叫什么，这个是在我们学习当中经常会出现的现象，但是我说不清楚是不是，非常好，这也叫提问，不要觉得有点懂就放过去了。这个同学叫什么名字？

生：王聪。

师：聪明的聪是不是？

生：对。

师：太好了。请你们把它划起来。学习就是这样的，你没有问号？有的问号不是全部都懂的，是似懂非懂。说不清楚，这个时候一定要提问，好，现在问一下这句话，这句话当中有两个标点符号，一个叫问号，一个是——

生：感叹号。

师：我们看一下课题，这个问号是什么，感叹号是什么？王聪。

生：问号是指——

师：看了题目就知道问号是指什么,感叹号是指什么。

生：问号是指问题。

师：对,上面这是有一个问号。

生：感叹号可能是指答案——真理。

师：对,正确的答案就是真理。现在知道了问号就是指问题,感叹号就是指真理。把问号拉直变成感叹号,你说这是什么意思。

生：就是从问题中找到真理。

师：就是什么意思？

生：真理诞生于一百个问号之后。

师：明白了没有？就是课文当中这句话的意思就是把问号拉直变成感叹号,这句话的意思就是,读。

生：真理诞生于一百个问号之后。

师：意思一样的,只不过是换了一种说法。是不是这样,懂了吗？有问题吗？

生：没了。

师：你没了,我有问题。

师：既然两句话的意思是一样的,那为什么他不说真理诞生于一百个问号之后呢？而一定要说把问号拉直变成感叹号找到的真理呢？啰哩啰嗦的,这个题目多简洁,为什么？王聪。

生：符号的话大家可能不太明白他的意思。因为你可能只写一个问号别人不知道你说什么,以为你说鸟语呢。这个可能就是你写的表达形式,就是别人不知道了,你自己知道的意思,需要用文字来表达。

师：你说反了,你知道吗。这个符号看得懂吗？这个什么东西？（指着黑板上的问号）

生：问号。

师：这个什么东西？（指着黑板上的感叹号）

生：感叹号。

师：一看就知道。符号比语言看上去更形象,更简洁,更明了。我画一个圈,这个

> 依据学生的疑问,顺势引导学生把第二段表达观点的句子加以分析理解。理解的过程中牢牢抓住其与标题之间的呼应关系。

就是一个圈,对不对。画这个东西是什么?

生:问号。

师:画一个这个东西是什么?

生:感叹号。

师:你看这个东西,拉拉拉,就成了什么了?

生:感叹号。

师:形象吗?

生:形象。

师:生动吗?

生:生动。

师:好看吗?

生:很好看。

师:那老师告诉你们,为什么会用上面的这种很简洁的语言的表达方式呢?这就是同一个意思可以有不同的表达方式,这样的表达方式不是鸟语,不是让人看不懂,恰恰相反,他是用生动、形象、具体的方式,让所有的人一看就明白了。懂了吗?所以这句话很重要,来一起读"追根求源",齐。

生(朗读):追根求源,最后把问号拉直变成了感叹号,找到真理。

师:你看,我们有时候写文章,不一定要全部用语言,有时候用符号是不是更让人在阅读的时候有一种惊喜之感,有一种形象之感。这样就读懂了,你还有问题?

生:词语问题。

师:关于词语的问题,有些人提出的问题很好,但是这个问题你说你有什么办法可以解决吗?

生:问同学。查字典。

师:对,可以查查字典,并不是所有的问题都要向老师问,老师可以做活的字典,但是这个字典不会在你这边的,你可以经常拿一本真的字典查一查。

生:我认为最后把问号拉直变成感叹号,我觉得应该站在科学家的角度,可以理解成问号跳起来就变成直的了。

师:好,你看,他有一种想象。就是解决了问题,人们都非常的兴奋,激动,所以这个感叹号不但是表示找到了真理,而且是代表了人们的一种喜悦。科学家的一种心情,所以用感叹号,补充得非常地好。

生：还有。为什么不能把感叹号变成问号,而是问号变成感叹号,也就是从真理中找到问题。

师：你这个思维方式和我们是不一样的。是逆向思维。你可以写另外一篇文章,好不好。你看刚才没有问题,现在有问题了吧。更多的问题说明马上就找到真理了,第二小节解释了这句话的意思,但是他这样一解释,我们是不是就完全地相信了？

生：半信半疑。

师：对。那要怎么样？

生：举例证明。

【要点评议】

教师在这个环节讨论课文基本观点时,有两个方面做得非常好：

一是讲"司空见惯"这个成语,教师引导得非常巧妙,虽然有些学生能够解释这个成语的意思,但教师还是结合这个成语的典故和学生的生活经验加以了详细的讨论,这一举措除了丰富了本课的教学内容之外,更为重要的是要引导学生在思维方式上与本文一致,让学生通过这一个成语去理解本文作者提出的追根求源的科学探索精神。

二是在讨论"同一个意思可以有不同的表达方式"时,教师在纠正学生的错误理解的基础上,很精到地点出了文章用"问号"和"感叹号"两个符号之间的关系,引导学生明白了作者在表达方式上的特色。

(三) 探究作者是如何论证基本观点的

师：对,用什么事例来证明。对不对？好,现在我们快速地默读下面的段落。他用了哪几个事例来证明。要快。默读,没有声音,用眼睛扫描,六年级的同学应该会快速地扫描,划下来,哪几个事例,每个事例用一个词概括。我来看看你在哪里划的,看划的位置我就知道你会不会快速地浏览。

(教师巡视,看学生的阅读情况)

师：完成的请举手。哪几个事例？

生：洗澡水的漩涡，紫罗兰的变色，睡觉时眼珠的转动。

师：几件事？

生：三件。

师：来，找对了的举手，他划的是词语，在第几自然段？

生：第六自然段。

师：第六自然段。对不对。这个东西呢，第三、第四、第五三个自然段，前面划了好多的句子，但是你没有往下看，依次往下看，看到第六个自然段出现了三个事例。第六自然段和前面自然段是什么关系？什么关系都不知道？前面三个小节，一个小节写一件事，到了第六小节就是。

生：概括。

师：叫前分后总。所以这个小节是什么？总结。分和总的关系，这个要非常地清楚，所以我们要概括的时候要看总体的总结的段落。好，三件事，请你上来写在黑板上，你的字写得漂亮吗？

生：很漂亮。

师：课本拿上来，请你把这三件事写在这里。写好一点，字稍微大一点，和老师的差不多。好，大家三件事都划下来了吗？这三件事，三个自然段大体上都是用来证明这个观点。好，那我考你了，三件事内容不一样的，对不对。写的过程不一样的，但是现在请你比较阅读三件事，找出这三件事的相同点。

想一想，这三件事有哪些是相同的，内容有什么相同的，他所证明的观点有什么相同的，他所表现出来的有什么相同点，写法有什么相同，段落的结构有什么相同的？给大家三分钟时间，然后请你在边上标上，第一个相同点、第二个相同点……每一个相同点用一个词来概括。三分钟。

他用三件事来证明，那么它们有什么相同点？用序号可以表示你对这三段话的比较，从哪些不同的角度。不要满足于一个，我找到一个相同点了，也不要满足于找到两个相同点了，现在已经有三个了，也可能有四个，五个。三件事有什么相同点？

> 引导学生从理清结构关系去筛选基本信息。并让学生把找到的三件事概括出来写在黑板上。把学习经验呈现出来，供全班交流。

相同点很多的。

好,我发现有的同学会概括,有的同学不大会概括,用眼睛扫描来,扫描去,就好像两个人从头看到脚,再从头看到脚,就是没有发现是两个人,没有一点相似的地方。把笔放下,我们的时间有限。我们来看看(指着黑板),三件事,一起读一下。第一件——

生:洗澡水的漩涡。

师:第二件——

生:紫罗兰的变色。

师:第三件——

生:睡觉时眼珠的转动。

师:字写得真的非常漂亮。三件不同的事,现在我们来看看,有哪些相同点。好,一个、两个、三个、四个、五个。你有答案就举手,敢于发表自己的观点。你不是写了吗,手为什么不举,凡是写了的都把手举起来。对了,六年级了不要不好意思了。你写了吗?把手拿开,写了吗?写了的同学手举起来。那个同学呢?写了吗?写了很多,后面的同学写了吗?来,你先回答。念。

生:一连串的问题,还有第五小节的,他百思不得其解,以儿子和妻子作为对象,进行反复的观察和实验。

师:恩。

生:他们的相同点是……

师:答案马上出来了,是什么?

生:抓住他们的问题。

师:再说一遍。

生:抓住他们的问题。

师:不是抓住他们的问题,他们具有什么意识?叫问题意识,问题意识很强烈,大家看到这个会不会产生问号?

生:不会。

师:但是他们怎样?有问题,很敏感,很敏锐。太好了,请坐。问题才有一百个问号。不错,这是第一个相同点,但是要学会概括,还有没有第二个相同点了?

【观察者点评】为何要让学生找出三件事之间的相同点?

再说说看。非常好。

生：他进行了反复的实验和研究,还有第四小节的普通发现到发现花草都会改变颜色。还有第五小节的当睡觉的人眼珠转动的时候,他就正在做梦。

师：概括。

生：进行实验。

师：好,进行实验。他不但有问题,而且还进行实验。非常地好,这是第二个相同点。还有没有第三个相同点?

生：他的建议引起了各个科学家的关注。

师：你不要读这么多,概括。

生：得出结论。

师：得出结论,找到真理。太好了,这位同学,你找出三点来,第一点叫提出问题。第二点叫做?

生：进行实验。

师：第二点叫做什么?

生：反复实验。

师：太好了,第三点?

生：得出结论。

师：叫什么名字?

生：鲍建阳。

师：鲍建阳同学请你上来,奖励你一下,你把这三个事在黑板上写下来。开始我们只会读读课文的句子,读完课文要概括,要提炼。三个相同点找到了,第一个叫什么?发现问题,或者叫提出问题。第二个叫?

生：反复实验。

师：反复实验多好。第三个?

生：得出结论。

【反思】

通过寻找三件事的共同点来理解作者对"真理诞生于一百个问号之后"的论证结构。从组织教学内容的角度看,你觉得这一引导方法有何作用?

师：太好了。还有没有相同点了？

生：他们都有敏锐的发现能力。

师：敏锐。还有一个词和敏锐一样的叫什么？

生：敏感。

师：圈下来。还有一个词，和敏锐、敏感差不多的。如果找到就是了不起了。

生：发现。

师：他没有用敏感也没有用敏锐。

生：百思不得其解。

生：好奇。

师：对，奇怪的问题，叫好奇。写下来。要敏锐，敏感，要有一颗好奇的心。这样才能够提出问题，这样才了不起。这也是一个相同点，第四个相同点。

生：老师还有……在每件事情之后都有一连串的问题。

师：很好。你看，他说提出问题，这问题是一连串的问题，不是一个，不是两个，是一连串的问题，层层深入，这就是在题目上叫什么？

生：一百个问号。

师：对，你要证明证明，这里面就体现出他们的确是一百个问号。太好了，还有没有？

生：发现的地方都是对后来有利的，比如第二件事，他的事例到后来是被广泛进行在化学实验中，最后一次是如今研究的生理学也根据眼珠的转动来治疗人做梦。

师：他们发现的是真理，真理就有运用的价值，是不是？好，第六个相同点。还有没有了，在上面六个基础上再能发现的小朋友是很伟大的。来，这个女同学。

生：他们都是从一个细小的事中寻找出问题的。

师：非常好。从生活当中微不足道的寻常的不被人注意的事实、现象当中发现问题。第七个相同点,太好了,还有没有了。

生：他们的相同点还有第八小节的最后一句的两个指引：他们都是一些独立思考的人,而且还是拥有锲而不舍精神的人,他们就是不断地提问不断地解答。如果提出的问题不想解答了,只是凭空想象永远得不到答案。

师：非常好,第八点。他们都是具有锲而不舍科学探究精神的人。对不对,这样的人才能最终发现真理。

生：他们都是偶然发现的。

师：偶然发现很重要,偶然发现属于什么样的人呢？还有没有相同点了？有没有意外地,很偶然地就发现了？

刚才有一个同学还有一个相同点,非常的有意思。你看,第一个发现是哪个国家的？

生：美国。

师：第二个？

生：英国。外国人。

师：对,很重要的,这三件事情举的都是外国人的例子,好,请坐。觉得太平常了是不是。三个外国人的事例,你们想过吗,为什么不写中国人的事例？

生：因为从诺贝尔奖开设到现在,基本上都是美籍华人得奖。

师：所有得诺贝尔奖的人都不是为了得这个奖。

生：我们中国人是的。

师：外国人不是。

生：他们外国人是为了有利于社会而不是为了自己的荣誉。

师：中国人之所以得不到奖是因为太想得了,是不是这个意思？有一点道理,急功近利是不行的,是不是？作为科学家要有广博的胸怀,但不仅仅是这个道理,还有吗？其实中国人不要说诺贝尔奖,中国人的发明创造在世界科学史上是有目共睹的,也是值得骄傲的。我来考考大家,写一个中国人的事例说明"真理诞生于一百个问号之后"。

生：古代的四大发明。

师：我要讲一个人,不要讲这么多。从平常的生活事例当中发现。

生：华佗发明麻醉散。

师：好,有道理吧。现在全世界都在运用,华佗。

生：活字印刷。

师：是现代印刷术的技术，还有吗？

生：杂交水稻。

师：袁隆平。

生：杂交玉米李德海。

师：这个我都不知道。所以事例中国人也有，为什么不写中国人呢？这个很有意思。

【要点评议】

　　这个部分重点引导学生探究作者是如何通过三个事例来论证基本观点的。提出的探究问题是让学生寻找三个事例的相同点，结果学生找出了八个相同点。对事例之间相同点的分析与探究，实际上就是对作者论证思路的探寻。学生通过这个探究过程，在一定程度上把握住了作者的论证思路，进而习得了议论文的基本阅读方法。不过，在学生自行发现总结论据中的第八个相同点"偶然发现"时，老师意在此基础上引导学生发现"这种偶然的机遇只能给那些有准备的人，给那些善于独立思考的人，给那些具有锲而不舍精神的人。"但学生在此点上没有作出深入思考，就此滑过，老师也没有深究，转而引导学生发现国别上的共同点：都是国外的例子。

（四）揭示课文论据的奥秘

师：三个不同事例我们找出八个相同点，不容易。现在我们来看，三件事写法上都是一样的。每段的结构，先是？

生：提出问题。

师：然后写？

生：反复实验。

师：最后写他们？

生：得出结论。

师：段落结构的写法一样吗？一样的。三件事例，按照我们叙事的要求这是事情的？

生：起因、经过、结果。

师：三个部分哪个部分写的简略？

生：反复实验。

生：不是反复实验。

师：我们现在来看看，这三件事当中的最重要的经过是怎么写的？

生：反复实验。

师：第一件事的反复实验在哪里？

生：引起了各国科学家的注意……

师：不是人家的。谢皮罗。

生：然而美国麻省理工学院推荐的工程系的主任谢皮罗教授注意到。

师：我要反复实验的那一块。

生：谢皮罗没反复实验。

生：有，进行了反复的实验和研究。

生：紧紧抓住这个问号不放，进行了反复实验和研究。

师：清楚了吧，把这句话划下来，我们要抓住要点。第二件事那句反复实验的话？

生：这个奇怪的现象留下来的问题促使他进行了很多的实验。

师：很好，划下来。找到了吗，几句话？也是一句话。

生：进行了反复的观察和实验。

师：好，几句话？一句话，找到了吧，划下来。如果我们平时把反复实验写成一篇文章的话会怎么样写？但是为什么在这篇文章当中，这三个事例最重要的过程只写了一句话？而把提出问题和得出结论写得如此的具体和详细？和我们平时写一件事情的要求是截然相反的。

生：因为我们看题目，他是要说真理诞生于一百个问号之后，要运用事例来证明，要提出很多的问题。

师：从问题中？

生：从问题中得出结论。

师：大体上说清楚了，还有没有同学说得更清楚的？

> 引导学生讨论文章论据的奥秘，三个论据详细写的都是"紧紧抓住问号"、"问题"，然后是结论。对其中的"反复实验"过程略写了。这是因为论据是为观点服务的。

生： 先提出问题"一百个问号"然后得出结论是真理，反复实验在课题当中没有提到。

师： 要提出重要的词语来理解。大家都关注了什么？

生： 问号、真理。

师： 是这样。文章为什么要把结论写得如此具体？的确，是为了证明他的观点，这个观点是"真理诞生于一百个问号之后"。也就是说，他说明真理和问号之间的关系，什么关系呢？我把它连起来，真理和问号之间，他要证明两者之间什么关系？（板书）

生： 因果关系。

师： 对不对？

生： 不知道。

师： 当然是对的。接下来，必然的因果关系。有了一百个问号，他才能得出真理。就是证明两者之间的内在的关系，所以他把中间证明的过程省略了。明白了吗？现在我还是用这三个事例，我换个话题，换一个什么观点呢。看一下。这个观点你们也听说过，一起说。

生： 功夫不负有心人。

师： 我要说"功夫不负有心人"也是一个真理。还是用这三个事例来证明，还是提出问题、反复实验、得出结论这样的写法。如果要证明这一个观点的话，这三部分中哪一部分要细写。为什么？

生： 反复实验。

师： 为什么？

生： 因为他只有反复实验的时候才证明下功夫。

师： 反复实验才证明他下了功夫，是不是？所以证明这个观点要把反复实验这一句话写得具体。他写一次、两次、三次。这样做说明他是什么？下了功夫的。明白了吗？同样的事例，如果用来证明不同的观点，在详略上是有选择的，有区别的，明白了？这就是写作的秘密，要不然太长了。好的，学到这里我们就知道了，不同的事例证明同一个观点的时候，有很多的相同点，最重要的是他的写法。

师： 老师这里还有一个问题。你说，真理诞生于一百个问号之后，用事例来证明，

【观察者点评】这里换个话题进行讨论起到了什么作用呢？

我用一个事例也能证明它吗？**为什么要用三个？用一个不就行了吗？**

生：说明了一些具有伟大贡献的发明家，他们都是经过提问最后得出真理的。

师：这个和刚才的问题无关，他为什么要用三个事例，不用一个，不用两个，一定要用三个？这个问题一般人都不考虑的。用一个行不行？

生：不行，三个告诉我们生活当中事例很多。

师：三代表很多，对不对。

生：这能让我们相信真理诞生于一百个问号之后。

师：为什么三个就能让你更相信，一个不相信？

生：还是会有一点点不相信。

师：一个叫什么？证明观点的时候用一个，叫什么？

生：偶然。

师：对，一个叫偶然，偶然是不是足以让你相信？那么两个？

生：有时。

师：一个叫偶然。两个叫什么？课文当中有一个成语的。第四小节第一个词。

生：无独有偶。

师：画下来。两个叫无独有偶，三个叫什么？

生：三个就一定。

师：**生活当中我们有一个成语叫什么？大声说。**

生：事不过三。

师：对，事不过三。**在中国人的思维习惯里面，凡是出现三次的都会让人相信。**有一个成语叫——三人成虎。本来没有老虎，三个人说有老虎，你相信吗？

生：相信。

师：相信。中国人的思维习惯，用四个不是更好吗？

生：太长了，太多了。

师：没必要了，在中国人的思维习惯里面，三代表

【观察者点评】为什么要用"三个"事例来论证呢？

> 引导学生明白为什么要举三个事例。在中国人的思维习惯里，"三"代表很多。

很多很多。飞流直下三千尺，他怎么不说飞流直下三千五百尺。三千尺就很长很长了，对不对？我们要评选什么生？

生：三好学生。

师：我们没有说四好学生，三好学生就代表了各方面都很好。所以你要注意，以后看我们一般性的议论文，举的事例一般都是几个？

生：三个。

师：符合中国人的思维习惯，因为这篇文章给谁看？

生：中国人。

师：清楚了吗？

生：清楚了。

【要点评议】

老师引导学生总结三个论据的段落结构上的共同点是提出问题、反复实验、得出结论。在此基础上引导学生发现为什么"反复实验"写得简略：根据论题，应该重在论证真理诞生的条件是在一百个问号之后，反复实验取得成功不是论证的对象，所以写得比较简略。帮助学生理清了"问号"与"真理"之间的因果关系。薛老师在这个部分引导学生思考了两个问题：为何"反复实验"要简略处理？为何写了三个事例？这两个问题的回答不仅指向对课文论据奥秘的揭示，也是对作者论证方法的更深入的思考。使学生更清晰地理解了文章论点与论据之间的内在关联性。

(五) 分析课文结论中蕴含的严密思维

师：写完三个事例，他用了一个小结，我请一个同学读一读，这个总结很重要。你读。

生：洗澡水的漩涡、紫罗兰的变色、睡觉时眼珠的转动，这些都是很平常的事情，善于"打破沙锅问到底"的人，却从中有所发现，有所发明，有所创造，有所成就。

师：非常好。我考你一下，"打破沙锅问到底"是什么样的人？自己再读一下。

生：是锲而不舍的人。

师：我不用"锲而不舍"，换一个词。

生：坚持不懈的人。

师：很好，再换一个词。事不过三，课文当中就有。要独立思考。打破沙锅问到底的人是锲而不舍的人，坚持不懈的人，再来一个词。

生：追根求源。

师：很好，画下来。所以追根求源就是"打破沙锅问到底"，就是"锲而不舍"，就是"坚持不懈"。我没叫你坐下，我一定让你说出三个来，和这个意思一样的，有没有？

生：刨根问底。

师：来来，你还站着。有没有了？想一想。有一定的难度，坚持不懈，还有一个什么？持之以恒。这样的词多不多？多的，同样，同一个意思可以用不同的词语和句子替换，换一种方式表达。我再考考你，看一下。这三件事哪一件事是发明，哪一件事是发现？

生："紫罗兰的变色"是发明，"睡觉时眼珠的转动"和"洗澡水的漩涡"是发现。

师：好，发明和发现有什么不同？

生：发明是一样东西。

师：这个东西前面加一个词，发明了一样？

生：不存在的东西。

师：创造出一件？

生：没有的。

师：原来世界上没有的新东西新事物叫发明。那发现呢？

生：别人日常生活当中一直存在的东西，别人没有看到，我却看到了。

师：很好，太好了。给他掌声。以前本来就有的，别人没有看到，我看到了叫什么？发现。当然这个看到了，意思到了，说清楚了都是发现。太了不起了，语文课有没有用？

生：有用。

师：学语文课就是这样，人家没有说清楚，你说清楚了。在科学贡献史上，无论是发现还是发明，它在本质上都是一种什么？

生：有所发现。

师：有所发现，有所发明，有所创造，都是创造。知道吧，有些创造贡献比较小，有些创造贡献比较大。贡献比较大的叫？

生：成就。

师：清楚了吗，**所以这四个词是按在科学史上贡献的大小和层次来排列的**。一起来读这四个词。

生：**有所发现，有所发明，有所创造，有所成就。**

师：就像我们排序，从低到高来排列，是不是这样的，这叫语言？

生：**顺序。**

师：**语言有序**。非常有序，非常严谨，表达准确的标志。这四个词划下来，写文章要琢磨一下。

学到这里用三个事例证明，然后用一个小节总结。

最后，他用了两个小节，总结一下真理真的诞生于一百个问号之后。因为大家都相信了，最后两个小节，我请一个同学来读，这两个小节谁愿意读，挑战一下，我有问题要问的。来，声音要响亮。

生：**在科学史上，这样的事例还有很多。它说明科学并不神秘，真理并不遥远。只要你善于发问，不断探索，那么当你解答了若干个问号之后就能发现真理。**

师：等等，第七小节读完了。好的，我问你一个问题，你读完了就发现，真理的发现和诞生难不难？

生：**不难，只要你有一颗善于发现的心。**

师：你不用解释，不难，对不对。请在第七小节当中找出关键词说明真的不难。

生：**只要你善于发问，不断探索。**

师：只要什么什么，就什么什么，这是一个关联"只要……就……"。**这个关联词表示具备这个条件就有这样的结果。**还有哪些词说明不难的？

生：**科学并不神秘。**

师：并不神秘，并不遥远。一般人认为科学真的神秘，真的遥远，**并不神秘、并不遥远，说明不难**。对吧，好的。发现真理不难的。读第八自然段。

生：**当然，见微知著、善于发问并不断探索的能力，不是凭空产生的。正像数学家华罗庚说过的，科学的灵感，决不是坐等可以等来的。如果说，科学领域的发现有什么偶然的机遇的话，那么这种"偶然的机遇"只能给那些有准备的人，给那些善于独立思考的人，给那些具有锲而不舍精神的人。**

师：读完第八小节，我再问你真理的诞生容易不容易？

> 通过讨论这四个词语顺序的排列，来引导学生体悟作者行文的严密准确。

生：不容易。

师：哪些词？

生：科学的灵感绝不是可以坐等的。

师：绝不是坐等可以等来的，天上掉下来的。好，还有吗？

生：这种偶然的机遇只能给那些有准备的人。

师：哪个词？

生：只能。

师：只能，好。

生：善于发问，真理不是凭空产生的。

师：不是凭空产生的，不是坐在那里想啊想对不对，太好了，你真聪明。真好。不容易的，你也真不容易。接下来的问题，看你行不行了。第七小节说，真理的诞生不难，第八小节说，真理的诞生不容易。第七、第八小节怎么样？

生：矛盾了。

师：为什么矛盾了呢？

生：真理对第八小节中没有能力的人来说是不易的，对于第七小节来说，善于发问并不断的探索这样的人是不难的。

师：他通过矛盾突出具备这样条件的人，是不难的；不具备这样条件的人是不易的。目的是突出最后的那句话，读给大家听。

生：这种偶然的机遇只能给那些有准备的人，给那些善于独立思考的人，给那些具有锲而不舍精神的人。

师：三个"给"对不对？划下来。他是为了突出这样的人才能发现真理，不难。不具备这样的人，是很难的。是不是？还有没有补充？你要知道真理诞生于一百个问号之后。我给你一百个问号，你就发现真理的存在了？你想发现真理吗？

生：想。

师：我没问题了，很好，请坐。其实，最后两个小节，看似矛盾的结论，并不矛盾，我用一个词，真理的诞生并不难也不易。这是一种辩证的思路方向，他重点告诉我们具备这样的条件就

> 引导学生思考第七与第八小节看似矛盾的说法，其实是为了突出发现真理的条件，让学生领悟作者论证的严密。

不难,不具备就不易。我们把最后的结论,最后一句话一起读一下"如果说,科学领域的发现有什么偶然的机遇的话",预备齐。

生：如果说科学领域的发现有什么偶然的机遇的话,那么这种"偶然的机遇"只能给那些有准备的人,给那些善于独立思考的人,给那些具有锲而不舍精神的人。

师：你们是这样的人吗？都不敢说,每个人都可以成为这样的人。其实还有一层含义,看一下,叶永烈先生他是一个科普作家。一开始第一、第二小节他提出了一个观点,然后用事例来进行了什么？

生：证明。

师：证明。最后下了一个结论。整篇文章有观点,有证明,有结论。观点,我们要称为论点。这是简单的一般性的议论文,或者说它是一篇科普性的文章,三个部分内容。

我再强调一点,他为什么最后这两小节这样写呢？除了刚才这位同学概括的,还有一点原因,因为在一般人的眼里,要发现真理,要做科学研究,只属于谁的事情？

生：科学家。

师：科学家。一般的人敬而远之,你们能发现真理吗？你们能做科学研究吗？一般人都不会去这样想,所以他要说,其实科学研究、真理的发现是并不难的。你看,这三个发现真理的人,是专门搞科学研究的吗？不是的。原来是工程设计的,搞机械的,他发现了一个科学家一般都不能发现的问题。是不是？你看,一般人读到这段话,有了科学发现的,这叫什么？

生：灵感。

师：不叫灵感,叫什么？

生：信心。

师：有了信心,谁都可以发现。大家也可以发现的。但是正当大家信心满怀去发现真理的时候,他突然就说,这个科学发现也不容易的。需要有准备的,需要独立思考的,需要锲而不舍精神的人,你一定要有决心的。没有这样的决心,半途而废是不行的,所以最后两小节对所有的人既鼓足了信心,又让他们要下定决心。这样才能真正地发现真理。好,下面我们来看,这篇课文有意思吗？

生：有。

师：一开始读这样的文章喜欢吗？

生：不喜欢。

师：很枯燥，没什么意思，也没有什么感情。但是我们现在发现这样的文章太有意思了，很值得我们去探索。因为我们要有什么？

生：问号。

师：来，一起读课题。

生：真理诞生于一百个问号之后。

师：希望大家能够有这样一种科学的探究精神去学习，就一定能够发现属于我们的真理。有信心吗？

生：有。

（下课）

【要点评议】

　　对课文结论中蕴含的严密思维的分析，主要通过引导学生推敲四个词语的排序，解释七、八两节之间的矛盾等方式来进行的，最后概括为"信心"与"决心"。对这个矛盾现象的发现尤其需要教师独到的眼光和独特的理解力，正如薛老师自己所言：必须从更加抽象的视角来看这两段话。只有教师从这样的视角去思考，学生才可能获得这样的一种思维方式、阅读方式。"科学发现并不难"，这句话是要激发人们探究科学真理的勇气与信心；"科学发现并不易"，是要告诉人们探究科学需要有准备的头脑，要独立思考，要有锲而不舍的科学精神。其实，这并不矛盾，而是一种辩证法。如此教学，学生定有豁然开朗的感觉。

　　学生原先不喜欢的课变得喜欢了，学生原来读得粗浅的地方通过这堂课有了深刻的理解。整堂课通过引导学生深入探究"真理诞生于一百个问号之后"这个基本观点的提出、论证及形成结论，既让学生深刻理解了课文，也使他们获得了很多语文知识，初步习得了议论文的阅读方法。

问题研讨

1. 依据学生学情和文章体式特征精心选择教学内容

首先来看，薛法根老师是如何依据学生学情选择教学内容的。薛老师在这节课教完之后曾发表过一个《教后感》，他谈到自己主张阅读教学有三个不教："学生已懂的不教；学生能自己学懂的不教；教了学生也不懂的暂时不教"。这三个"不教"实际就是依据学生学情选择教学内容的基本原则。依据这个原则，一篇课文在学生做好充分预习的基础上，要教的东西就很有限。课堂教学就要将有限的时间集中在那些具有核心价值的教学内容上。在这节课上课前，薛老师翻阅了学生的课本，查看了他们的预习状况，发现许多学生将词语的意思、语段的含义，乃至文章的结构、写法等都一一作了标注。细问才知道，学生手头都有一本《课文详解》，内容之详尽较之教师用的《教学参考》有过之而无不及。基于这样一个学情，他开始思考一个问题：当学生与教师拥有同样多信息的时候，教师能教给学生什么呢？他思考的结果是，应该让学生学习那些从文本中不能直接看到却很重要的东西。这是些什么东西呢？当然不会是随便拍脑袋想出来的东西，它要受到文章体式制约的。

接着我们来看，依据文章体式，薛老师最终选择了哪些内容来教。大多数教师在教这篇议论文的时候，常常是走两个极端，一是侧重课文内容的讨论，如研究"真理"为什么诞生于一百个问号之后或者去讨论三个故事分别包含什么科学道理，这样教，往往会把议论文教成思品课、政治课或科学课。二是侧重于议论文的写法，把论点、论据、论证结构分析一通，然后让学生仿写。这两个极端均忽视了议论文"阅读"的特点。薛老师正是在此基础上另辟蹊径，充分关注了议论文阅读方式和方法的引导，从引导学生正确阅读议论文的角度出发确定教学内容。基于阅读引导的考虑，议论文文体特征的知识是必须教的，这是一篇简单的议论文，初次学习议论文，必然要涉及所谓论点、论据、结论等常识，而这些常识学生已经通过课外资料读懂了。在这样的基础上，薛老师努力让学生熟悉的文本变得陌生起来，让学生在自以为读懂的地方读出新鲜的东西来，从而带领学生进入议论文阅读的新视界。我理解，薛老师的所谓"新视界"实际就是用语文方式去实现学生"认知思维"的发展。而这正与议论文教学的最终目标具有内在的一致性。议论文教学要发展学生的理性思维，于是薛老师就选择了当前学生最缺乏的"质疑问难"意识作为突破口，经过不停的追问引导学生去作出自己的判断和思考。议论文阅读要培养一种逻辑思维能力，于是薛老师选择了"讨论三个事例的相同点及其结构方式"作为重点学习的内容，这实际就是在教给学生逻辑分析方法。对于文中引用的三个事例，学生一读就懂。但薛老师却引导学生将阅读的重点从关注事例的内容上转移到关注事例的内容与表达上，进而关注事例的表达效果和意图。从中，学生发现了不同的文体在叙事时的差异，发现了不同的论点在引用事例时的详略。薛老师认为议论文阅读是一种理解性阅读，重点在于启发学生的思维，对文中的事例、表述做出自己的理解和判断，这有别于散文等感受性阅读。什么文体的文章就应该用什么样的方法去阅读，如果错位，就会陷入阅读的困境。教给学生合适的阅读方法和方式，才能让学生越读越聪明。

2. 让问题成为学习的起点和主线

通过问题驱动，让教于学，教师指导，学生实践，让学生获得真实的进步，是薛老师这节课教学成功的另一秘诀。第一，以问引问，教会学生提问。培养学生的问题意识，是新课改的重头戏；批判性思维能力，是新世纪创新型人才的必备素质。我们看到，在课堂上，面对教师突如其来的发问，学生沉默无语；让学生提出质疑，大家纷纷摇头。这不正好从反面照见我们学生的问题意识严重缺失吗？长期以来，我们的教学总是要让学生"学会相信"，而不是让学生"学会思考"。我们的学生往往以为书本、教材所写的都是金科玉律，教师所讲的都是至理名言，从来少有怀疑和追问。庆幸的是，在薛老师锲而不舍的追问下，学生呆滞的思维渐渐被激活了。这节课，薛老师不断地创造机会让学生进行自主的阅读实践，在一次又一次的尝试提问中，提升思维品质。例如在比较三个事例有何相同之处时，学生总共找到了八处，果然是"功夫不负有心人"，薛老师的教学就是最鲜活的例证。

第二，以问导学，鼓励学生独立思考。本课教学，教师以疑问开篇，以追问收束。尤其是对课文结论部分隐含的"矛盾"处的质疑，让学生的学习状态在区区的一个多小时内发生了可喜的逆转——由开课时的唯诺沉默变为结课时的敢想敢说。细品学生的回答，从中透射出哲理的光芒，表现出不媚俗、不虚言的做人态度，让人不得不慨叹薛老师的教学功力。

本课把问题看成是学习的动力、起点和贯穿学习过程的主线，让学生在一次又一次的发现语言奥秘和文章结构特点中读懂内容，了解议论文的写作特点；把学习过程看成是发现问题、提出问题、分析问题和解决问题的过程。可见，薛老师的教学致力于教给孩子一生有用的东西，致力于培养学生不唯书、不唯师、不唯上的怀疑、求证的科学精神。(第二点内容"让问题成为学习的起点和主线"引自黄莉莉《抓住语文之根 教习语文之法——薛法根〈真理诞生在一百个问号之后〉赏析》)

资源链接

1. 佘同生.抓住文本特点,坚持读中学写——《真理诞生于一百个问号之后》教学启示.广西教育,2011(9).
2. 薛法根.只教不懂的——《真理诞生于一百个问号之后》教后感.小学语文教学,2010(6).
3. 胡君.培养学生的问题意识.小学各科教与学,2002(12).
4. 陈宝铝.新课标背景下的"导学"策略浅探.语文教学通讯,2012(6C).
5. 黄莉莉.抓住语文之根　教习语文之法——薛法根《真理诞生在一百个问号之后》赏析.教学月刊(小学版),2011(9).

后续学习活动

下面是一位教师任教《真理诞生于一百个问号之后》的一个片段,请比较这位教师的教学与薛法根老师对相关部分教学处理的异同,从中你领悟到了什么?

师:请大家默读全文,边读边思考三个问题:①课文写了几件什么事?请用简洁的语言概括;②课文讲了一个什么道理?在文中用横线画出来。③这些事与道理之间有什么关系?

(生默读课文,边读边画边思考。教师巡视,个别辅导。用时10分钟。)

师:课文写了几件什么事,谁能用简洁的语言概括?

生1:课文写了三件事:第一件事是洗澡时发现水的漩涡;第二件事是溅上盐酸的花瓣变红了;第三件事是一位医生发现眼珠转动与做梦有关系。

生2:课文写了洗澡水的漩涡、紫罗兰的变色、睡觉时眼珠转动三件事。

师:这两位同学的发言都对,你觉得谁的概括更简明?

生(齐):后一位同学的概括更简明。

师(问生2):你是怎么概括出来的?

生2:我是用文中倒数第三段的话来概括的。

师（竖起大拇指）：很好！这位同学能用书上的语言来回答。课文在讲完三件事以后，用一个句子对这三件事作了总结性概括，我们读书的时候要善于发现这种概括性的语言。

师：那么，课文讲了一个什么道理，你画的是哪句话呢？

生1：我画的是课文的标题——真理诞生于一百个问号之后。

生2：我画的是第一段，"有人说过这样一句话：真理诞生于一百个问号之后。其实，这句话本身就是一个真理"。

生3：我画的是第一段其中的一句，"真理诞生于一百个问号之后"。

生4：我画的是"善于从细小的、司空见惯的现象中看出问题，不断发问，不断解决疑问，追根求源，最后把'?'拉直变成'!'，找到了真理"。

师：几位同学虽然画的句子不太一样，但是意思都差不多。文章说的道理就是课文的标题。写这种说道理的文章，可以把一个核心意思用标题来表示，也可以在文章中体现。那么，你发现前面概括的几件事与这个道理之间有什么联系吗？

生：三件事是用来说明这个道理的。

师：好，多数同学都能发现。实际上，事与理的这种联系，我们可以把它叫作"以事说理"。（板书：以事说理）

你的领悟：_____

_____

_____

依据实用文"语体特色"取舍教学内容
——《死海不死》课堂教学研讨

执教教师简介

钱梦龙,著名语文特级教师,上海市嘉定区桃李园实验学校(原实验中学)前校长。曾兼任教育部中小学教材审定委员会学科审查委员。著有《语文导读法探索》(云南人民出版社)、《导读的艺术》(人民教育出版社)等。

课例导读

《死海不死》在中学课文中是说明文(科普小品)的名篇,老一辈语文名师中有许多教师在公开场合上过这篇课文,而且有许多可圈可点的课例。在这里,我们选择钱梦龙老师的教学课例进行研习,希冀引导广大语文教师在实用文教学内容的选择与确定方面加以深入的思考。

具体来说,研读钱梦龙老师的这个课例,需要思考下面三个问题:(1)这节课把说明文的文体特征之一的"趣味性"作为核心教学内容,有什么合理性呢?(2)核心教学内容是如何展开的?展开的过程与学生的学情具有怎样的关系?(3)这节课学生"学习活动"的安排有什么独特之处?这给我们的教学带来怎样的启示呢?

热身活动

对《死海不死》这样的科学小品文章蕴含的语体特色(科学性、知识性、趣味性),你一般会怎样教学呢?请选择一项并说明理由。

(1) 先介绍语体特色的知识,然后从文本中举一二个例子加以说明;

(2) 找出具有语体特色的语句,结合相关知识加以分析;

(3) 先让学生说说文章语言有什么特色,然后根据学生的看法组织讨论,在讨论过程中渗透相关的语体知识。

_____
_____

教学实录

(一) 从课文标题出发揣摩"死海不死的奥秘"

师:今天要和同学们一起阅读的是一篇说明文。先请同学们打开课本,看一下目录的第一页,这一页共列出两个说明文单元,我们要阅读的说明文就在这两个单元里,同学们还不知道是哪一篇,现在给你们一个条件:这篇文章的标题很能引起人们阅读的兴趣,你们猜是哪一篇,看谁猜得快猜得准。

【观察者点评】:什么要让学生猜课文标题呢?

(学生看书后纷纷举手)

师:看来同学们都知道是哪一篇了,你们真聪明!好,你来说。

生1:《死海不死》。

师:完全正确!但你能说明一下为什么你猜是这一篇呢?

生1:这个题目叫"死海不死",既然是"死海",可又为什么说它"不死",这就在读者心里造成悬念,引起了阅读的兴趣。

师:刚才好多同学都举手了,你们猜的也是这一篇吗?有猜别的课文的吗?

生(众):也是这一篇。

师（指一学生）：那你同意刚才那位同学的意见吗？

生 2：同意。我认为这个标题本身包含着一对矛盾："死海"和"不死"，使读者产生疑问，急于想去读文章，弄明白究竟是怎么回事。所以这个题目对读者有吸引力。

师：有不同意见的同学请举手（无人举手）。有补充意见的同学请举手（无人举手）。哦，"英雄所见略同"，看来你们一个个都是小英雄！（笑）不过，我还有个问题想考考各位英雄：标题上有两个"死"字，它们的意思是一样的吗？

生 3：前一个"死"字指没有生命，第二个指淹死、死掉。

师：完全正确。你课前有没有看过这篇课文？（生摇头）那你怎么能回答得这样正确？

生 3：我在地理课上学到过。

师：啊，真好！地理课上学到的知识，用到了语文课上，这叫知识的"迁移"。（板书"迁移"）学习中经常注意"迁移"，知识就学得活了。现在请同学把书合拢，暂时不要看课文，大家回忆一下地理课上学到的关于死海的知识，比一比谁的记忆力好。（指一在偷偷看课文的学生）哈，你违规了，不许偷看！

（学生思考、回忆，片刻后陆续举手）

师：为了使回忆有条理，请按照以下几点逐一来说：

（板书）1. 地理位置；2. 得名原因；3. 海水趣事。

生 4：死海的位置在约旦和巴基斯坦（众插话：巴勒斯坦）巴勒斯坦中间。

师：巴勒斯坦在亚洲西部，巴基斯坦在亚洲南部，和我们中国接壤。这两个国家的中文译名只差一个字，而且都是亚洲国家，很容易记错，建议这位同学课外去找世界地图或亚洲地图查一查，以后就不会再搞错了。谁来说"得名原因"？

生 5：死海的海水含盐量特别高，水里各种动植物都不能生存，所以叫死海。

师：哦，死海的海水含盐量高，这是它的特点，由于有这个特点，就出现了一些有趣的现象，谁能说说是什么现象？

生（七嘴八舌）：人不会淹死。

师：为什么会出现这种现象？

（无人举手）

师：我估计同学们都知道，只是暂时还没有找到合适的语言来表达，是吗？（指定一学生）这位同学戴着眼镜，看起来挺有学问，你来给大家说说看。

生6：人在死海里不会下沉，即使不会游泳的人也淹不死，因为……因为海水含盐量高，所以人不会下沉。

师：为什么海水含盐量高，人就不会下沉？你总得讲出点道理来。

生6：海水含盐量高，它的质量就大。

师（追问）：那如果扔进海水里的是一块铁呢？它会下沉吗？

生6：我想会下沉的。

师：那么人为什么不下沉？光说海水的质量大，恐怕还不够吧？我知道你心里明白，问题是怎样把心里明白的道理准确地表达出来。

生6：（思考片刻）海水的质量比人体的质量大。

师：说对了。但表达上还有一点点不足，想一想，在数学里如果一个数比另一个数大，是怎样表达的？你这句话如果能用数学的语言来表达，那就更好了。

生6：海水的质量大于人体的质量。

师：那么铁块为什么会下沉？

生6：因为海水的质量小于铁块的质量。

师：好！"大于""小于"的"于"怎么解释？"大于""小于"一般用在什么情况下？

生6："于"是"比"的意思，一般在两个数作比较的时候用。

师：说得真好！我说你有学问嘛，果然没看错人！（众笑）

【要点评议】

从猜标题入手进行讨论，主要目的有两个，一是激发动机，引导学生的注意力；二是弄明白学生带入课堂的已有经验。

从这个环节的教学活动中我们可以看到，钱老师的目的达到了。学生不仅对题目有了兴趣，还说出了一大通关于"死海"的知识。这些知识是学生的"已有经验"，可以说是学习这篇课文的背景性知识，或者也可以说是"主题性知识"。这些知识有助于学生对课文内容的理解，教师通过与学生交谈了解到学生对这些知识的掌握情况，将增强教学的针对性。

（二）讨论"什么知识可以不教"

师：关于死海的知识，同学们都已了解；这篇课文属于说明文，关于说明文的知识，估计同学们也已经知道了不少。你们已经知道的东西，如果还要老师重复地教，你们觉得有劲吗？（众：没劲!）是呀，我也觉得没劲。因此，我想我们在决定这篇课文里哪些知识需要老师教之前，先请同学们讨论一下"什么知识可以不教"。现在请同学们打开课本，把这篇《死海不死》看一遍，然后根据课文后面练习题的要求想一想：练习题要求我们掌握的知识哪些可以不教？前后左右的同学可以小声议论议论，互相交流。

【观察者点评】让学生讨论"哪些知识可以不教"的意图何在？

（学生看课文，小声议论后纷纷举手）

生7：我认为课文里用到的列数字的说明方法可以不用教。

师：说说理由。

生7：课文里为了使说明更加具体准确，用了一些数字来说明海水含盐量高，如"135.46亿吨氯化钠、63.07亿吨氯化钙、各种盐占死海全部海水的23%—25%"等等，这种说明方法一看就知道，完全可以不教。

生8：我同意他的意见，但还有点补充。课文在说明海水含盐量高的时候用了很多数据，使用这些数据的作用是使读者对死海海水的含盐量究竟高到什么程度更加明确了。这些道理也很简单，不教也懂。

师：是啊！你们看，"135.46亿吨"、"63.07亿吨"，这简直都是一些天文数字！我在读到这些数字的时候，对死海海水的含盐量的印象就特别强烈。这两位同学说得都有道理，课文里的这些数字说明和它的作用，的确一看就明白。不过如果不教的话，有关的一些知识是不是能够掌握，我还是有些不放心。例如，课后练习中还要我们区别"确数"和"约数"，并且要求知道什么情况下用确数，什么情况下用约数。这些知识不教行吗？

生9：我认为行。

师：哦，你挺自信，好样的！认为可以不教的同学请举手（绝大多数同学举手）。看来，还有一小部分同学似乎还缺少一点自信。（指一不举手的学生）你是认为还要教的，是吗？

【反思】

　　按照常理,为了使课堂教学顺利推进,我们在教学中一般对绝大多数同学举手确认的事,都是认可的。正如这里,绝大多数同学都举手同意"确数和约数可以不教"。但钱老师为何要提问一位不举手的同学?你在平时遇到这种情况是怎么处理的呢?

_____

_____

生10:我想教一教不会有坏处,再说我也不大有把握。

师:确数和约数你能区别吗?(生点头)那你说说看,刚才那位同学从课文里找出的那些数据是确数还是约数?(生答:"确数。")你能找一个约数的例子吗?

生10:"传说大约两千年前"、"最深的地方大约有400米",都是约数。

师:找得很对嘛!约数在表达上都有一些明显的标志,你知道吗?

生10:一般都用"大约"、"左右"、"上下"这类词。

师:如果不用这些词,能表示约数吗?

生10:我想也行。

师:请举个例子,最好能造个句子。

生10:(思考片刻)"这条鱼有七八斤重。"

师:好极了!你关于约数的知识掌握得很好嘛,你应该有充分的自信,是吗?

生10:是的。

师:刚才有同学说用"确数"可以使说明更加准确,那么用约数是不是说得不准确了呢?

生10:约数和确数相比,当然不够准确。

生11:我认为不能这样说,主要看在什么情况下用,有的时候用确数反而不准确。

师:怎么会用确数反而不准确?能举个例子来说吗?

生11:(思索片刻)比如要我现在说出您的年龄,我只能说大约六七十岁(笑声),因为我不知道您的实际年龄;如果我肯定地说您65岁,而您实际上不是

65岁,那不是反而不准确了吗?

师:言之有理!啊,这位同学举手,有什么意见要发表吗?

生12:我认为课文里有个地方运用确数和约数有点自相矛盾。46页上有这样两句:"海水平均深度146米,最深的地方大约有400米。"既然平均深度是个确数,那么最深的地方也应该是确数,否则怎么算得出平均深度呢?如果最深的地方用约数,那么平均深度也只能是约数。因为平均深度是根据从最浅到最深不同的深度计算出来的,根据约数怎么可能计算出确数来?(其余学生表情兴奋。)

> 学生发现了课文中运用确数和约数时出现的矛盾,说明这位同学实际已经能借助相关知识进行批判性阅读。教师从这里自然可以判断出学生对知识的掌握程度了。

师:说得真好!我同意。同学们这样会动脑筋,真让我高兴。我看关于列数据说明的方法,同学们掌握的知识比我预料的还要多,完全可以不必教了。大家再看看,还有哪些知识可以不教?

生13:后面练习题中要求区别课文中三个"死"字的含义,我认为这也很简单,不教也懂。

师:对,标题"死海不死"中两个"死"字,刚才同学们都已说过,不必再重复了。那"死海真的要死了"这句中的后一个"死"字的含义呢?

生13:是"干涸(hé)"的意思。

师:完全正确。这个"涸"字很容易念错,可你念对了,很了不起。你是怎么念对的?

生13:下边的注解上有注音(笑)。

师:大家别笑,他读书注意看注解,这种好习惯不是每个同学都有的。我再提示一下,看看下面这些词语是不是也可以不教?(板书:游弋、谕告、执迷不悟)

生14:我认为可以不教。

师:我欣赏你的自信。但你要说出可以不教的理由,因为其中有的词估计同学们语文课里没学到过,比如"游弋"、"谕告"。

生14:"游弋"虽然没学到过,但书上有注解;"谕告"也没学到过,但回去查一查词典就知道了。

师:说得好说得好,语文课上没有学过的,完全可以查词典自学嘛!同学们课外有没有查词典的习惯?(众:有!)这是个好习惯,一定要坚持下去,让词典成为你们的一位终身老师。那么这些新词我们就不讨论了,再说这篇课文新词也很少,有些词结合上下文也都不难理解,比如"执迷不悟"。

【要点评议】

让学生讨论"什么知识可以不教",这是一项阅读教学策略或技巧,这至少可以有两大功能,一是了解学习起点,探查学生对这篇课文学习的基础,也就是说,可以掌握学生有多少已有经验(包括语文经验和生活经验)带入对这篇课文的学习。二是在讨论交流中查漏补缺,对尚模糊的认识加以澄清,对掌握不牢的知识加以巩固。这两项功能的实现最终都是为这节课核心内容的学习做好准备。这样,通过逐项筛查,最值得学生学习的内容就呼之欲出了。

(三) 交流"哪些知识需要老师教"

师:下面是不是让我们换个角度思考一下?你们认为要学好这篇课文,哪些知识还是需要老师教的?大家前后左右可以议论议论。

(学生看书,小声议论)

师:谁先来说说?

(无人举手)

师:(继续启发)你们知道这篇文章是什么文体?

生 15:是说明文。

师:说明文是个大类,包括各种产品说明书、书籍的出版说明和内容提要、词典的释文、影剧内容介绍、除语文以外的各科教科书及讲义、知识小品,等等。凡是以说明事物或事理为主要表达方式的文本都是说明文。(指一学生)你说说看,这篇课文是说明文中的哪一种?

生 16:是知识小品。

师:(问全班)他说得对不对?同意的请举手。(多数学生举手)你说对了。但什么是知识小品,你知道吗?

生 16:不知道。

师：知识小品有什么特点，知道吗？

生16：不知道。

师：你都不知道？（生点头）那你怎么知道这篇课文是知识小品呢？

生16：我是瞎蒙的。（笑声）

师：不，你肯定不是瞎蒙的，你心里肯定有一个关于知识小品应有的"样子"，而这篇课文正好符合你心里的这个"样子"。是这样吗？

生16：我心里没有样子。（笑声）

师：那你为什么不说它是产品说明书或别的什么说明性文体，而偏偏要说它是知识小品呢？你在说的时候心里肯定有过一些选择的，是不是？

生16：是的。

师：好好想想，你在各种文体中选定知识小品，当时是怎样想的？

生16：因为它是介绍关于死海的知识的，文章很短小……所以是知识小品。

师：说得对呀！知识小品就是介绍科学知识的；文章篇幅又很短小，所以叫"小品"。你看你说出了知识小品的一些重要的特点，你明明知道，怎么说不知道呢？

生16：这是我看了课文后临时想出来的。

师：这更了不起，说明你的思维很敏捷，很有判断力。我早说过你不是瞎蒙的嘛！（笑声）下面请大家再来看看知识小品除了篇幅短小、具有知识性以外（板书："知识性"），还有些什么特点。

生17：知识小品写得比较生动有趣，能吸引读者。

师：说得很好。刚才那位同学（指生16）的意见如果可以用"知识性"三个字概括的话，你能不能把你的意见也用个什么性来概括？

生17：趣味性，生动性。

师：他说了两"性"，但我们只要一个"性"就够了，请同学们两个中选一个，要说出选择的理由。主张选"趣味性"的同学请举手。（绝大多数学生举手）看来大多数同学都主张用"趣味性"，谁来说说理由？

生18："生动性"一般指语言描写方面，趣味性好像指文章内容方面的。比如这篇

【观察者点评】从钱老师与这位学生的对话过程中，你发现了什么？

《死海不死》，在介绍死海海水的特点和死海形成原因时，插进了一些历史传说和民间故事，内容很有趣。

师：说得真好！同意的请举手。（全班举手。教师板书：趣味性）知识小品除了具有知识性、趣味性以外，还有一点十分重要，就是它介绍的知识必须是正确的、符合科学原理的，请大家也用一个"性"来概括。

生（七嘴八舌）：科学性！

师：完全正确！（师板书：科学性）现在请一位同学给三个"性"排个次序。

生 19：知识性、科学性、趣味性。（师插话：这样排列的理由呢？）因为知识小品首先是介绍科学知识的，其次，它介绍的知识必须是符合科学原理的，趣味性没有前两个性重要，所以排在最后。

生 20：我也同意这样的次序，但他说趣味性不重要，我不同意。

生 19：我是说没有前两个重要，没有说不重要。

生 20：我仍然不同意你的意见。因为，一篇知识小品如果科学性、知识性都很强，但一点趣味性都没有，大家不要看，科学性、知识性再强也没用。可见趣味性是最重要的。

（学生纷纷议论，莫衷一是。）

师：请大家静一静！看来同学们的意见很分歧，想听听我的意见吗？（众：想！）我认为，对知识小品来说，知识性和科学性是它的本质属性（板书：本质属性），因为作者写作知识小品的根本目的就是向读者介绍科学知识，如果没有知识性和科学性，知识小品也就不存在了；趣味性则是它的重要属性（板书：重要属性），我基本上同意他（指生 20）的意见，知识小品是一种以传播、普及科学知识为目的的文艺性说明文，它是写给一般读者看的，当然要写得读者爱看，因此特别讲究趣味性，使读者在轻松愉快的阅读中获得一定的科学知识。同学们还有别的意见吗？（稍顿）看来大家同意了。现在我们请一位同学把刚才讨论的内容总结一下。谁来？

生 21：知识小品是说明文的一种，是一种文艺性的说明文，它具有知识性、科学性、趣味性。知识小品的作用是向读者普及科学知识。

师：谁还有补充的？

生 22：知识性、科学性是知识小品的本质属性，趣味性是知识小品的重要属性。

师：（指生 21）他说得比较完整；（指生 22）他补充得也很好。看来同学们的悟性都很高,知识也掌握得很好,学习这篇课文原本要求重点学习的"列数字"的说明方法、确数与约数的区别和作用等等,都可以不教;关于知识小品的文体特点,同学们也自己从课文中悟出来了,也不用我再喋喋不休地介绍了。就是说,同学们在有些方面已经达到了不需要老师教的地步,我真为同学们高兴!不过,关于知识小品的特点,尤其是知识性、科学性、趣味性问题,同学们大概是第一次遇到,因此建议同学们接下来再花点时间深入讨论一下。限于时间,我想从"三性"中选择一个来讨论,就作为这堂课学习的重点。同意吗?

> 钱老师让学生自己来总结所学的内容,这对前面的学习具有梳理与澄清的作用,同时也为后面集中学习"趣味性"提供知识基础。

生(众):同意!

师:三性中选择哪一个?

生 23:趣味性。

师:为什么选趣味性?

生 23:因为我们自己写作文要能够吸引读者,也应该有点趣味性。看看作者是怎样引起读者兴趣的,也许对我们自己作文有启发。

师:大家同意吗?

生(众):同意!

师:既然大家同意,那就请把课文再好好看一遍,边看边想:课文的哪些地方引起了你的兴趣?作者用了什么手法引起你的兴趣的?现在请大家看书。

【反思】

钱老师在这里的引导性提问针对性非常强,要学习课文的"趣味性",最好的引导方法就是问两个问题,先问"课文的哪些地方引起了你的兴趣?"然后再问"作者用了什么手法引起你的兴趣的?"

请你从钱老师这一做法中提炼出一条教学策略:

_____

_____

（学生看书，偶有小声议论。）

师：都看好了吗？现在请发表意见。要求每人至少准备一条意见。

生24：课文的标题，"死"和"不死"互相矛盾，使读者产生悬念，引起阅读的兴趣。

生25：还有课文最后一个"死"字，死海要干涸了，课文里却不说"干涸"，而说真的要"死"了，这个"死"字用得很巧妙，能引起读者兴趣。

生26：课文为了说明死海海水含盐量大的特点，写了个罗马统帅狄杜处死奴隶的故事；后面又讲了个关于死海形成的民间传说，这都增强了文章的趣味性。

师：这几位同学说得都很好，但他们说的都是比较明显的趣味性的表现。有些趣味性要用心体会才能发现，这就要用点心思了。谁再来说？（教师继续提示）建议大家从材料的组织和语言表达两个方面好好琢磨琢磨。邻座的同学可以议论一下。

（学生看书、思考，小声议论。）

生27：我想从语言表达方面来说。作者用了一些设问句，如"那么，死海的浮力为什么这样大呢？""死海是怎样形成的呢？"引起了读者的思考；还注意前后呼应，如前面说"真是'死海不死'"，文章结尾却说"那时，死海真的要死了"。前后两个"死"字互相呼应，可是意思却不一样。这些都会使读者觉得很有趣味。

师：嗯，说得不错。看谁还能从语言表达方面作些补充？

生28：文章的第一、第二段写得好，我在第一遍读的时候就被它吸引住了。

师：你再朗读一遍，体会体会，它给你一种怎样的感觉？

（生28朗读第一、二自然段。）

生28：它给我的感觉是有点出乎意料，甚至有点惊讶。

师：好！体会得很准。大家再一起体会一下：作者是用了哪些词语产生这样的效果的？请把这些词语圈出来。注意了，这对我们运用语言是很有帮助的。谁来说？

生29：作者连续用了一些表示转折的词，还用了表示出乎意料和惊讶的词，比如，第一段里"但是，谁能想到……竟……甚至……连……"，第二段里"然而，令人惊叹的是……竟……即使……也……"

师：瞧，这两位同学（指生28、生29）对语言的感觉多敏锐！现在再请两位同学分别把这两小段各读一遍（指定两位学生），注意，第一位同学把她（指生29）刚才找出的一些词语略去不读;第二位同学把这些略去的词语读得强调些,把那种出乎意料的惊讶语气读出来。然后大家一起比较一下,两种语言表达的效果有什么不同。

(学生二人分别朗读。)

师:两人读得不错。大家体会一下,两种表达效果有什么不同。

生30:第一种表达显得平平淡淡,第二种表达引起读者的惊讶和好奇,所以,所以就……(语塞)

师:所以就增强了……

生30:趣味性和吸引力。

师:这样比较一下,我们发现,同样的意思,可以表达得平平淡淡,很一般,也可以表达得很有趣,很有吸引力。可见选择怎样的语言来表达就会有怎样的效果。这正是语言的王国为什么总是充满魅力的原因所在!除了语言表达,材料的组织也很有关系,哪些先写,哪些后写,也往往会影响阅读的兴趣。课文里有个很典型的例子,谁能找出来说一下?

(学生翻书、寻找。)

生31:课文第三小段写罗马统帅处死奴隶的故事,如果放到第四小段后面来写,读起来就没有趣味了。

师:为什么?

生31:先写奴隶在死海里屡淹不死,这样就在读者心里产生了疑问,难道真的有神灵保佑吗?急于想从文章里去寻找答案,文章就有了吸引力。如果先写死海为什么淹不死人,再写奴隶屡淹不死,就不会有这种效果了。

师:说得好!我打个比方:你请别人猜谜,如果先把谜底告诉了对方,他还会有猜谜的兴趣吗?这里的道理是一样的。会写文章的人,常常能设置一些悬念,引起读者的疑问,这样的文章就比那些平铺直叙的文章有吸引力。这对我们也是很有启发的。

【要点评议】

从教学内容的角度来看,通过前一环节的层次筛查与排除,这节课似乎最后只剩下"趣味性"这一点内容可教了。但实际上在讨论"什么内容要教"

这个过程中的所有内容都是动态生成的教学内容,这种内容称之为"学习经验"可能更合适。因为它已经不仅仅是教师课前预设的那些内容了,而是在课堂学习环境中动态生成的经验。

让两位同学进行比较性阅读,分别读出两种不同的表达效果,这项活动对促进学生对文章"趣味性"的理解起着非常重要的作用。同时也在悄悄改变着一种以教师为中心的传统语文课堂形态。

(四)讨论"死海的未来"

师:同学们,这堂课我们着重学习了知识小品的文体特点。在学习过程中,同学们的聪明和自信给我留下了很深的印象。最后还有一点时间,我还想出个难题考考大家,这可是个"高精尖"的大难题,你们如果这个问题也能解决了,我就真正佩服你们了;如果你们怕难,那我们来读几遍课文就算了。

生(七嘴八舌):我们不怕难……

师:好,那现在我就宣布这道难题了?

生(七嘴八舌):宣布好了……

师:宣布之前,请同学们先把课文最后一段一起朗读一遍。

(学生齐声朗读课文)

师:课文最后这一段说死海数百年后可能干涸,我先问你们,作者推断的根据是什么?

生32:近十年来死海每年水面下降40到50厘米……按照这样的速度下降,死海数百年后自然会干掉。

师:那么,死海水面下降的原因是什么?

生32:因为这里炎热干燥(师插问:你怎么知道?)地理课上学到过,课文里也说"艳阳高照"。因此死海海水的蒸发量大于约旦河输入的水量。蒸发多,输入少,所以海水每年下降。

师:说得很对。现在请大家听好了,我出的难题是:按照作者这样推算的思路和方法,死海真的会干涸吗?

【观察者点评】老师提出这个问题目的何在?这与说文阅读方法的指导什么关联呢?

生 33：我认为死海数百年后不可能干涸，因为到那时科学比现在更加发达，人类肯定有办法救活死海。

生 34：我认为他把老师的问题理解错了。我理解老师的意思是……（语顿。师插话：我知道你理解我的意思，不要急，慢慢说）老师是问按照课文作者的办法推算，是不是一定会推算出死海会干涸的结果。

师：对，我就是这个意思，感谢这位同学把我的意思解释得十分准确。（对生 34）那你能回答这个问题吗？（生 34 不语）看来有点为难你了。这样吧，我把问题再具体化一些：死海海水的蒸发量大于约旦河输入的水量，是作者认为死海将会干涸的原因，你认为死海的蒸发量是不是一个不变的常量？

生 34：不是。（师插问：为什么？）在雨水多的年份蒸发量就会减少。

师：请注意，天气变化或地壳的变动等等这类偶然的因素不在我们的考虑范围以内，何况死海盆地的气候干旱少雨，全年的降水量加在一起不过 50—60 厘米。刚才你把我出的难题解释得很好，怎么自己倒忘了？请你从作者计算的思路这个角度去思考：即使按照作者的计算，死海的蒸发量会不会变化？

师：啊，好多同学都举手了，看来都找到答案了。请大家把手放下，让他（指生 34）再想想，他很聪明，我相信他很快就会想出来的。

生 34：蒸发量也就会变小。

师：为什么？

生 34：死海的海水每年下降，死海的面积也会逐渐缩小。

师（向全班）：大家说说，海水的蒸发量和海面面积是什么关系？

生（众）：正比关系。

师：既然死海海水的蒸发量随着死海海面的逐渐缩小而减少，那么结果会怎样呢？

生 34：当蒸发量小于约旦河水输入量的时候，死海就死不了了。

师：不一定要等到"小于"的那一天，再想想。

生 34：等于。

师：对啦！当死海海水的蒸发量等于约旦河水的输入量的时候，死海就死不了。当然啰，那时的死海也不会像现在这样无边无际，波涛起伏，而是死也死不了，活也活得不像样，这是一种什么状况？

生（齐）：半死不活！（笑声）

师：对！就是半死不活！同学们果真智商很高，这个难题也没有难住你们。不过，死海究竟会不会死，恐怕不是一个计算的问题，而是一个现实问题。事实上，造成死海海水连年下降的原因，不全因为海水的蒸发量大，更主要的是人为的原因。以色列和约旦大量截流约旦河水用于灌溉和城市用水，致使约旦河输入死海的水量越来越少。这一严峻的事实已引起不少科学家、环境保护主义者的忧虑，一项名为"让死海继续活下去"的活动已经开始。死海处于地球陆地的最低点，人称"地球的肚脐"，不仅有独特的旅游景观，而且它蕴藏着极其丰富的矿物资源，尤其是氯化钾和溴。同学们虽然没有去过死海，但我相信大家都关心地球的命运，为此我建议大家用我们的智慧参与到"让死海继续活下去"的活动中去。**请回去做两件事：一、上网搜索关于死海的资料（建议用 Google 搜索引擎）；二、参考、运用网上资料，以《救救死海》或《死海不能死》为题写一篇文章，为拯救死海进行呼吁，或提出拯救死海的办法、建议。**当然啦，我们的文章救不了死海，但至少可以表明我们关心地球命运的立场。我希望每一位同学长大后都能够成为一名自觉的环境保护主义者。

（下课）

【要点评议】

通过这个问题，引导学生去批判性分析作者的结论及其依据，这不仅对学生的创造性思维的培养是有益的，更重要的是引导学生沿着文本体式去习得正确合宜的阅读方法。实用文阅读教学的最终目的就是要培养学生的理性分析能力，而批判性思维正是理性分析能力的核心要素。这个环节启发我们，教说明文不要仅仅局限在说明方法和说明顺序上，其最终目的在于让学生获得一种正确的说明文阅读方法。

问题研讨

1. 把"趣味性"作为核心教学内容，是体式特征的必然要求

科普类文章，我们过去一般称为"科技说明文"，是由从事科学技术工作的专家所写，目的是向非专业人士传播专业知识、介绍相关的规则与原理。科普文章大致可分为两种：一种是科学说明文，一种是科学小品。教材中出现的更多的是科学小品。科学小品是带有文学色彩的科技说明文，形式简短，内容通俗，语言既准确简明又形象生动，融知识性与趣味性于一体。科学小品标题生动活泼，富有新意；通常借助文学表现手法来加强它的趣味性。其表现手法灵活多样，运用形象化的比喻来表达知识内容，使文章写得生动形象，引人入胜；运用拟人化的手法也能使科学的小品富有情趣；把科学知识编织成为有情节的小故事，让读者通过想象，在阅读故事中认识和掌握科学知识，这也是科学小品产生趣味的一种表现手法。

科普类文章常常采用的表达方式是说明。但说明只是一种表达方式，说明并不能概括科普文章的全部体式特征，以往我们把科普文章强行纳入说明文范畴，甚至把科普文章等同于说明文。这样的做法显然有问题。这样的做法显然是受"读写结合"观念的影响，把"学写说明文"当成了阅读科普文章的唯一目的。于是，在课堂上，学生的学习活动主要是寻找科普文章中的"说明顺序"与"说明方法"。我们并不是说，在科普文章的阅读教学中不能教"说明顺序"与"说明方法"，问题主要在于这些被拧干了水分的抽象条目，不能成为解读科普文章的唯一工具。我们需要重返"把科普文章当作科普文章来读"的立场，依据科普文章的体式特征开展阅读活动，发挥科普文章作为实用文的教学价值。

在这节课，钱老师始终把说明文文体知识的介绍、文体学习的策略放在教学目标中比较突出的地位。在整个教学过程中始终围绕说明文的体式特征组织学生学习，当发现学生对说明文的相关知识具有一定基础之后，他选择了科学小品的科学性、知识性、趣味性三个特性中的"趣味性"作为核心内容。因为如何让学生感受并切实认识到科学小品的"趣味性"，这是这篇课文教学的重点，同时也是难点。

2. 核心教学内容得到了充分展开

核心教学内容——科学小品"趣味性"的学习，在这节课里是比较充分的。师生从"标题"、"故事"、"设问句"、"关联词语"和"材料的组织"等方面，对"趣味性"进行了多角度的、比较深入的讨论。开始的时候，学生从课文的标题"死海不死"，从课文所列的民间传说，谈它的趣味性。钱老师说，这几个同学说得都很好，但他们说的都是比较明显的趣味性的表现，有些趣味性要用心体会才能发现，建议大家从材料的组织和语言表达上好好琢磨琢磨，指明了进一步学习的方向。同学议论之后，有同学从语言表达的角度有所发现："那么，死海的浮力为什么这样大呢？""死海是怎样形成的呢？"引起了读者的思考。还注意前后呼应,如前面说"真是'死海不死'",文章结尾却说"那时,死海真的要死了"。前后两个"死"字互相呼应,可是意思却不一样。这些都会使读者觉得很有趣味。在钱老师的鼓励下,有同学从语言表达方面作进一步的补充:作者连续用了一些表示转折的词,还用了表示出乎意料和惊讶的词,比如,第一段里"但是,谁能想到……竟……甚至……连……",第二段里"然而,令人惊叹的是……竟……即使……也……"钱老师肯定了学生学习的成果,请两位同学分别把这两小段各读一遍。第一位同学把刚才找出来的一些词语略去不读,第二位同学把这些略去的词语读得强调些,把那种出乎意料的惊讶语气读出来,比较两者语言表达的效果。接着,钱老师引导学生注意到,除了语言表达,材料的组织也很有关系,哪些先写,哪些后写,也往往会影响阅读的兴趣。结合课文,就此展开学习和讨论。**在教师的引导下,学生与学生之间,学生与教师之间,相互交往,最后形成了对知识、对课文的理解和认识。**

3. 从学习者出发组织"学习活动"

钱老师曾经形象地把称职的教师比作"导演"。高明的导演不能自己频频跳到舞台上去演戏,而是指导演员去发挥创造性,在学习中演好主角。这堂课涉及大量的知识,一个学识渊博的名教师,自己出来做总结判断的只有区区三处,而大量的知识,如说明方法、约数、确数的特点与用法、死海的原因、死海的含义,科学小品的特点以及生字词等,**他一定要让学生从自己的嘴里说出来。**即使学生一下子说得不够严谨,不够精确,教师也耐心等待,多作鼓励,使他们调整思路,换成恰当的语言。这就是他所说的"导读法"。

语文"导读法"的实质,就是"怎样对待学生"。在教学中,教师主要应该把目光投向学生,也就是确认学生是具有主观能动性的实践者与认识者。在教学活动中,"主体"不是抽象的,而是具体的,不是在课堂上单纯留给学生更多的活动时间空间就算尊重了学生的主体地位,也不是让学生在课堂上多发言而教师少发言就是尊重了学生的主体地位。**而要看教师在教学中是不是能依照学生的基础,尊重学生的主体身份,最大限度地满足学生的学习"效益"。**(郑桂华,2007)

这节课三个教学环节或者说三项学习活动,钱老师的思路非常清楚:学生已经知道的,是可以不教的,学生认为需要的,是这堂课里重点要教的;学生不一定能发现的,但教师认为对理解这篇课文,对培养阅读习惯和阅读能力非常重要的,应该提出来教。钱老师这堂课,有许多值得我们学习的地方,有许多值得我们深思的地方,其中最重要的就是从学习者出发,依据学生的学情选择合宜的教学内容,确定这堂课学习的重点,组织这堂课的教学环节或学习活动。

在这节课里,钱老师设计的"学习活动"由三个环节构成,其中第一个环节是让学生讨论在这篇课文的学习中哪些知识可以不需要教,在明确了不需要教的内容之后,进入第二个环节"哪些知识需要老师教"。通过第二个环节的讨论基本澄清了这节课需要教学的核心内容,也即学生最需要老师指导的内容。然后进入第三环节,有重点地讨论科普文章的文体特性。

这节课的几个学习活动环节贯穿着他从学习者出发的设计意图,他从学生阅读初感出发,**让学生通过讨论,一步一步"澄清自己的知识状况"**,让学生明白在这篇科普文章的学习中,哪些是自己已经掌握的知识以及哪些是通过自己的努力可以解决的问题,这些"不需要老师教"的内容实际就是自己的学习起点。在此基础上的进一步讨论就是指向学生"需要老师教"的知识了,在学习活动中大家明白了这篇科普文章的文体特性才是这节课最需要学习的内容。于是剩下的事情就变得简单了:大家集中精力学习一项内容——讨论科普文章的"趣味性"。

由此我们可以看到,从学习者出发组织的"学习活动",是从引导学生"自我澄清"开始的,引导学生讨论自身的知识状况,逐步明确自我关于这篇科普文章或一般的科普文章阅读时已经掌握了的知识和需要进一步学习的知识。**自我澄清的过程实际上就是自我反思的过程,而自我反思是学习的最终目的,一个学生如果学会了自我反思,那就意味着他已经学会了自主学习,他已经不需要老师教了**。从钱老师的课例中我们可以发现,在教学内容相对确定的情况下,自我澄清活动的策略类似于做减法或加法,即让学生对照需要学习的内容,发现自己已经掌握和没有掌握的知识。对已经掌握的知识一项一项减去,而留下需要学习的知识(教师预设的内容)或加入学生认为需要学习的知识(教师未预设的内容)。所以针对钱梦龙《死海不死》的学习活动,我们可以开发出下面一张表格:

知识状况的自我澄清策略

拟教学的内容	学生的判断	陈述理由
列数字的说明方法及其作用	×	列数字的说明方法一看就知道,其作用也很简单,不教也懂
区分确数与约数	×	能够区分

续表

拟教学的内容	学生的判断	陈述理由
生字生词	×	看注释或查词典可以解决
科普类文章的文体特性（知识性、科学性、趣味性）	√	
增加的内容		

这样的自我澄清活动看起来容易,操作起来却有一定的难度。这要求教师具备两种能力,一是需要结合预设的教学内容,在与学生的讨论中及时判断出学生已经掌握的知识,并把这些内容舍去不教;二是需要在学生的讨论意见与教师预设的内容中间寻找一个结合点,这个结合点应该就是这节课需要集中时间与精力重点学习的内容。

用王荣生教授的话来说,教师在这里就是做好两件事:第一是"指导学生能抱着正确的目的,合适地看待特定的文本";第二是"指导学生能在文本的重要地方,看出所传达的意思和意味来"。学生理解力不强,感受力不足,实质上是理解不了、感受不到这种体式这种文本的紧要处、关键处。学生的阅读困难,理解障碍,他们"理解不了的"、"揣摩不出的",往往是这些紧要处、关键处所表达的意思和意味。比如"知识小品"（科普文艺）,其最要紧处,除了传播知识之外,就是语言的表达艺术,也就是钱老师在这节课中作为教学重点的,"要用心体会才能发现"的"趣味性"。换言之,学情的研究——这篇课文,学生什么地方读不懂、什么地方读不好,很大程度上可以通过体式的解读来实现——这种体式的课文,应该按什么阅读方式、从文本的什么地方读出什么东西来。

资源链接

1. 郑桂华,王荣生主编. 语文教育研究大系·中学教学卷. 上海教育出版社,2007.5.

2. 郑桂华. 钱梦龙老师课堂提问评析. 初中语文教与学,2012(9).

3. 黄厚江. 谈阅读教学体类特征的体现. 中学语文教学,2007(12).

4. 钱梦龙. 导读的艺术（修订本）. 人民教育出版社,1999.

后续学习活动

任务1：在这篇课文的学习中，当一个学生正确解释出"死"的含义，多数老师评价学生"好""完全正确"，就不错了。而钱先生的课是这样的：

师："你课前有没有看过这篇课文？（生摇头）那你怎么能回答得这样正确？"

生3：我在地理课上学到过。

师：啊，真好！地理课上学到的知识，用到了语文课上，这叫知识的"迁移"（板书"迁移"）。

这在钱老师的课堂里，是两句普普通通的对话。可是，它的效果会不普通。试想想，这两句话会对学生产生怎样的影响？

_____

_____

任务2：请阅读下面的话，结合你自己的教学实践经验，说说这些话给你怎样的启发。

阅读教学中，更多的逻辑顺序冲突是教师的解读逻辑和学生的解读逻辑间的冲突；教师教学设计中的解读逻辑和课堂上学生的理解状态之间的冲突。解决这些冲突的第一途径是教学设计以学生解读逻辑为起点。即在教学设计之前，能充分了解学生个体独立阅读课文过程中的收获、困惑。每个个体的深度解读逻辑不一样，每一个个体在同一篇文本上停留、思考的"点"可能不一样。只有当教师察觉了这些"点"以及学生之间的初步感知差异，才能了解：学生对特定文本感兴趣的地方在哪里？学生有困惑的地方在哪里？或者读完了全文只有一种笼统的、说不出来的感觉，说不出哪里好……由此教师再去设计课堂教学实施中的解读逻辑才能有的放矢。

钱梦龙"导读"教学法中对"自读"环节的重视，从教学方法维度看是发挥学生的主体性；从教学内容维度看，就是重视学生初步感知课文的结果，由此有针对性地安排课堂教学实施中的解读内容和解读逻辑。譬如，在教《死海不死》的时候，在学生预习的基础上，什么东西要教和什么东西不用教，都会听取学生的意见。当然，学生说不用教的东西，他也会通过追问诊断学生是否真正懂了。

——叶丽新.阅读教学中的文本"解读逻辑".语文学习，2012(7—8).

依据体式特征建构实用文"阅读经验"
——《谈中国诗》课堂教学研讨

执教教师简介

黄厚江,特级教师,江苏省首批教授级中学高级教师。教育部"国培计划"专家库专家。著有《语文的原点——本色语文的主张和实践》(江苏教育出版社)、《享受语文课堂》(教育科学出版社)、《语文课堂教学诊断》(江苏教育出版社)等。

课例导读

《谈中国诗》是一篇较长的实用文,其文体一开始是一篇演讲稿,现在不同版本的高中语文教材选入这篇文章时分别进行了不同的处理,有的直接把原文选入教材,当作学术演讲辞来处理;有的删掉了前4节演讲色彩较浓重的部分,纯粹变成了一篇学者散文或学术随笔。

无论教材做哪一种文体功能的处理,这篇文章文本本身的阅读与理解都是一个难点。**一是因为篇幅长,在阅读时间上会给学生阅读经验的形成造成难度;二是钱钟书在文中引述的中外文献较多,涉及一些诗歌批评专业术语,会影响学生对课文内容的阅读与理解。**因此,多数教师在教这篇课文时不知该如何选择合宜的教学内容和教学策略。

为了解决这些难题,我们选了黄厚江老师在上海师大国培班给全体高中语文教师上的一节研讨课进行研讨。集中探讨篇幅较长的实用文阅读教学问题。为此,在阅读以下"教学实录"时,请思考下面几个问题:(1)为了帮助学生顺利理解课文,黄老师建立了一个怎样的实用文阅读经验发展框架,从课堂实录中可以看出其效果如何?(2)为了解决本文篇幅较长的阅读问题,黄老师用了什么教学策略,这个教学策略在帮助学生阅读经验的形成方面取得了怎样的效果?(3)实用文阅读教学中应该如何引导学生依据体式特征形成相应的阅读方法,黄老师在本课例的探索给予你什么启示?

热身活动

1. 请在下面横线上写出与《谈中国诗》体式相同的课文 2—3 篇:

2. 你认为《谈中国诗》的体式是(多项选择):
(1)议论文;(2)散文;(3)演讲辞(稿);(4)学者散文(学术随笔)。

3. 请简要谈谈你在第二题所选答案的理由:

教学实录

一、规划阅读经验发展路线

(一)介绍标题——作者——文体

师:今天我们学习一篇实用文,(在黑板左侧板书:实用文)叫做"谈中国诗"(在黑板正中上方板书:谈中国诗),作者是——(边说边板书:钱钟书)。

图1 导入环节利用板书把黑板划分成三个阅读经验发展空间

哪位同学能说一下钱钟书是谁,作为作家他的代表性的成就是什么?

生:《围城》(板书)

师: 对,《围城》,他写的小说不多,一部《围城》足以使他成为著名的伟大小说家。但小说家、作家都不是钱钟书的主要的,主要的是什么?

生: 政治家。(众生笑)

师: 政治家?看来你对钱钟书不是很了解,钱钟书一生远离政治。哪位同学知道?

生: 翻译家。

师: 他翻译了什么作品呢?我也不知道,肯定不是翻译家,他的夫人杨绛倒是可以说成是翻译家,她翻译过《堂·吉诃德》等。我们不知道钱钟书的主要著作,是有点遗憾的。他是中国难得的,甚至有人说是唯一的真正的学者。(众生:啊!)他作为学者身份的主要代表成就是什么?(连续问几个学生,学生摇头)不知道也正常。因为这两部学术著作读过的人也非常少。黄老师作为语文老师说来也很汗颜,对这两部书也没看完,一部读了三分之一,一部读了四分之一。一个是叫《管锥编》(板书),一个叫《谈艺录》(板书)。回去从这两本书找两篇来看看,你就知道什么叫作学者。一下把这两本书读完你就能算个小学者,能把这两本书读懂,你就算比较重要的学者了。那么今天我们学的应该说是钱钟书的一篇小文章,大家有没有注意这篇文章一开始是演讲稿,在哪儿演讲的?

生: 美国。

师: 在美国吗?大家读书啊信息获得上恐怕是有问题。是在上海讲的,但是是对美国人讲的。给美国人谈谈中国诗。一开始是一个即兴的演讲,没稿的,演讲结束之后回去整理的一篇演讲稿。(在"实用文"一行字的正下方板书:演讲稿)

【要点评议】

这是一个导入环节,教师采取了直接导入法,从标题、文体和作者三个方面加以介绍。这个环节初看起来,没有什么新意。但只要细究,就不难发现,教师实际是在这个环节为整节课的教学埋下了伏笔。我们看看板书,就可以得到进一步的印证,板书中简单的三行字"实用文"(左)、"谈中国诗"(中)、"钱钟书"(右),就把黑板划分成了三个阅读经验发展空间,后续的学习都是在这样的空间里发生和生长的。从这个角度看,教师的教学设计是颇具匠心的。另一方面,这个环节也提供了阅读经验发展所需的背景知识。

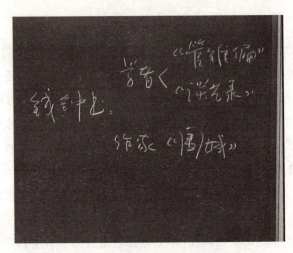

图2 第一个阅读经验发展空间
——钱钟书其人其文(黑板的右侧)

(二) 给课文段落标序号——通读全文

师:阅读这样比较长的文章,有一个习惯大家应该养成,我看到好多同学好像没这个习惯。知道什么习惯吧?比较长的文章,段落比较多的我们是要用序号标上,不要以为标序号就没有学问。有时候标序号也有一个困难,也有一个难度。(学生纷纷在课文上标序号)现在大家开始标了,好的。标完了我们看看同学们标序号的能力怎么样?现在我先问一下,这篇文章没有全部看完的同学举一下手,(有十多位同学没有看完课文)没看完,这课就没法上。好,我们看一下你们标出来一共多少段。

生:15段

师:有没有14的?有没有16的?有16的。可见标序号也有学问。那么到底有多少段呢?首先回答这个问题,标段的依据是什么?什么情况可以认定为一段。你说说你标的是多少段啊？

生：15段。

师：你标的依据是什么？

生：根据一小节结束了。

师：一小节结束了的标志是什么呢？

生：句号。

师：一篇文章句号太多了。请另一位同学说说。

生：一段之后的冒号，到冒号下面的东西。

师："冒号下面的东西"？说法不专业，应该说"冒号下面的文字"，那么多少文字为一段呢？有一个冒号就是一个序号？

生：到最后那个句号出现。

师：表述上不严谨不清晰，实用文严谨清晰的表达是很重要的。我们再请一个同学说说，你标段怎么标的。

生：一段文字的结束。

师：怎么判定一段文字结束了呢？比方说句号我们说了，还有冒号。大家标段为什么总是纠结于前一段的结束，我们可以换一个角度思考，还要把眼光放在哪里？

生：下一段的开始，重新起行，空两格。

师：对的，我觉得这个标段依据比之前几位同学的更合理，是吧？好的，依据这个标准，那么这篇文章有多少段呢？

生：15段。

师：根据我们讲的应该是15段。请刚才标为14段和16段的同学，回头找一找自己错在哪里。段落标好了，现在我要问一个问题了，因为刚才还有十几个同学没看完。没看完我们课就没办法往下，因为上课的前提首先是认真阅读课文，然后我们才能去交流、思考和讨论，现在你们说再给你们多少时间能看完？得多少时间？

生：八分钟。

师：有没有比八分钟更长的？（没有）有没有比五分钟更短的？看来也没有。那么我就给大家五到八分钟，请没有看完的同学认真把文章看完，请已经看完的同学，再把文章认真地看一遍。（学生阅读课文，八分钟之后）

师：现在大部分同学已经看完了，时间也差不多了。可能还有少数同学没看完，

【观察者点评】为何要让学生标出各段序号呢？

我们就不等极个别同学了,接下去我要问一个问题看看同学们看了一遍以后的效果。那么在提这个问题之前呢,我想大家明确一点,不管是什么样的文体阅读,反正所有的阅读课大家一定要记住,包括考试的阅读,**一定要把文本好好读了以后,再去思考问题。**(在黑板上"实用文"三个字之后板书:阅读)千万不能文本没有好好读,就在那边思考问题,希望大家能记住这句话。

【要点评议】

  教师在这个时间段里主要做了两件事,一是让学生分段并标出序号,二是给学生八分钟通读全文。这两件事的意图都是在引导学生进入文本,熟悉并把握需要学习的材料与内容。这是阅读教学的重要一环,尤其是篇幅较长、底蕴深厚的实用文阅读教学,更是如此。很多老师在这样一个环节处理上往往落实不够,导致接下来学生对课文的讨论似懂非懂。黄老师在得知有十多位学生还没有读完课文时,反复说"没看完,这课就没法上",于是果断拿出八分钟让学生读完课文。在学生读完课文之后,他顺势给学生强化了阅读方法的指导,让学生记住一定要把文本好好读了以后,再去思考问题,这样的阅读学习才会有效果。

二、运用教学策略促进阅读经验发展

(一)讨论哪些内容可以砍掉——哪些内容必须保留

师:我觉得今天下午我们的时间,不能够把15个小节好好地研读完。我想大家比较集中地研读其中的一个部分。这句话的意思是什么呢?就是想要大家把这篇文章中可以砍去的内容暂时放到一边,然后集中研讨剩下的内容。现在就请你们思考一下如果要把这篇长文章的某些内容暂且砍去,你认为可以砍去的是哪些内容?明白了吗?大家就可以稍微思考一下,然后就可以回答我的问题了。

文章太长了,我们集中研读主要部分,那么哪些内容可以暂且把它砍掉呢?(片刻)想没想好?(没人回答)这个也反映了同学们刚才阅读一遍的质量和效果,当然现在回过头去再读读也是可以的。有没有想好的?有没有想好呢?

生:第5节之前的可以不用。

师：第五节之前的可以不用,如果用"可以砍掉的"话语方式怎么回答?

生：可以砍掉的是1—4小节。

师：对,可以砍掉的是1—4。为什么可以砍掉1—4段呢?

生：这篇文章主要讲的主题是中国诗的一般印象,而1—4段主要是讲中国诗与中国文学的关系,然后引出要演讲的这个主题。

【要点提炼】让学生砍掉一部分,剩下最主要的内容,这是一个虚拟活动,也是一项阅读教学策略。

师：很好,请坐。这位同学要言不烦,回答问题的质量很高。现在大家跟着第5小节开始的句子,"什么是中国诗的一般印象呢"这句话前后有什么作用呢?引出本文这次演讲所谈的话题,是这样吧。那么前面四段都讲了什么呢?可以不可以砍呢?我们大家一起来看好不好。我们现在看第1小段,理解第1小段内容我们主要抓住两个比喻,一个比喻是"翻译者的艺术曾被比于做媒者的刁滑,因为他把作者的美丽半遮半露来引起你读原文的欲望",这是一个比喻。更重要的是后面一个比喻,"他又像在语言的大宴会上偷了些残羹冷炙,出来向听众夸张这筵席的丰盛"。这两个比喻告诉我们一个什么内容,说明翻译作品的一个什么特点?抓住这两个比喻句来理解。哪位同学知道?你们说说作者这一段在做什么。

生：翻译者并不能把原文的好完全体现出来,最好还是要举些例子。

师：非常好。这两句告诉我们翻译者不可能把原作的所有魅力特点原汁原味地表现出来,是这样的吧。换一个角度,更概括地说这一段就是告诉我们翻译作品之难,你不可能原汁原味地译出来,说明翻译之难,外国人翻译中国的作品,中国人翻译外国的作品,经常会出一些笑话。都说明翻译之难。这是从两个比喻句来理解第一段的内容。

下面我们从第1、2段的关系来看第2段的内容。抓住思路,段与段的关系,句与句的关系,是解读原文的重要方法。你们能说清楚第2段与第1段是什么关系吗?关键的信息,有没有同学发现?第2段和1段什么关系呢?

【要点提炼】引导学生抓住文中的修辞来理解作者的丰富含义和语言风格。这是教给学生的第一种阅读方法。

生：第2段解释第1段的，解释为什么翻译很难。

师：有没有同学有不同理解？这位男同学说一下。

生：和他一样。

师：学习贵在有自己的想法，对不对？其他同学呢，这位同学你怎么理解的？

生：差不多。

师：不能差不多，你就说"差"的地方。一定要发现其他的内容，那就非常可贵，那就是你的思想的证明，大家可能最喜欢说的就是差不多，这个要批评，这是一个不好的学习习惯，要说出"差不多""差"的地方。

生：要精通语言才能翻译。

生：我觉得因为翻译之难，所以一个国家对另一个国家文化难以理解。

师：我是问你第二段与第一段什么关系。

（学生没说出来）

师：我们班同学读书不够细，尽管现在提倡鼓励，但全靠鼓励也是不能解决问题的。是吧？如果我反过来问，第1小段的最后有一个问题"只要你们肯努力去克服这巴贝尔塔的咒诅"，请你回答什么叫做"巴贝尔塔的咒诅"，哪一段的内容可以回答？

生：第2段。

师：是啊，所以刚才这位回答非常好，可是大家没在他的基础上进一步思考，第2段解释第1段的对不对，就是解释了第1段的关键概念，什么是"巴贝尔塔的咒诅"，所有阅读我们都要在字里行间、语言之间、句与句之间去发现，去追寻一些东西。

【要点提炼】抓住段落之间的关系来理解文意，这是黄老师在这里教给学生的第二种阅读方法。

师：好的，再看第3段。我们解读第3段可以抓住一个关键的词句，这也是解读实用文本一个重要的方法。第3段哪一个词句理解以上内容啊，哪一个词句？大家有没有发现，最关键的解读的句子是什么？

生："中国文怕是最难的"。

师：对。事实上大家第一遍读到这个句子时就应该标上记号，当然现在标注也不迟。"中国文怕是最难的"，第1、2两小节，通过比喻，通过巴贝尔塔的咒诅，说明文学作品难译,第3段就告诉我们中国文学作品更难译。

再看第4段,我们仍然可以抓住关键的词句来解读它的主要内容,哪一个同学注意到第4段最关键的一句,标画出来。这位同学你看出第四段哪个句子是关键了?

生:第一句。

师:对,第一句,我们来看看第一句,第一句告诉我们这一段说些什么?"中国文学跟英美人好像有上天注定的姻缘",这里仍然用了一个比喻,因为姻缘这个比喻告诉我们中国文学和英美文学出现的关系是怎么样的呢,什么关系?对,姻缘关系,姻缘对双方来讲联系的是一生,姻缘来讲联系是亲缘是血缘关系,所以告诉我们,中国文学跟英美文学天生的就有密不可分的联系。

师:好,我们对1—4小节的内容做了归纳理解,现在请同学们表态,如果这个文章我们砍一块去,同意把1—4小节砍掉的请举手,一部分同学是举手的,另一部分同学没举手,看来是有点分歧。我们请不举手的同学发言,(指着一位没举手的同学)你没举手是吧?1—4小节你舍不得砍,那你认为最能砍掉的是哪一部分呢?就是一定要砍掉一部分,现在你认为砍哪一块,有没发现?

【要点提炼】引导学生分别抓住两个关键句子理解课文3、4段的意思。这是黄老师教给学生的第三种阅读方法。至此,黄老师看似是在让学生陈述1—4段可以砍掉的理由,其实是在引导学生理解文意并学习阅读方法。

生:把写得比较散的地方砍掉。

师:那你认为哪些地方写得比较散呢?

生:把中间举例的部分砍掉。

师:这位同学认为可以把中间举例砍掉,同意她观点的请举手,(无人举手)没有,大家看能不能把举例的部分砍掉啊?(生齐声:不能)砍掉就不成文章了。留下最主要的一部分,把相对松软的部分砍掉,你现在砍哪部分,哪部分都舍不得。现在我们是假如让你留下最主要,砍掉相对松软的地方,你砍掉哪一部分,其他同学你认为呢?还可以砍哪个地方?

生:1—4小节。

生:1—3小节,4小节留下来。

生:最后一小节也可以砍掉。

师：最后一小节你给砍掉了，引说的那句也砍掉。

生：后面的话，第9、第10砍掉。

师：为什么把第9、第10砍掉呢？

生：因为基本都是在引用。

师：你的意思是，基本都是引用的东西，所以把它砍掉，可以用可以不用的，引用的没多大用处。是吧？好，同意把第9、第10两个小节砍掉的，请举手给我看看。（3位举手）认为这两个坚决不能砍的，请举手给我看有没有。（2位举手）好的，这位同学说说这个为什么不能砍？

生：这两小节说的是这个公式的运用，这篇文章的主旨是中国诗，通过这两者的对比，更能体现出中国诗这种意境。

师：你的意思我归纳一下，就是作者通过这样的引述进行对比，然后充分证明中国诗的某一个特点，是这样吧？（生：是的）好的。同意这个同学意见的举手给我看，（有十几个同学举手）哪一位同学的意见更对，我们到最后自会见分晓，更加清楚。现在就不下结论了，继续思考这个问题。现在呢第4段有一部分人认为砍掉，其他同学有的要把第9段砍掉，有的认为不能砍，是这样的吧？现在我们再来看，有没有同学认为还有其他部分能砍掉的，（指着一位同学）这位同学你认为呢？（回答：没有），好的。（指着另一位同学）你呢，有没有思考？（回答：没有）（又指着一位同学）这位同学有没有？

生：我觉得除了8、12、13、14小节，其他都可以砍掉。

师：9和10小节砍掉。1—4小节也砍掉，现在又有同学要砍15小节。

生：因为15小节的话应该是对前面内容做总结。

师：我们看看15段写的什么。为什么不重要呢？大家一起看，15段最概括的句子是哪句话？

生：中国诗没有特特别别"中国"的地方。

师：中国诗没有特别"中国"的地方，这句话什么意思？什么是中国诗没有特别"中国"的地方？哪个同学能说出这句话什么意思？特别"中国"的是什么意思啊，说说看。

生：他后面说，中国诗只是诗，它不是这个地方的，它的地方不重要，是文学上的形式，或者一些什么表达方式更加重要。

师：我要打断你了，你越说我越听不懂了。我们说这句话的意思本来不好懂，你

要通过解释让我们好懂,不要着急,看来大家心里是理解的,但一定要清晰地表达出来,我们有的同学考试的时候越写越多,越多越乱,越乱越没分。好,有两位同学举手,你先来说说,这句话什么意思。

生:中国诗不一定要局限于中国的文化。

师:好,那位同学你怎么理解?

生:它的本质是不变的,是因为它所在区域的诗所在的人,对它的理解。

师:它的本质是什么本质?

生:就是诗的本质。

师:**他告诉我们中国诗也好美国诗也好英国诗也好,它都有共同的,是这个意思吧?** 然后就告诉中国诗虽然有自己的贡献,但是与所有诗具有共同的本质特点,是这样的吧?**不可能超脱共同特点啊,**那么我们再来看这段内容可删还是不可删,**我觉得如果1—4可以暂且砍一砍,那么15小节也可以暂且搁一搁。因为它的内容跟前面第4小节的内容非常接近。**好的,刚才我们是痛下杀手啊,很多同学很纠结很心疼舍不得,我们大体上还是发现了,1—4暂且搁一搁,15也暂且搁一搁,有的同学认为9—10也可以搁一搁,是这样的吧。

【要点评议】

课堂这个部分,黄老师主要采用了一项导学策略——让学生删掉一部分内容。学生经过讨论,认为可以把开头1—4小节和结尾第15小节砍掉,也有的同学认为可以把中间引用的地方也删掉。所谓砍掉,当然是一项虚拟活动。关键的问题是,我们要追问黄老师采用这项活动策略,到底要干什么?也就是说我们要探寻在这项活动背后的教学论意义。因为在现实课堂教学中有许多老师也在这样做,或者有一些类似做法,如把这一段删掉或把那一段删改,然后让学生与原文比较。但很多老师可能主要是从别人那里借鉴过来的,觉得这种做法效果好,于是就照着做,而没有去细究这种做法的道理在哪里。

从教学论的角度看,这样做,主要好处有两个:一是推动学生深入理解文本内容,你要砍掉它你就必须了解它是什么,于是逐段一一琢磨,就把整篇文章理解了一遍。不仅是在一般意义上理解了一遍课文,还对相关的语句或修辞方法加以了一定深度的鉴赏,正如在教学中黄老师所做的,在这项活动中引导学生学习了三种学习方法——抓比喻、抓段落之间的关系、抓关键句子进行分析理解,这些正是实用文阅读学习中最需要的指导。二是与这节课的教学目标直接相关,这节课的一个重要教学目标就是理解这篇文章的体式特征,并能依据相应体式进行合宜的阅读。而文章的开头1—4小节和结尾第15小节,正是这篇实用文体式(演讲辞)的典型特征所在。因此,让学生通过删除法加以比较分析,实际就是在引导学生对文中的体式特征加以感知,这也是为后面学习经验的发展奠定基础。

(二) 讨论课文标题——添、删、改

师: 好,现在请大家来看剩下的5—14节,这一部分是课文主体,对吧?对照这一部分主体内容,你觉得文章的标题,有没有不足的地方?我看你们能不能想到。钱钟书先生不是先拟题确定话题写好演讲稿的,而是先是一个跟美国人谈中国诗的即兴演讲,然后整理成演讲稿,有特定的文体特点。现在呢我们围绕这个特定话题,看到中间一部分内容,我是觉得这个标题可以推敲一下,你们有没有觉得?哪位同学有跟我相同的发现呢?好,这位男同学。

生: 我觉得可以把"中国"两个字删掉,改为"谈诗"。(板书:在标题中划去"中国"两字)

师: 可以思考一下,有想法也好啊。(指着一位男生)你认为呢?

生: 我觉得谈诗的范围太大了。

师: (指着前一位发言的男生)他说你这一删,显得范围太大了,你自己觉得呢?(男生不吭声)你不要躲起来啊,人家已驳斥你的观点了,你要勇敢地证明自己的观点啊,可以表达一下你的意见。(男生仍没发言)好的,请坐,有没有同学赞同这一观点的,有没有?(众生摇头)都不赞同啊。我就赞同,为什么赞同啊,因为这篇文章里既谈了中国诗,又谈了外国诗,其实就是谈所有的诗。有没有哪位同学驳斥我的观点?你看有外国诗,也有中国诗,不就是中外诗嘛。既然谈中外诗的话,就是谈诗啊。这位同学刚才举手了,是不是要驳斥我的观点啊?

生: 文章主要提到无论是中国诗还是外国诗,他们都有一些共同的特点,但是我

觉得中西多多少少有文化上的细微差别，所以主要谈的是诗的本质。

师：主要是谈诗的本质，所以我们谈中国诗啊。

生：但是他谈的不仅仅有中国诗啊。

师：是啊，不仅仅谈的中国诗啊，还有外国诗，不就证明我的观点了嘛。有没有哪位同学能驳斥我们两个人的。其实我们两个人的漏洞是非常明显的。可是这么多同学没有抓住。文章固然是既谈中国诗，又谈外国诗，举的例子有中国诗有外国诗，但目的到底是谈什么？

生：谈中国诗。

师：因为外国诗是和中国诗作对比，目的在于说中国诗的特点。所以"中国"两个字能不能砍掉？

生：不能。

师：中国诗、外国诗本质上都是诗，但是相对而言中国诗又有中国诗的特点，所以说中间部分主要是讲中国诗的特点。所以这篇文章，更具体一点，在题目后面加上三个字"的特点"。（板书："的特点"，标题变成"谈中国诗的特点"）如果不信，大家再看看文章，作者从哪段开始讲中国诗的特点，一共谈了几个特点？（学生翻书查找）这个问题也不容易啊，从第几小节谈中国诗特点啊？第几小节？第5小节是不是讲特点？（众生回答：不是）。

【要点提炼】讨论"谈中国诗"中的"中国"是否可砍掉，实际是在引导学生去把握钱钟书演讲或写作的主要目的。

生（部分学生回答）：第6小节。

师：对，第6小节谈的特点，第5小节谈什么，第5小节告诉我们谈中国诗的特点，是一个比较的立场，比较而言的。然后第6个小节告诉我们第一个特点是什么？

生（众）：早熟。

师：能不能只说"早熟"，（板书：早熟）大家看看，早熟是不是中国诗的一个特点。如果这样概括行不行？

生（部分）：不完全。

师：还有什么？

生（齐声）：早衰。

师：对，早衰。（板书：早衰）不仅早熟而且早衰，这是中国诗的第一个特点。一下到高峰，一下又衰落下来。第二个特点是什么呢？

生（众）：短。

师：对，四个字，就是——

生：篇幅短小。

师：对，找到两个特点了。第三个特点在哪里？哪一段说的特点的？

生：第8小节。

师：第8小节说的什么特点？

生："富于暗示"。

师："富于暗示"，（板书：富于暗示）其实呢说含蓄也可以，说有韵味也可以。说富于暗示的特点一直说到什么地方？

生：12小节。

师：那13小节告诉我们第四个特点是什么？

生：笔力轻淡，词气安和。

师：对，是"笔力轻淡，词气安和"。（板书：笔力轻淡，词气安和）接下来，第14节"我有意对中国诗的内容忽略不讲"，这句后面是不是讲第五个特点啊，是不是？（生齐答：不是）。这是一个总结性的，交代性的，告诉我们前面没讲内容方面，主要是讲形式方面。现在大家再来看下一个问题，四个特点中，哪一个特点是最主要的特点呢？

生（众）："富于暗示"。

师：为什么？

生（众）：写得最长。

师：写得最长，是有一定道理。刚才有的同学说这两段（9—10小节）要砍掉，现在看来能不能砍啊？

生（齐声）：不能。

师：为什么不能砍啊？

生：因为这是中国诗的最主要的特点，所以不能砍的。

师：现在我们来看引述的文字，看看大家是否理解，你都不理解就把人家砍掉，这

【要点提炼】在标题上加上"的特点"三个字，目的在于提醒同学们："中国诗的特点"是这篇文章的核心内容。顺势引导大家进入文本，对作者在文中所写的中国诗的特点加以归纳梳理。归纳成四大特点："早熟早衰"，"篇幅短小"，"富于暗示"，"笔力轻淡、词气安和"。

是很没有逻辑性的,你要把这部分砍掉你就一定要弄清楚这部分写什么。第8小节,"那灰色的歌曲空泛联接着确切",这句引述大家懂不懂?哪位同学来说说这句话的意思?这个同学,非常好,勇于尝试。

生:这个灰色的歌曲,这个有点飘忽不太好了解,内涵非常丰富。

师:其实用我们鉴赏中国诗词的概念来讲,所谓那灰色的歌曲,空泛联接着确切,"空泛的",用我们鉴赏中国古诗词的概念是一个什么概念?"确切的",又是一个什么概念呢?搞清楚这些,然后你就把这句话给弄懂了。有没有同学想到空泛的,我们往往称它为?有哪位同学想出来是什么概念?好像没有想到,确切的肯定是比较实在的,对不对?空泛的相对讲就是比较虚的。所以这句话就告诉我们,虚中有实,虚中是有实的。他用最精细确定的形式,做出不可能的难以凑泊的事情,就是难以表达的,可以感受到很丰富的内容。

好的,再看下面一句,济慈的"听得见的音乐真美,但那听不见的更美",他这句话什么意思?哪位同学说说?

生:无声胜有声。

师:对,无声胜有声。把"无声胜有声"再概括一下,就告诉我们,中国古诗常常是"无中生有"。富于暗示嘛,一是虚中有实,二是无中生有。中国国画、中医都是这样,它常常是虚中有实,无中生有。后面还引用了一大段,中国古诗中的"欲辨已忘言""松下问童子""云深不知处",都告诉我们无中生有的、不确定的诗的意境的美。然后说西方诗也有这样类似的句子,类似的表达,接下来就取了《第十二夜》中公爵的一句话,"够了,不再有了,就是有也不像从前那样美了"。然后又引用了拜伦的一句话,"他们在何处?你在何处?"刚才有的同学说要把这两句删掉,为什么这两句不能删呢?这两句之间什么关系啊。就是公爵的话和拜伦的话之间是什么关系?

【观察者点评】对于文中涉及的诗学理论术语,黄老师要言不烦,举重若轻。你怎么看待这样的处理?

生:对比。

师:对比要说明什么呢?肯定拜伦呢还是肯定公爵呢?

(生齐答:肯定拜伦的)。

师:肯定拜伦的什么呢?用前面的话来说,就是不确定,就是富于暗示。作者就用这些例子来说明中国诗最主要特点是富于暗示,有的同学说篇幅长的就是最主要的。能不能这样说啊?

生: 不能。

师: 不能,这是因果颠倒的,应该倒过来说,正因为是最主要的特点,所以才篇幅长。应该说,这是中国诗区别于西方诗的最显著的一点,所以作者用了很长的篇幅。

【反思】

请阅读一段材料,然后回答两个问题。

晚唐词人温庭筠在《望江南》中写道:"梳洗罢,独倚望江楼。过尽千帆皆不是,斜晖脉脉水悠悠。肠断白蘋州。"许多评论者认为"肠断白蘋州"为画蛇添足之句,俞平伯《唐宋词选释》也说:"过于落实,似泛说较好。"柳宗元《渔翁》一诗:"渔翁夜傍西岩宿,晓汲清湘燃楚竹。烟销日出不见人,欸乃一声山水绿。回看天际下中流,岩上无心云相逐。"关于这末两句,苏东坡以为"虽不必亦可"。南宋严羽,明胡应麟,清王士禛、沈德潜也认为此二句删好。

1. 请你根据《谈中国诗》一文论述的中国诗的特征,说说前人为什么对这两首诗会提出上述看法?

_____

_____

2. 很多教师在教这篇课文时都补充了这段材料并让学生回答问题1,这样处理,有什么道理呢?

_____

师: 现在大家再来看标题,"中国"这两个字还是不要删为妥当。因为它说到外国诗的目的还是为了谈中国诗的特点。其实从文章的内容来看,我们不但不能删,这个还应该加一个限制词就更准确更严谨了。现在大家想一想,你觉得这个标题还应该加什么限制词,从而使标题与文章内容更契合。哪位同学想到了?

生: 加个"古"字,应该是中国古诗。

师: 标题改为"谈中国古诗的特点",是这个意思吧。为什么加古诗呢?同意的请

举手。(七八个同学举手)

生：因为文中所写的所有诗的特点，都是中国古诗的特点，而不是中国新诗的特点，所以要限定。

师：好，再想一想还可以加上什么限制词，根据文章内容来看。你发现了？说说看。

生：标题改为"谈在西方人眼中的中国古诗的特点"。

师：谈在西方人眼中的中国古诗的特点。(板书："在西方人眼中的")有没有道理啊，有点道理。因为所谓中国诗的这些特点，主要从西方来看的。其他还有别的看法吗？说说看，我们一起来研究。有想法就说说看，说对说错都无所谓的。我们的目的是一起来思考问题。可以添加什么呢？

生："谈中国古诗的特点的含义"。

师：加"的含义"是要告诉我们什么呢？是不是说"有哪些特点"？

生：是的。

师：好，加就加上呗。(在"谈中国古诗的特点"之后板书："的含义")其他同学还有什么看法？

生：改为"谈中国古诗和西方诗不同的特点"。

师：好，谈中国古诗和西方诗不同的特点。(在"谈中国古诗"之后添加板书："和西方诗不同"。

生：改为"谈中国古诗和西方诗不同的特点与作用"。

师：那么文中哪一部分是写作用的呢？

生：没有。

师：是你自己生发出来的。于文无据，文中没有找到根据。有没有同学在文本中找到有根据的内容？

生：可以改为"谈中国古诗富有美感的特点"。

师：有没有不富有美感的特点？(生摇头)既然都富有美感，那这个富有美感就可以删掉，对不对？添加标题的目的是为了限制。看来大家是喜欢凭空想象的那种。这是非常坏的一种习惯，如果我们从考试的角度想，分数就这样扣掉的。

【要点提炼】在给标题添加限定词的讨论中，黄老师反复强调，添加限制词要"于文有据"，一定要从文本中找到依据。这实际上是在强化学生阅读初感中的"标题与内容"的对应关系，促进学生对课文核心内容的把握，进而引导学生弄清楚了文章所写的"中国诗的特点"都是关于"形式"的，而没有涉及"内容"。

(生插言:怪不得。)我们来看一句,你觉得根据这个句子,应该加什么。看第14小节,我暗示过了,可惜你们没注意。"我有意对中国诗的内容忽略不讲",根据这个句子告诉我们,作者主要说的是什么方面的特点?

生(齐声):形式的。

师:对,这么聪明,刚才讲过了的,(众生笑)(指着板书)是谈中国古诗的形式的主要特点。有没有谈内容?没有。文章说了嘛,"我有意对中国诗的内容忽略不讲"。所以这四个特点都是形式的。哦,有没有同学要反驳我,认为这四个特点不是写中国古诗形式的特点?

生:(部分同学)早熟早衰(不仅仅是谈形式)。

师:这四个特点是不是形式的特点?

生:不一定。

师:(指着板书上的四个特点)哪些肯定是形式的特点?(指着"短"字)这个肯定是的。(众生回应:是)(又指着"富于暗示")这个是不是?(众生回应:是的)对,非常不错,这是一个难题,你们没有掉进陷阱里去,很可爱啊。"富于暗示"是属于风格,审美特征,也是形式。(又指着"笔力清淡,词气安和")那么这个是不是?(众生:是)那么什么是内容呢?一个是题材,爱情诗啊,田园诗啊,这是内容;还有主题,表达对社会制度的不满啊,等等。表现手法都是形式,篇幅长短都是形式。下面来看,"早熟早衰"是不是形式特点呢?(众生:不是)有没有认为是的?(无人回应)这个问题有些老师也跟我讨论过,到底"早熟早衰"是内容还是形式的特点?因为中国诗的早熟,主要是形式的功夫和精神,你比如说像唐宋,平仄啊,押韵啦,到了词的长短啊。内容上无所谓早熟,因为内容上和西方基本上差不多。

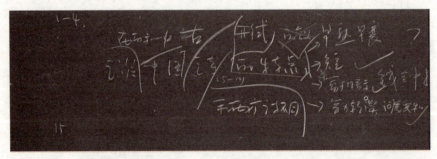

图3　第二个阅读经验发展空间的生长——在标题上可以添加哪些限定词(黑板中间)

师：好了，现在我们换一个角度思考问题，在学习过程中我们要善于否定别人的观点，提出自己的想法，然后还要进一步善于征服和否定自己的想法。否定了别人的想法，是很了不起的进步。然后把自己的想法再否定了，那你的进步就会更了不得。你就会变成会思考的人，会读的人，会学语文的人。现在我们大家一起来看。刚才大家在这个标题上添加的这些内容，哪一个必须砍掉？

生："含义"。

师：对，第一个砍的是"含义"，（众生笑）（在板书上划掉"含义"）谈特点，没必要添加"含义"。大家看，第二个要砍掉的是什么？

生："和西方诗的不同"。

师：好的。谈中国诗的特点，不是和西方诗的不同，又是和什么诗的不同呢？你不能说谈男人和女人不同的特点，无意义。（在板书上划掉"和西方诗的不同"）大家再看还有哪个可以砍掉？

生（齐声）："在西方人眼中的"也应该砍掉。

师：因为演讲者确定的对象就是西方人。所以从语言现场表达来讲也是不需要的。还有，我认为"古"字也应该砍掉，谁同意这个观点？（无人回答）这位同学同意我的观点还是不同意？

生：不同意。

师：首先想一想和古相对的是什么？

生（齐声）：今。

师：请问中国有今诗吗？（众生回答不一，先说没有，然后说有）到底有没有？

生（齐声）：有，现代诗。

师：中国的现代诗，应该明确，不是中国的诗，（众生齐声：啊？）而是来自西方的诗，中国现代诗就不是中国的玩意。本来就是西方来的，所以你和人家外国人谈中国诗的时候最好不要谈中国的现代诗。根本没必要去限制这个"古"，在世界文学范围里，中国诗就是中国的古诗。中国新诗什么时候有的？

生：毛泽东。

师：啊，毛泽东？（众生笑）这就有个问题啦，毛泽东写的诗是新诗吗？

生：不是。

师：毛泽东的诗就是中国诗对不对？他的旧体诗写得很好的。文学知识不能乱啊。中国人无今诗可言，所以加"古"字对诗进行限制是没必要的。

师：再看，还剩下几个？"形式"可不可以砍掉？

（学生两种意见，一种认为可以砍掉，一种认为不能砍掉）

生：我觉得这只是中国诗的一个特点，中国诗还有很多特点，加上"形式"是不是太限制了。

师：我们这个讨论是就本文而言，本文之外涉及关于诗歌的东西我们不讨论。

生：中国诗与外国诗在思想内容上没有差异，没有差异就不算是中国的特点了。

师：你看这就非常好，乐于思考，所以讲得很清楚了，中国诗和外国诗在内容上没有区别，所以讲中国诗的特点只能是形式上的，不需要再专门点出"形式"。（在板书上划掉"形式"）所以我们忙活了半天，白忙了。我觉得我们学习的意义就在于这样的"白忙活"。

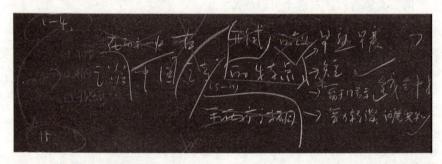

图4　第二个阅读经验发展空间的继续生长——逐一划去标题上添加的限定词、明确开头与结尾的作用

【要点评议】

试比较图3和图4，对于黄老师在这里所采用的"白忙活"策略，你有什么看法呢？这种"白忙活"在推动学生的深度学习上有怎样的意义呢？

在这节课的这部分时间里，黄老师围绕"给课文标题添加限制词"这个活动，组织学生讨论了这篇课文的写作目的和文中所引用的几个例子，归纳了作者所写的中国诗的形式方面的四个特点，并简要精到地讲解了诗学中"虚中有实"、"无中生有"等理论术语。在这个活动框架中,第一次让学生讨论并给标题添加限制词,实际就是把学生阅读本文之后的初步阅读经验呈现出来,而接下来,换一个角度,让学生讨论添加的这些限制词哪些可以砍掉,这是引导学生再次钻入文本中,对原有的阅读经验做进一步提升。因此,在这个所谓的"白忙活"的过程中,学生对文本的理解更加深入了,学生的学习经验得到了提升与发展。

【反思】

很多教师在教本文时遵循下面这个原则:"不求全貌,雕琢精义。理解本文在于不求全貌,但求精雕细琢;特别是文中生动奇巧的妙言妙语,要用心揣摩体会。"这样处理的结果往往是"只见树木,不见森林"。

请你结合自己的日常教学经验,谈谈黄厚江老师在这节课采取的围绕标题进行的"白忙活"策略对这个原则有哪些突破?

_____

_____

三、通过回归体式探讨的方式补强阅读经验

(一) 开头与结尾两个部分能否砍掉

师: 现在回头再看我们要砍的段落到底能不能砍,那么 1—4 小节和最后的 15 小节能不能砍啊?

生(齐声): 不能。

师: 大家先不忙着表态,先来思考这样一个问题,这两部分在文章中有什么作用? 能不能砍,不能拍脑袋,很多同学喜欢拍脑袋。有什么作用? 能不能砍一部分留一部分,不想砍的剩下来,把 1—4 砍掉或者把 15 节砍掉,这种做法好不好?

生: 不好。

师: 科不科学?

生： 不科学。

师： 为什么？

生： 砍一部分，留一部分，剩下的就更多余了。

师： 有一点道理，但不充分。请同桌帮你补充？

生： 1—4节和15节是前后呼应的关系。

师： 嗯，这个讲得更有道理。砍一部分，保留一部分，会造成结构的不完整。是这样吧？

生： 是的。

师： 15小节和1—4小节是呼应的，都是强调中外诗相同的地方，这部分在文章中有没有作用呢？是有作用的。什么作用啊？第一告诉我们谈中国诗的特点，是在承认中西方诗共同点的基础上来谈的这个问题，听清楚了吧？这是第一个作用，告诉我们一个背景。（板书：背景）没有这个背景，他的立论就显得很轻薄，而且写得不全面。第二告诉我们这些所谓的特点，也是相对而言的。（板书：相对）他中间不是说了嘛，中国诗富于暗示，但是西方诗也有富于暗示的。不也是喜欢"在何处？在何处？"这样的表达吗？这个交代就使中国诗的特点写得更全面了。人家会问啊，你说这些中国诗的特点，外国诗也有啊，怎么解释？原来是相对而言的。这两个部分还有第三个作用，和这篇文章的文体有关系，大家想想，这是什么文体？

> 【要点提炼】这里黄老师引导学生回到前面讨论过的"哪部分内容可以砍掉"这个问题，前面的讨论大家已达成共识，认为可以把开头1—4小节和结尾第15小节砍掉。现在倒过来，让学生进一步思考：这两部分内容到底在文中起什么作用？这样就引导学生明确这两部分的三大作用：提供谈论的背景、在内容上更全面、演讲现场的需要。其中第三个作用指向的就是这篇实用文的体式特征。

生： 演讲稿。

师： 对，演讲要讲究一定的现场需要。（板书：现场）演讲要吸引听众观众进入这个话题，需要先做一些铺垫、交代，要讲究现场的效果。

【反思】

1. 对于本文演讲体式的学习，你平时教学中是直接讲授还是采用过相应策略呢？

_____

2. 你从黄厚江老师这一策略中获得了怎样的启示？

_____

_____

(二) 为何不是学术论文——为何可以是学者散文

师：好了，下面我们大家来思考一下这个问题，刚才上课一开始我们说到这是实用文阅读，实用文这是一个大概念，包括说明文啊，议论文啊，演讲啊，传记啊，等等，都是属于实用文。本篇是属于实用文中的演讲稿，但是有人不同意，有人说这是一篇学术论文，(板书：学术论文)还有人说，这是一篇学者散文。(板书：学者散文)现在请你们参与讨论这个问题，你们认为这是一篇学术论文吗？

生(齐声)：不是。

师：你们认为这是一篇学者散文吗？

生(齐声)：不是。

师：为什么你们认为这不是学术论文呢？

生：作为论文的话，他要有足够的事实依据的。

师：嗯，就是例子还不够充分，作为学术论文还要有更充分的例子，是吧？(板书：充分例子)

生：是的。

师：大家想想，作为学术论文还应具备什么特点？

生：要有论点。

师：它有论点啊。再看看。

生：我觉得观点还不够鲜明。

师：讲了中国诗的四个特点，我觉得很鲜明嘛。哦，你认为还少一个总体性的特点,是吧?

生:是的。

师:也就是说,观点还不够概括集中。(板书:观点概括集中)我觉得这个不是最主要的,但也有一定道理。大家看,本文作为学术论文,还缺什么?作为论文,当然需要更多地注重例子,中国古诗的不同时代的例子。除了例子以外更多的是什么呢?还应该有更多的是理论,对不对?得有文学理论支撑,(板书:文学理论)还要引用更多的文献资料来证明,(板书:文献)(在黑板上勾勒已板书的学术论文的四个特点)学术论文就应该这样。

再看,为什么这不是学者散文呢?请说说你们的理由。(没人举手)好吧,我替你们表达吧,很多同学看到的只是"散文",根本没看"学者"两个字,对不对?你们心中什么叫散文啊,我是知道的,什么叫散文?

生:语言优美,形散神不散。

师:形散神不散,语言很抒情,很优美的,是这样吧?这个说法在特定的时间段是对的。但作为一个高中生,你要知道,散文不等于都是形散神不散的,散文不等于都是抒情的,散文的语言不等于都是优美的。有很多散文就不是形散神不散,大家看高中所学的散文都是形散神不散吗?

生:不是。

师:就我个人的观点来看,我也不同意这是一篇学术论文,但我同意这是一篇学者散文。学者散文不以抒情为主要特点,而以什么为主要特点表现他的文体特征呢?请看这篇文章。大家看一下这就是学者散文,学者散文主要不是抒情的,主要是告诉我们一点什么?主要是告诉我们一点学识。(板书:学识)告诉我们一点学识,但和论文又不大一样,它语言有什么特点呢?语言往往很机智。(板书:机智)大家看看,这篇文章语言最主要特点是什么修辞用得比较多啊?

生:比喻。

师:嗯,比喻。除了比喻还有拟人等等。大家再看看学者散文还有哪些特点呢?仔细思考一下。有的同学已经发现了,有学识,然后呢,充满了一种机智,还有呢?

生:明了。

【观察者点评】这篇课文不是学术论文,而可以是学者散文。你认为这个观点有道理吗?

师：明了，什么意思呢？

生：就是学者写的东西要让人一看就明了。

师：她的意思，学者散文就是既要有一定学识，又要表达得清晰，读者容易接受容易理解，是这个意思吧？

生：是的。

师：嗯，好的。（板书：一串省略号）这个问题我们就不再讨论下去了。下面我们来思考一个小问题就下课了。你觉得什么样的人才能写出这样的文章？充满学识充满机智的文章。什么人？

生：学者。

师：呵呵，等于没回答。（众生笑）大家聪明很聪明啊，如果你们数学老师让你们证明两条线的直角，你说因为这两条线是直角，所以这两条线是直角。我问你什么人能写出学者散文呢？你就说"学者"，这很滑稽啊。大家继续看，什么样的人能写出这样的学者散文来呢？首先要怎样？

生：学识渊博。

师：对，学识要渊博。（板书：渊博）学识要多渊博呢？你们能不能写得出来？

生：写不出。

师：我能不能写得出来啊？

生：写不出。

师：一般人写小散文，看到这里有一盆花，写春天怎么样，夏天怎么样，秋天怎么样，冬天怎么样，下雨天怎么样，把一年四季的感受写出来。学者散文却不是这样写，他写这盆花最早种在什么地方，《诗经》里写这个花怎么的，在《楚辞》里怎么写的，唐诗里怎么写的，宋词里怎么写的，中国人写这个花怎么写的，英国叫这个花什么名字，他们怎么写的。这就是学者散文，渊博就渊博在这里，要通古今，还要通中外。（板书：古今　中外）除了渊博之外，有了渊博是不是就可以写出学者散文了呢？有很多学识渊博的人也没能写出学者散文来，还要有一点生活的智趣。（板书：智趣）有的学者写个散文就变成论文，掉书袋子，学问很深，但是写得不好玩，这就是没有智趣。所谓智趣，智趣这是一种智慧和趣味交融在一起的产物。

师：黄老师这辈子注定已经写不出学者散文来了，希望在座的各位将来能写出学者散文来，这也是对文化发展做贡献啊。（下课）

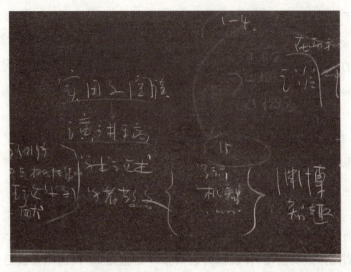

图5 第三个阅读经验发展空间的生长——课文的体式特征讨论（黑板左侧）

【要点评议】

　　这是最后一个环节，主要是讨论这篇课文的体式特征。黄老师承接前面的讨论，引导学生认识清楚了文章开头1—4小节和结尾第15小节的主要作用之一是为了现场效果的，这让学生明白了本文作为一篇演讲稿的体式特征。而本文如果掐头去尾，只剩主体部分，正像有的教材所处理的，那么这又是一种怎样的文体呢？这个环节提出"学术论文"和"学者散文"两种文体让学生讨论，在某种程度上是在文本理解的基础上补强了学生的文体意识，丰富了第三个学习经验发展空间的内容，深化了学生的学习，推进了学生对实用文体式的把握。

问题研讨

（一）课堂情境中的实用文"阅读经验"发展需要一个清晰的导引框架

　　从教师教的角度来说，这个框架也可以称之为"实用文教学内容框架"。黄老师在上课一开始就在黑板的左中右分别写下三行字："实用文"、"谈中国诗"、"钱钟书"。这三行字实际就是为整节课的教学内容进行了布局。**或者说这三行字就像三个学习经验生长点,学生的学习就是在这样三个点上生长起来的,进而为后续的学习经验发展规划了左中右三个发展空间。**三个经验发展空间并不是同时铺开的,而是按照时间顺序逐步发展的:首先发展的是第一空间——补充作者钱钟书的相关知识。结合学生的已有经验,对钱钟书其人其文作了介绍,主要介绍了其作为作家的代表作《围城》、作为学者的代表作《管锥编》和《谈艺录》。这个空间主要为学生提供与作者有关的常识,为理解这篇文章提供了背景。接着是发展第二空间——以标题作为生长点的发展空间。提供经验发展的主要内容有:可以砍掉的段落(1—4小节、15小节),必须保留的主体部分(5—14小节),标题可以做怎样的添删改(学生先讨论提出可以添删改的内容,然后一起分析斟酌)。第二空间的发展是这节课教学的重点,学生对课文核心内容(中国诗的特点)的理解主要通过这个空间来实现。最后是发展第三个空间,这个空间主要是发展学生的实用文文体意识,主要引导学生探讨了演讲稿、学术论文、学者散文三种实用文体式特征,最后确认本文属于演讲稿或学者散文,不属于学术论文。三个虚拟的发展空间的建构和有序发展,为学生实用文阅读学习经验的形成提供了合理的路径。

(二)实用文"阅读经验"发展活动需要合适的教学策略支持

《谈中国诗》是一篇篇幅较长的实用文,既可以当作演讲稿来读,也可以当作学者散文来读。但不管当作哪一类文体来读,都需要对其丰富的内容加以理解。**长期以来,教师们对这篇长文的处理,除了逐段讲解之外,还没有找到更有效的策略和办法。**黄厚江老师在这节课的尝试无疑是有重大价值的。这节课主要用了两个策略引导学生去深入文本。

首先是用了"哪些内容可以砍掉,哪些内容必须留下"这个策略来组织文本阅读活动,这个策略驱动的学习活动可以说是一直贯穿着整节课,它让学生分辨出课文的核心内容和非核心内容,并围绕这两部分内容分别展开了讨论。**这个策略似乎发挥了"四两拨千斤"的作用,使得那些在教师们看起来很繁难的内容的学习,在这里得到了顺利的推进。**在分拨了两类内容加以讨论的过程中,一方面让学生在可以砍掉的非核心内容(文章开头1—4小节和结尾第15小节)的讨论中加深了对本文文体特征的理解。另一方面,又让学生围绕本文的核心内容,对中国诗的形式特点加以了归纳与讨论。

第二个策略是在讨论剩下的课文核心内容时,让学生对照课文标题与内容的关系,看看标题怎么来添、删、改。这个策略又是引导学生在提出自己的阅读初感之后,进而对课文作出更深一步的思考,对自己的阅读初感加以修正。这就是黄厚江老师在课堂上跟学生说的"白忙活"策略。在这个"白忙活"策略的驱动下,学生的学习经验得到了调整与深化,对这篇文章的理解更加深入。

(三) 实用文"阅读经验"发展的核心是掌握与体式相应的阅读方法

例如,在重点讨论"可以砍掉的内容"时,让学生对开头和结尾的段落进行分析比较,明确了这些内容在演讲稿中所起的三种作用(提供背景、使内容更加全面、现场效果的需要),这三种作用实际就是作为实用文的演讲稿的体式特征的集中体现。所以引导学生反复比较这些段落实际就是在依据体式指导学生阅读,让学生在这样的阅读活动中获得阅读方法,这样,当他们今后碰到类似的实用文,也就会充分关注其相应的内容。又如,实用文的阅读方式应该是解读型的,要对文章相关内容加以正确解读,就得学会分析方法。黄厚江老师在这节课中,非常重视分析方法的培养,引导学生在字里行间、语言之间、句与句之间去发现,在讨论的过程中告诉学生一定要抓住关键词和句子去把握语段的信息。在讨论"中国诗的特点"时,在提炼四个特点的基础上引导学生去分析哪一个是最主要的特点。这些都是实用文适宜的阅读方法。还有一点必须提到的,就是在这节课黄老师所积极倡导的阅读方法——"批判性阅读",用黄老师自己的话来说就是"换个角度思考问题"。例如,在使用"白忙活"策略开展活动的时候,他说:"现在我们换一个角度思考问题,在学习过程中我们要善于否定别人的观点,提出自己的想法,然后还要进一步善于征服和否定自己的想法。否定了别人的想法,是很了不起的进步。然后把自己的想法再否定了,那你的进步就会更了不得。你就会变成会思考的人、会读书的人、会学语文的人。"这里体现的批判性阅读方法对于实用类文本的解读无疑是非常对路的。

资源链接

1. 王荣生,倪文尖. 国家课程标准高中实验课本(试编本必修)语文第三册. 上海教育出版社,2007.

2. 人民教育出版社实用文电子课文及相关资料. http://www.pep.com.cn/gzyw/jszx/tbjxzy/kbjc/dzkb/bx5/.

3. 莫提默·J·艾德勒,查尔斯·范多伦著. 郝明义,朱衣译. 如何阅读一本书. 北京:商务印书馆,2004.1.

4. 彼得·A·瑞得帕兹著,查连芳、陈勋远译. 阅读的革命——怎样读难懂的书.

中国科学技术出版社,2001.

5. 王荣生,宋冬生. 语文学科知识与教学能力(高中). 高等教育出版社,2012.

后续学习活动

根据上述"问题研讨"中的三个要点(一个清晰的导引框架、合适的教学策略支持、与体式相应的阅读方法),请你为朱光潜《咬文嚼字》一文的教学设计一个阅读经验导引的简要思路。

任务1:建立一个清晰的阅读经验导引框架

任务2:提供阅读活动需要的合适的教学策略

任务3:写出与体式相应的阅读方法2—3条